W9-AAH-839

L'oligarchie des incapables

Sophie Coignard
Romain Gubert

L'oligarchie
des incapables

Albin Michel

© Éditions Albin Michel, 2012

Introduction

« Ça va mal finir. »

Qui parle ainsi ? Un agitateur ? Un idéologue gauchiste ? Non : Jean Peyrelevade, ancien directeur adjoint de cabinet d'un Premier ministre et banquier reconnu de la place. L'un de ses ex-collègues haut fonctionnaire : « Les gens ne vont pas supporter. Ils vont se révolter. »

Un autre encore : « Je ne comprends pas comment les Français peuvent accepter tout cela sans broncher. À mon avis, ça ne peut pas durer. »

Ces phrases n'ont pas été prononcées par des « indignés » en révolte contre le système. Non, elles sont sorties spontanément, au cours de notre enquête, de la bouche de plusieurs de nos interlocuteurs, occupant tous des postes importants.

Une incroyable capacité d'adaptation

Une caste nous dirige. Couverte de privilèges, exerçant son pouvoir d'une façon archaïque, elle nous entraîne gentiment dans le mur depuis des années.

7

Il y avait eu, autrefois, *La Nomenklatura française*[1], vaste fresque critiquant notre système de gouvernement. En fait, avec le recul, nous nous étions rendu compte que la réalité allait bien au-delà de ce qui nous choquait.

Vingt-cinq ans après, cette élite – soi-disant élite ? – est, il faut bien le dire, tout aussi arrogante et enfermée dans ses certitudes. Comment, donc, cette nomenklatura, unique au monde depuis la chute de l'Union soviétique, allait-elle s'accommoder de la mondialisation et du triomphe des marchés ?

Notre intuition initiale ? Par une ironie de l'histoire, la France et la Russie suivaient des destinées parallèles. La chute du communisme, à Moscou, le recul de l'État, à Paris, ont transformé les élites du régime mais ne les ont pas balayées. Bien au contraire.

Enrichis grâce aux privatisations sauvages et à l'effondrement de l'autorité publique, les dignitaires qui avaient servi Brejnev et ses successeurs ont très bien survécu en Russie.

En France, c'est pareil. Enfin, presque. Au fil des rendez-vous, il a fallu se rendre à l'évidence : évoquer une oligarchie française est tout à fait insuffisant. Oligarchie ? « Système politique dans lequel le pouvoir appartient à un petit nombre d'individus constituant soit l'élite intellectuelle (aristocratie), soit la minorité possédante (ploutocratie), ces deux aspects étant fréquemment confondus », selon le Larousse.

La réalité hexagonale est plus inquiétante encore. Les acteurs sont globalement restés les mêmes, mais la comédie du pouvoir est autrement plus épicée qu'elle

---

1. Alexandre Wickham et Sophie Coignard, *La Nomenklatura française : pouvoirs et privilèges des élites*, Belfond, 1986.

ne l'était il y a vingt-cinq ans. Les réformes nécessaires ne sont entreprises qu'à condition de ne pas déranger une élite qui dort sur ses privilèges. Les – rares – nouveaux venus dans les palais nationaux n'ont apporté ni sang frais ni idées nouvelles. Les troubles intermédiaires, qui mettent de l'huile dans les rouages, ont toujours existé. À cette différence près : hier, ils n'étaient pas les bienvenus dans les sanctuaires de la République. Aujourd'hui, ils en foulent les parterres avec insolence. Les voyous, dans les hautes sphères, sont devenus tendance. De la même façon, des communicants aux méthodes douteuses parlent aujourd'hui de puissance à puissance avec les membres des grands corps de l'État qui, autrefois, ne les auraient même pas pris au téléphone.

Bien sûr, en cette veille d'élection présidentielle, tous les regards se tournent vers Nicolas Sarkozy. Le Président sortant, candidat à sa succession, n'est pourtant pas l'artisan de cette mutation qui le dépasse. En réalité, il n'en est que le symptôme, le révélateur.

L'argent roi

Nous avons rencontré, parfois à de multiples reprises, près de deux cents personnes. Hauts fonctionnaires, membres de cabinets ministériels, banquiers, grands patrons, communicants, élus, avocats, magistrats, journalistes, policiers, héritiers de grandes familles, tous racontent à leur manière la même histoire : celle d'un déshonneur. Pourquoi déshonneur ? Parce que depuis les temps de la chevalerie, il est légitime et nécessaire qu'une élite existe. Mais en contrepartie de ses privilèges, celle-ci a des devoirs qu'elle doit assumer. Devoir d'exemplarité, devoir d'intégrité.

Or aujourd'hui, la société française est dominée plus que dirigée par une petite oligarchie, sûre d'elle, qui ignore en général ce qui se fait à l'étranger, qui mouline toujours les mêmes projets de réformes en cherchant un ministre crédule pour les porter et qui, malgré ses discours pontifiants, ne sait plus gouverner.

Ce dévoiement explique en grande partie la situation de quasi-faillite de l'État, le blocage de ses principales administrations et le découragement de nombreux Français, des fonctionnaires aux professions libérales.

Au centre de tout : une passion honteuse, celle de l'argent roi ; une obsession du cumul : cumul des positions, des pouvoirs et de ce que Balzac appelait « les places ». Avec, en toile de fond, l'impunité qui a fait du droit à l'incompétence un article non écrit de la Constitution.

Cet engrenage présente un grand danger. Le sociologue Charles W. Mills, dans les années soixante, dénonçait déjà la confusion des genres qui sévissait aux États-Unis. Selon lui, tant que les trois élites – économique, politique et militaire – sont clairement différenciées, et que leurs intérêts ne sont pas mêlés, elles se contrôlent mutuellement et garantissent donc la bonne marche de la démocratie. Mais plus leurs frontières deviennent poreuses les unes par rapport aux autres, plus elles instrumentalisent le système à leur propre profit[1]. Dans la France d'aujourd'hui, la grande famille de l'influence et de la communication a rem-

---

1. Charles W. Mills, *L'Élite du pouvoir*, Maspero, 1977.

placé les militaires comme troisième partenaire de ce jeu d'enfer.

Même Édouard Balladur, que nous avions rencontré en septembre 2011 pour les besoins d'une couverture du *Point*, convient de cette dérive : « Pour qualifier cette caste, je ne parlerais pas d'élite. C'est idiot. C'est réducteur. Un professeur de médecine, un agrégé de philosophie ou de littérature font partie de l'élite. Ce sont des fonctions nobles. Non, votre sujet, ce sont plutôt les puissants, les abus de pouvoir. Là, oui, vous touchez juste[1]. »

« L'État, c'est pour nous »

Désormais, ce n'est plus l'enrichissement, c'est l'accaparement des biens publics qui est devenu le sport préféré de nos élites.

« L'État, c'est moi », disait, paraît-il, Louis XIV. « L'État, c'est pour nous », pensent, au fond d'eux-mêmes, ceux qui sont censés nous diriger sans se rendre compte de l'exaspération qui monte.

Daniel Lebègue, ancien directeur du Trésor, ex-patron de la BNP, est l'un des rares à avoir résisté à l'air du temps : il préside aux destinées de la section française de l'association anti-corruption Transparence internationale, et combat désormais les pratiques débridées de ses anciens voisins de bureau. « Est-ce que c'est pire qu'avant ? Jamais le favoritisme, le conflit d'intérêts, le trafic d'influence, l'imbrication public-privé n'ont en effet connu un tel degré d'intensité. Et mon sentiment,

---

1. Entretien du 5 septembre 2011.

fondé sur les études que nous réalisons, est que le niveau de suspicion des Français a augmenté. Deux tiers d'entre eux estiment que leurs élus sont corrompus ou vulnérables à la corruption, alors même que seulement 1 % de la population a été confronté effectivement à ce phénomène. Mais la majorité a l'impression, pas injustifiée d'ailleurs, qu'une poignée de gens tient tout. »

Souvent, dans l'histoire, les élites françaises se sont montrées indignes de leur rang, selon un scénario toujours identique, même si le contexte et les modalités varient. Incapables de partager, inaptes à intégrer de nouveaux venus, elles ne se renouvellent qu'à la faveur d'un bouleversement ou d'une révolution. Après cette rupture, elles connaissent une embellie, se consacrent certes à la consolidation de leur statut, mais aussi à l'intérêt général. Passé ce moment de grâce, les affaires reprennent de plus belle. Le divorce avec le peuple n'est pas prononcé, mais il est bien là. Nous y sommes aujourd'hui.

Ce constat terrible ne paraîtra sévère qu'aux aveugles ou aux esprits forts qui savent tout sur tout.

Incapables, ceux qui nous dirigent ? Le mot peut sembler dur. Nos élites, en effet, sont très compétentes pour défendre leurs propres intérêts. Beaucoup moins lorsqu'il s'agit de se rendre utile.

Ce sont les coulisses de cette mystification que nous avons voulu raconter. Par leur impéritie, par leur entêtement à en vouloir toujours plus, ceux qui nous dirigent ont jeté le pays dans une situation prérévolutionnaire, voilà la vérité que nous n'osons pas regarder en face.

PREMIÈRE PARTIE

LA CASTE

1

« Tu connais le Président ? »

Depuis quelques années, tout le monde a le droit d'être un VIP... sur le papier. Le café, le chocolat, les yaourts, le sucre en poudre le certifient sur leurs emballages : les marques, en apparence, nous traitent comme des princes. Ceux qui nous dirigent n'agissent pas autrement. Dans leurs discours, ils le disent tous : responsables, compétents, ils ne pensent à rien d'autre qu'à l'intérêt général. Le problème, c'est que depuis plusieurs années le service public n'est plus à la hauteur. Quelles mesures envisagent nos élites pour enrayer cette dégradation, qui menace la cohésion de la société française ? Aucune en vérité. Car l'oligarchie n'est pas vraiment concernée. Elle ne se lasse pas de découvrir et redécouvrir qu'elle a su créer deux univers en un. Celui des files d'attente à Disneyland, des refus de prêt au dernier moment, des affectations dans des lycées de seconde zone et des urgences surpeuplées dans les hôpitaux. Et puis ce deuxième monde où, au-delà de l'argent, tout est possible. Un monde où il faut « connaître » ceux qui décident.

Il existe ainsi dans l'administration française au moins deux hauts responsables qui sont en permanence sollicités. Le premier est le recteur de l'Académie de Paris.

Le second est le directeur général de l'AP-HP (Assistance publique – Hôpitaux de Paris). Le recteur reçoit des doléances quasi quotidiennes de parents qui désirent le meilleur pour leur enfant. Pour les habitants du deuxième monde en effet, la carte scolaire a été supprimée depuis longtemps déjà. C'est pour contribuer à cette fluidité que 17 fonctionnaires (dix-sept !) sont affectés au bureau du cabinet du ministre de l'Éducation nationale pour piloter les interventions. Le responsable de l'AP-HP, qui gère la plupart des grands hôpitaux de la capitale et de sa banlieue, a lui aussi une petite équipe pour faire face aux demandes signalées.

Il est si tentant de profiter des coupe-files ! Surtout pour les deux sujets les plus vitaux, l'avenir des enfants et la santé des proches, alors que l'école part à vau-l'eau et que l'admission à l'aveuglette dans un service hospitalier ressemble à la roulette russe. Martin Hirsch, l'ancien haut-commissaire aux solidarités actives contre la pauvreté, qui s'est toujours méfié des privilèges – il a, pour cette raison, refusé un poste de secrétaire d'État ou de ministre délégué –, le confesse avec le sourire : « Je n'aime pas les passe-droits, je n'en use jamais, mais appeler le directeur de l'AP-HP ou le recteur de Paris, pour un proche qui en aurait besoin, oui, je le ferais. »

Une franchise qui tranche avec les propos chafouins généralement tenus sur ce sujet. Personne, parmi les décideurs, ne souhaite changer le système. Mais personne non plus n'avoue en profiter.

D'où cette atmosphère irréelle, ces beaux discours des ministres de l'Éducation nationale ou de la Santé sur l'équité, l'accès au savoir ou aux soins pour tous. Il suffit pourtant de se rendre au lycée Victor-Duruy, où sont scolarisés des enfants de ministres, et dans un établissement du 19ᵉ arrondissement de la capitale, à quelques stations de métro de là, pour mesurer la différence de traitement entre des élèves théoriquement égaux en droits. De même, une visite à l'hôpital Avicenne de Bobigny, en Seine-Saint-Denis, permet de constater que les médecins urgentistes doivent s'apparenter à des magiciens pour remplir leur mission, dans des locaux exigus. Le Val-de-Grâce, dans le 14ᵉ arrondissement de Paris, fait partie lui aussi de l'AP-HP. Mais quel changement d'ambiance ! Dévolues, en théorie, à l'instruction militaire, ces infrastructures luxueuses sont un peu la clinique privée de tous les grands de ce pays. François Mitterrand et Jacques Chirac y ont été soignés. Dans chaque service, il y a une ou plusieurs chambres VIP, exclusivement réservées aux personnalités.

La France leur appartient

Ce système va bien au-delà du piston ou de faveurs informelles. Les élites françaises, s'éloignant chaque jour davantage de l'esprit insufflé par la Résistance, ont créé, construit, perfectionné un véritable service public des privilèges dont elles se réservent l'usage exclusif. Dans le moindre recoin de l'État s'est immiscé le « deux poids, deux mesures ». La justice ? Rachida Dati a raconté dans sa biographie comment, sous la pression familiale, elle avait épousé en 1992 un homme avec lequel elle ne partageait rien avant de s'enfuir de cet enfer conjugal annoncé. Elle demande l'annulation du mariage, et l'obtient, notamment grâce à l'entremise de l'ancien garde des Sceaux Albin Chalandon, l'un de ses protecteurs, qui fait avancer le dossier.

L'écologie et l'aménagement du territoire ? Une ardente obligation pour le commun des mortels. Une blague pour les heureux habitants du « deuxième monde ».

Qui connaît le chemin des douaniers qui relie, dans un cadre majestueux, la cale de Beg-Meil au sémaphore, sur la commune de Fouesnant, en Bretagne ? Une côte découpée, des criques au sable clair, des falaises imposantes : une promenade grandiose... mais interdite au commun des mortels à marée haute. Et la « loi littoral » de 1986, qui permet à tous de profiter des rivages ? Une mauvaise plaisanterie pour les quatre propriétaires des lieux : Vincent Bolloré, oligarque breton propriétaire du groupe de publicité Havas ; Robert Lascar, patron d'une très rentable holding, qui regroupe des marques populaires comme Eurodif, Bouchara, Burton... ; Anne-Claire Taittinger, une des héritières du groupe du même nom, et son mari, Jean-Claude Meyer, associé-gérant chez Rothschild ; les Cabri-Wiltzer, vieille famille lorraine dont une branche a fait fortune dans l'immobilier.

Ce club des quatre s'est réservé la jouissance exclusive d'un des plus beaux sites de France. Indignée, une association locale bataille depuis plus de vingt ans pour faire valoir le droit. Mais les moyens des uns et des autres sont sans commune mesure, et les bons avocats coûtent cher. C'est seulement en mai 2011 que le conseil municipal de Fouesnant, commune sur laquelle est situé le chemin, parvient à proposer un projet de « servitude modifiée ». En 2010 encore, il était question de construire un tunnel, des plateformes, des passerelles aux frais du contribuable afin de préserver la quiétude des propriétaires. Devant le tollé, cette étrange application de l'intérêt général avait été abandonnée. Fin des combats ? Pas tout à fait. Aux dernières nouvelles, de hauts murs devraient border le sentier par endroits...

Et Michel Drucker ? Quel est le rapport entre cet inamovible compagnon des dimanches télévisés et la préservation des sites naturels ? Le célèbre animateur possède une propriété dans le parc naturel des Alpilles. À moins de 500 mètres : la chapelle Saint-Sixte, édifiée au XIIᵉ siècle, transformée en hôpital pendant la peste de 1720. Avant d'entreprendre la moindre transformation extérieure sur leurs maisons, Michel Drucker et son épouse doivent donc, comme tout le monde, soumettre un dossier aux architectes des bâtiments de France (ABF), chargé de la protection des sites inscrits et classés.

Pourtant, en 2008, ils décident d'édifier une troisième villa en ignorant les ABF. Le maire d'Eygalières leur délivre tout de même un permis de construire qu'une association[1] décide d'attaquer devant la justice administrative. Elle gagne haut la main devant le tribunal administratif de Marseille, le 22 décembre 2010. Les magistrats considèrent le permis de construire comme « nul et non avenu » et ordonnent au maire d'Eygalières, qui a délivré le « non-permis », de prendre un arrêté d'interruption des travaux dans un délai d'un mois. Ce dernier n'en fait rien, et les travaux continuent. La villa de 293 m², un imposant mas avec un étage, est terminée pour l'été 2011.

Ce qui est le plus extravagant dans cette histoire, c'est que, pendant ce temps, le couple Drucker, qui a fait appel de la décision, a reçu le renfort de la ministre de l'Écologie et du Développement durable. Dans un courrier au président de la cour administrative de

---

1. La Ligue de défense des Alpilles.

Marseille, qui doit réexaminer l'affaire, Nathalie Kosciusko-Morizet ose demander l'annulation du jugement du 22 décembre, au prétexte que le permis ne serait pas « nul et non avenu », mais simplement illégal. Et alors ? Alors, dans ce cas, le délai de prescription de trois ans est dépassé. Le permis est illégal mais ne peut plus être annulé. Fin des tracas pour l'animateur de télé (et pour les services du ministère de l'Écologie !).

Dans la hiérarchie des hautes sphères, mieux vaut présenter des émissions dominicales que siéger au gouvernement pour outrepasser le droit commun. L'ancien secrétaire d'État à la Coopération Alain Joyandet a voulu doubler la surface de sa résidence secondaire située à Grimaud, dans le golfe de Saint-Tropez, au cœur d'une zone naturelle boisée. Comme il est interdit, dans ce secteur, d'agrandir une maison de plus de 50 % de sa surface habitable, Alain Joyandet a largement surestimé, début 2009, la surface initiale de sa villa pour obtenir un permis de construire. En bon français, cela s'appelle tricher. Le secrétaire d'État paiera la double peine : il devra renoncer à ses travaux pharaoniques et quittera quand même le gouvernement.

Première classe

Air France développe une politique commerciale destinée à câliner ses meilleurs clients, gratifiés de cartes gold, platinium, très grand voyageur et autres attributs qui donnent l'illusion de compter dans la société. Mais la vraie distinction est ailleurs : c'est l'appartenance à un cercle chic : le Club 2 000. 2 000 personnes – leur nombre est plafonné volontairement – dans le monde, quel que soit le tarif du billet qu'elles ont acheté, sont traitées avec les plus grands égards. Jean-Cyril Spinetta, le président de la compagnie, tient personnellement la liste à jour. Parmi les heureux élus : la plupart des anciens ministres des Transports, mais aussi Mgr Vingt-Trois, archevêque de Paris, et, avant lui, le cardinal Lustiger. Un mélange de politiques, de hauts fonctionnaires et de personnalités plus en vue, comme quelques Prix Nobel. Pour ceux-là, la compagnie est capable de retarder un appareil ou peut débloquer un siège ou deux dans un avion bondé pour y accueillir des personnalités signalées.

De même, dans tous les TGV, trois places vides sont réservées jusqu'au dernier moment. Ce sont les places DG, pour « direction générale ». Là encore, c'est un proche du président de la SNCF qui gère les demandes, traitées par ordre d'influence. « Tous les députés n'y ont pas droit, explique l'ancien ministre des Transports François Goulard. En revanche, ceux qui sont bien introduits, les membres des grands corps de l'État par exemple, connaissent le numéro de téléphone du service VIP, situé gare Saint-Lazare. Ils disposent de cartes gratuites de transport, théoriquement pour effectuer leurs missions de contrôle dans le cadre du service public. Ils en profitent aussi lorsque c'est le moment d'aller aux sports d'hiver en famille. »

Dans un tel contexte, les plus fragiles psychologiquement perdent pied. En mars 2011, un jeune oligarque monté en graine, Pierre Coppey, P-DG de Vinci Autoroutes, prend place, avec un de ses collaborateurs, dans le wagon de première classe d'un TGV à Marseille, direction Paris. Personne ne lui demande rien mais, pour impressionner son compagnon de voyage, il apostrophe deux contrôleurs qui passent dans le couloir, ainsi que l'a raconté *Le Canard enchaîné*[1] : « Qu'est-ce que c'est que cette cravate, c'est Guillaume Pepy[2] qui vous l'a offerte ? Je vais lui envoyer un mail, c'est un bon copain, pour lui dire que je n'aime pas la couleur. » Les contrôleurs apprécient peu ce trait d'humour raffiné et demandent leurs billets aux deux compères. Manque de chance, ils n'en ont pas. Une amende s'impose, mais Pierre Coppey décline ses nom et qualité auprès des préposés. Ceux-ci interrogent leur hiérarchie, et une instruction tombe en temps réel : ne pas verbaliser[3].

Claude Guéant veut une piscine

Pourquoi se gêner puisque l'exemple – le mauvais exemple – vient d'en haut. Alors qu'il occupe depuis quelques mois le poste de secrétaire général de l'Élysée, et les fonctions d'homme le plus puissant du royaume, Claude Guéant téléphone au Cercle de l'Union interalliée. Ce club très chic réunit des banquiers, des avocats, quelques écrivains, des patrons, de hauts fonctionnaires. Situé à deux pas de l'Élysée, rue du Faubourg-Saint-Honoré, il offre à ses membres quelques privilèges remarqués dans le Tout-Paris : des jardins comparables à ceux du palais présidentiel, une table raffinée et, surtout, une magnifique piscine couverte. Le délai

---

1. *Le Canard enchaîné,* 5 mars 2011.
2. Le président de la SNCF.
3. Sollicité par les auteurs le 9 novembre 2011, Pierre Coppey écume lorsqu'on évoque cet épisode : « J'ai effectivement envoyé un mail à Guillaume Pepy et à David Azéma, mais il s'agissait de leur faire passer le témoignage d'un client, parce que la machine des contrôleurs ne fonctionnait pas, alors que j'avais mon billet. »

d'attente pour y être admis, avec l'appui de deux parrains, dépasse les deux ans. Les heureux élus, parmi lesquels on distingue Christine Lagarde, Olivier Giscard d'Estaing ou Pierre Mongin, le patron de la RATP, doivent, au terme d'une sélection vigilante, acquitter un droit d'entrée puis une cotisation annuelle qui n'ont rien de négligeable.

Mais qu'importe ces contingences pour Claude Guéant. Il a envie de nager, voilà tout. De nager gratuitement, cela s'entend. Et de nager tout de suite, pas dans deux ans. Il réclame donc une carte. Et l'obtient, comment faire autrement ? Au soulagement général, il n'est d'ailleurs jamais venu.

Le caïd de Bercy

À peine fréquentent-ils, fût-ce de loin, les cercles des puissants, que certains esprits faibles se conduisent comme le surintendant Fouquet collectant l'impôt au nom du Roi-Soleil. Quand elle arrive au ministère de l'Économie et des Finances, en 2007, Christine Lagarde embauche dans son cabinet un ancien journaliste du *Parisien* pour gérer sa communication. Jean-Marc Plantade a une passion pour le vin. Pourquoi pas ? Il a acheté quelques plants de vigne dans le Sud-Ouest et a fondé une coopérative avec quelques amis.

L'ivresse du pouvoir égare le nouveau venu. Fin 2008, des associés viticulteurs viennent d'obtenir du Crédit agricole un crédit de 200 000 euros. Mais la crise lessive le monde financier. Comme des centaines de milliers d'entrepreneurs, Jean-Marc Plantade et ses amis subissent une volte-face de la banque, qui ne veut plus leur prêter un centime. Le conseiller de Christine Lagarde, n'écoutant que son bon cœur, ne laisse pas passer ce crime de lèse-majesté. « Ils n'avaient pas bien compris à qui ils avaient affaire, les mecs, a-t-il confié, satisfait, à ses proches. J'ai monté deux trucs pour bien leur mettre le nez dedans. Résultat : on a eu le prêt... et les excuses en prime. »

Premier « truc » : quand un journaliste de France 3 demande, pour les besoins d'un reportage, les coordonnées d'un entrepreneur fragilisé par la crise, le conseiller-vigneron l'envoie chez le patron de la coopérative dont il est membre. Celui-ci hurle sa colère contre le Crédit agricole à l'écran. Le reportage fait un peu de bruit.

Deuxième tour de magie : le conseiller de Christine Lagarde obtient un rendez-vous avec Georges Pauget, le numéro deux du Crédit agricole. L'affaire se règle dans la minute. Le directeur local s'excuse platement et accorde le crédit aux vignerons. Voilà comment amener une banque mutualiste à plus d'écoute envers ses clients d'envergure modeste.

Le conseiller-presse de la ministre avait, il est vrai, à deux pas de son bureau, un exemple de favoritisme institutionnalisé qui touche à un des sujets les plus sensibles.

La « cellule »

Jusqu'en septembre 2010, il existait ainsi auprès du ministre du Budget une « cellule fiscale », composée d'un conseiller de son cabinet et de plusieurs fonctionnaires des Impôts. En pleine affaire Woerth-Bettencourt, le ministre en titre, François Baroin, décide de la supprimer. Pourquoi ? Pour faire taire les suspicions de collusion et d'arrangements entre amis. Triste fin pour une structure discrète, qui avait jusqu'alors traversé sans tracas tous les régimes sans être officielle.

Depuis 1977, une autre instance, très officielle celle-ci, doit examiner les recours effectués par des contribuables mécontents. C'est le Comité du contentieux fiscal, composé de magistrats à la Cour des comptes, au Conseil d'État et à la Cour de cassation.

Mais la « cellule », c'est tout autre chose : un service personnalisé de haute qualité. « Sur 25 000 lettres qui arrivaient chaque année, 90 % repartaient directement dans les circuits normaux de l'administration. Il s'agissait le plus souvent d'interventions de parlementaires pour leurs électeurs, raconte, sous couvert d'anonymat, un fonctionnaire des Impôts qui y a travaillé plusieurs années. Seules un peu plus de 10 % des demandes, les plus sensibles, étaient examinées chez nous. » Soit, tout de même, plus de 2 500 requêtes sorties, chaque année, du circuit habituel pour faire l'objet d'une attention spécifique.

Patrice de Maistre, l'homme décoré par Éric Woerth, écouté par le majordome de Liliane Bettencourt et soupçonné d'avoir fourni un emploi de complaisance à l'épouse du ministre, en a bénéficié. « Il est venu nous voir deux fois, mais ce n'était pas pour le dossier Bettencourt, poursuit ce fonctionnaire. Il avait un associé gabonais qui faisait soigner sa femme en France, et qui, avec le temps, était devenu imposable. Maistre utilisait sa relation avec Woerth pour se faire mousser auprès de son associé. Et celui-ci nous disait : "Voyez-le, il me fait chier !" Le ministre est sollicité par des gens importants, des acteurs, des chefs d'entreprise, auxquels il doit montrer qu'il s'est occupé personnellement de leur cas. »

La cellule tournait à plein régime aussi sous le règne de la gauche. Le couturier Karl Lagerfeld a profité de cette niche administrative personnalisée en obtenant du cabinet de Dominique Strauss-Kahn, alors ministre des Finances, un dégrèvement considérable. DSK a également fait bénéficier la famille Hersant, à la mort du patriarche, d'un traitement très cousu main. Le fait que Robert Hersant ait été à l'époque propriétaire du *Figaro* n'a évidemment aucun rapport ! En tout cas, dans les années qui ont suivi, DSK ne se privait pas d'appeler le quotidien dès qu'un article lui déplaisait. Encore une coïncidence ? Arnaud Lagardère, lorsqu'il a fallu régler la succession de son père, s'est également démené pour bénéficier d'une assistance sur mesure. À l'époque, Francis Mer, ministre de l'Économie et des Finances, et Alain Lambert, ministre du Budget, se disputaient sur ce dossier, le premier se montrant nettement moins conciliant que le second, qui avait d'ailleurs donné ce conseil édifiant à ses services : « Il faut que tout ce qu'on décide puisse se retrouver raconté dans les journaux[1]. »

Dans les faits, on continue tout de même à réserver un traitement particulier aux dossiers recommandés. La cellule a disparu, pas le traitement VIP.

Le 24 décembre 2010, l'administration fiscale adresse une notification de redressement de 240 millions d'euros à Ernest-Antoine Seillière et à ses associés dans une opération qui, selon le fisc, les a conduits à dissimuler des rémunérations. Les agents du Trésor ont agi en catastrophe, puisque le dossier était prescrit... sept jours plus tard. Depuis plus de deux ans, l'affaire était suivie au plus haut niveau, et la fonctionnaire chargée de le traiter

---

1. Entretien du 23 février 2011.

empêchée de conclure. Seule la pression des événements, notamment une amende record infligée par l'AMF[1] au baron Seillière et à ses compères, a empêché l'étouffement. Mais, après ce coup de tonnerre de Noël 2010, les mois passent et l'administration se montre bien silencieuse. Elle aurait dû, dans un dossier « normal », répliquer aux observations des intéressés fin avril 2011 puis mettre les sommes en recouvrement, ou à tout le moins demander des constitutions de garanties en cas de contestation. Rien de tel !

En juillet 2011, la députée socialiste Aurélie Filippetti écrit donc à l'ancien ministre du Budget et nouveau ministre des Finances François Baroin pour s'étonner de ce silence : « À notre connaissance, à ce jour, soit dix-huit mois après la signification du redressement, la compagnie de l'Audon[2] n'aurait toujours pas reçu de réponse à ses observations et, par conséquent, n'a pas été invitée à régler ses impôts au Trésor public. » Elle ajoute, fine mouche : « M. Seillière, qui fait partie du cercle des donateurs privilégiés de l'UMP, s'est fait remettre, en juillet 2010, la cravate de commandeur de la Légion d'honneur par le président de la République au palais de l'Élysée, au nom de "l'étincelle de leur amitié". »

Amitié ? Le mot est peut-être un peu fort pour qualifier le ciment du système de gouvernement oligarchique.

---

1. Autorité des marchés financiers.
2. Il s'agit de la société qui réunit Ernest-Antoine Seillière et ses associés.

2

Mais que font-ils à l'Élysée ?

On imagine une ruche. Un temple de gravité et de responsabilité. Un lieu où les réunions, les conciliabules, les entretiens téléphoniques se succèdent sur les sujets les plus sérieux : la dette de la France, la crise de l'euro, la fragilité du système bancaire, la persistance du chômage, les défaillances coupables de l'école... Les problèmes ne manquent pas.

Mais la présidence de la République s'occupe aussi de bien d'autres choses. On croit ses serviteurs affairés à sauver la France ? Ils se soucient beaucoup de leur propre destin, et de celui de leurs proches.

L'ancien secrétaire général de l'Élysée, Claude Guéant, n'avait pas le temps de profiter de sa carte de piscine gratuite du Cercle interallié. Il avait tant à faire. Il a ainsi traité personnellement un dossier considérable : la création d'une Cité du cinéma. Ce n'est pas de son niveau ? Il n'y a pas de petites missions pour un grand homme. Le résultat est là : on a sauvé le soldat Besson. Besson comme Luc Besson, un entrepreneur couvé par le Président et ses meilleurs conseillers.

Le réalisateur de *Nikita* et du *Cinquième Élément* cherchait depuis près de dix ans l'argent nécessaire pour réaliser son rêve. Il avait tout le reste : l'idée, le lieu

– une ancienne usine EDF située à La Plaine-Saint-Denis, dans un quartier difficile. Mais il ne trouvait pas d'investisseur, malgré son nom et ses succès, pour réaliser son petit Hollywood : neuf plateaux de tournage, une école de cinéma, des milliers de mètres carrés dédiés au stockage de décors, des bureaux, une salle de projection... Sur le papier, un projet ambitieux. En pratique, un (coûteux) casse-tête.

Un nouvel ami

La clé de ce feuilleton aux multiples rebondissements ? Un certain Christophe Lambert. Un publicitaire qui travaille depuis des années pour Nicolas Sarkozy[1]. Luc Besson l'a rencontré par l'entremise de Charles Milhaud, l'ex-patron des Caisses d'épargne qui a beaucoup investi dans EuropaCorp, sa société de production. En 2008, l'ancien de Publicis vient de se fâcher avec ses associés. Il doit rebondir. Pourquoi pas dans le cinéma ?

Entre les deux hommes, c'est tout de suite le grand amour. Lambert séduit Besson par son carnet d'adresses. Et lui propose très vite de créer une filiale qui serait la première agence française d'*advertainment.* De quoi ? En français, de publicité fondée sur le divertissement. Lambert parle comme personne ce langage gonflé d'importance et vide de sens : il veut faire du *brand management,* du pilotage stratégique de marque, et du *branded entertainment.*

Seul petit problème : le conseil d'administration

---

1. Alors président de Publicis Conseil, il a créé le logo de l'UMP, en 2002, et organisé, en novembre 2004, le congrès du Bourget où Nicolas Sarkozy a été élu président du mouvement.

d'EuropaCorp, pas convaincu par les documents prévisionnels qu'on lui présente, s'oppose à la création de cette filiale. Courroux de Luc Besson : « Puisque c'est comme ça, je la crée avec Front Line ».

Front Line, c'est la société holding personnelle du cinéaste, qui détient un peu plus de 60 % d'Europa-Corp ainsi que diverses participations hétéroclites.

Voilà donc Christophe Lambert dans la place, un hôtel particulier de la rue du Faubourg-Saint-Honoré qui abrite aussi le très chic restaurant Apicius. En ce début 2009, l'ambiance n'est pas à la fête. Tandis qu'il déclare à la presse, tout sourire, que la « productivité sur la fabrication de nos films s'améliore[1] », le directeur général, Jean-Julien Baronnet, convoque un conseil d'administration extraordinaire en mai pour faire le point : la situation financière risque d'être tendue. *Arthur et les Minimoys*, la série fétiche d'EuropaCorp, est en grande partie responsable de ce bouillon. Le conseil d'administration autorise le directeur général à négocier avec les banques de nouvelles lignes de crédit pour faire face aux échéances difficiles.

Luc Besson, lui, a la tête ailleurs. Son nouvel ami, Christophe Lambert, lui a promis de s'occuper de cette histoire de Cité du cinéma, qui doit absolument être bouclée avant décembre 2010 pour des questions de permis de construire. « Tu te plantes en traitant ce projet comme un dossier économique, lui a-t-il dit. C'est un projet politique, parce qu'il concerne le cinéma français dans son ensemble et qu'il touche à l'aménagement des quartiers sensibles. Je vais te le débloquer. Mais si j'y parviens, il faut que tu me laisses

---

1. *Les Échos*, 19 juin 2009.

faire sur EuropaCorp. » Réponse de Luc Besson :
« Fonce ! »

Pressions en haut lieu

Christophe Lambert a ses habitudes à l'Élysée. Il
connaît bien Emmanuelle Mignon, qu'il a côtoyée au
moment de la campagne présidentielle, puisqu'elle a
rédigé le programme du candidat, celui de 2007.
Cette conseillère d'État, très brillante, très libérale,
très catholique, a commencé le quinquennat sur les
chapeaux de roue, comme directrice de cabinet du
Président, mais s'est vue, au bout d'un peu plus d'un
an, rétrogradée comme conseillère. Elle a commis
une bourde en déclarant publiquement que les sectes,
en France, étaient « un non-problème[1] ». Cela ne l'a
pas aidée. Elle a perdu la guerre qui l'opposait,
notamment, au secrétaire général Claude Guéant.
Elle s'ennuie. Elle voudrait trouver un point de chute.
Malgré tous ses diplômes (ESSEC, IEP, major de
l'ENA), elle ne trouve rien. À l'extérieur, elle fait un
peu peur.
Elle écoute donc attentivement Christophe Lambert
quand celui-ci lui dit en substance : « La Cité du
cinéma, c'est un beau projet pour la France. Si on a le
financement, j'ai EuropaCorp. Et ce serait génial si tu
étais mon adjointe. »
Elle n'a pas le pouvoir direct de trouver le financement. Mais il y a Claude Guéant, secrétaire général de
l'Élysée, l'homme à qui personne n'ose dire non. Le

---

1. *VSD*, 20 février 2008.

futur ministre de l'Intérieur, son ennemi intime, ne serait pas fâché de la voir prendre le large.

Celui-ci n'a qu'à décrocher son téléphone. Il appelle Augustin de Romanet, le directeur général de la Caisse des dépôts. Pas précisément un ami, lui non plus. Il a été placé là par Chirac et on ne peut pas s'en débarrasser avant la fin de son mandat, en mars 2012. Il est inamovible pour cinq ans. Cet énarque, fils d'une grande famille dont il peut remonter la généalogie jusqu'au XIVe siècle, a des principes. On lui a confié la gestion de l'épargne des Français et le financement de chantiers d'intérêt général, il s'y attelle. D'ailleurs, son comité d'investissement était d'accord avec lui : trop mal ficelé, trop risqué. À deux reprises il a refusé le projet de la Cité du cinéma.

Mais cette fois, Claude Guéant lui tord le bras. Pas très fort, ce n'est pas la peine. Après tout, c'est une histoire à 130 millions d'euros, et la Caisse n'est pas obligée de tout financer !

Augustin de Romanet mange son chapeau et se justifie ainsi auprès de son entourage : « Est-ce que je devais refuser, sous prétexte que j'étais l'objet d'une pression de l'Élysée[1] ? » Bonne question. Voilà comment un honorable administrateur civil aux Finances, ancien secrétaire général adjoint de l'Élysée, se retrouve, en janvier 2011, en train de présenter ses vœux au personnel de la CDC en compagnie du bateleur Karl Zéro. Quand on fait partie de la grande famille du showbiz, il faut savoir faire des sacrifices.

---

1. Contacté par les auteurs, Augustin de Romanet a refusé de commenter cet épisode.

Chantage aux banques

Augustin de Romanet n'a toutefois pas envie que la CDC devienne l'acronyme de « Caisse des copains ». Surtout pour faire plaisir à des gens qui ne sont pas du tout ses copains. Pour complaire à l'Élysée, il pioche dans une cagnotte destinée à la redynamisation des quartiers. Il limite la casse et se venge un peu. Dans ce cadre, il ne peut pas mettre au pot plus de 40 millions d'euros. 40 millions, ce n'est pas mal, mais il faut encore en trouver 90. Normalement, ce n'est pas difficile : quand la Caisse des dépôts investit, les banques suivent. Mais là, devant cette usine à gaz, elles rechignent, et finissent pas refuser.

Luc Besson est fou de rage : encore raté ! Il convoque donc son directeur général, Jean-Julien Baronnet, qui vient juste de renégocier les lignes de crédit d'Europa-Corp. « Besson a exigé que Baronnet aille voir les banques pour leur dire que si elles ne prêtaient pas pour la Cité du cinéma, on leur retirerait nos lignes de crédit », raconte un cadre qui a été mêlé de près à l'affaire. Baronnet renâcle, puis s'exécute et va voir la Société générale, la BNP, HSBC, ainsi que six autres établissements. « C'était de la folie, raconte l'un de ces banquiers. Nous venions de lui consentir de bonnes conditions de crédit et il utilisait cela pour marchander une nouvelle faveur. Moi, je lui ai juste répondu : "Fume." Il m'a demandé de le lui écrire, ce que j'ai fait noir sur blanc en termes plus policés. Je crois qu'il avait besoin de ce genre de refus écrit pour se justifier auprès de Besson. »

En effet, rue du Faubourg-Saint-Honoré, la gêne s'installe. Tout le monde fait semblant d'être affairé. Il n'y a toujours pas assez d'argent pour la fameuse Cité du cinéma !

Est-ce Emmanuelle Mignon qui a eu l'idée ? Beaucoup le croient. Pour forcer la main aux prêteurs réticents, le médiateur du crédit est saisi. Cela tombe bien, Gérard Rameix, son nouveau titulaire, vient d'arriver et n'a pas envie de démarrer sur une mauvaise impression. Mais tout de même ! Le médiateur du crédit ! Celui qui aide les PME quand les banques leur claquent la porte au nez ! Le voilà sommé de convoquer les plus grands établissements de la place pour qu'ils aient l'obligeance de suivre la Caisse des dépôts. « C'était grotesque, mais ça a fonctionné, raconte un des banquiers qui a participé, bien malgré lui, à cette comédie. On était en novembre 2009, on a tous reçu un coup de fil de l'Élysée. Le médiateur du crédit servait de paravent pour masquer l'intervention en haut lieu. Et nous, on n'allait quand même pas se fâcher avec le pouvoir pour un ticket de 10 millions chacun ! » Avant fin décembre 2009, le tour de table est bouclé.

L'or transformé en plomb

Et, quelle incroyable surprise, quelques mois plus tard, en mai 2010 exactement, Emmanuelle Mignon rejoint Front Line, la holding. Pour y faire quoi ? « Je ne sais pas », répond Luc Besson quand on lui pose la question. On le comprend. En dehors des parts d'Europa-Corp, Front Line détient l'avion privé du cinéaste, une île déserte dans les Bahamas, un vignoble dans l'Hérault – en vente depuis 2007 –, une petite société de post-production installée en Normandie et... le salon de coiffure de la sœur de Luc. Un peu indigent quand on a dirigé les affaires de l'État.

Mais cette pénitence ne dure pas longtemps. Deux mois plus tard, l'ancienne directrice de cabinet du président de la République est nommée secrétaire générale d'EuropaCorp. Jean-Julien Baronnet est remercié et remplacé par Christophe Lambert[1]. Chose promise, chose due.

« Cette histoire de ligne de crédit était très bien montée, raconte un cadre dirigeant d'EuropaCorp qui, comme beaucoup, a pris la fuite après ce coup d'État. Si le directeur général refusait d'obtempérer, il était condamné pour perte de confiance. S'il acceptait, il mettait l'entreprise en danger et commettait donc une faute. » Deux administrateurs démissionnent, inquiets de l'influence croissante de Christophe Lambert. Jean-Julien Baronnet touche plus d'un demi-million d'euros pour à peine plus d'un an de présence.

En janvier 2011, Pierre-Ange Le Pogam, l'associé historique de Luc Besson, compagnon des bons et des mauvais jours depuis les années quatre-vingt, quitte à son tour la société pour cause de désaccords : il ne supporte plus, lui non plus, l'omniprésence de Christophe Lambert, qui s'est vu offrir en 2011 une augmentation de 24 % pour 2011 sous forme d'avantages en nature, à savoir la location d'un logement de fonction pour 120 000 euros par an[2].

En juillet 2011, EuropaCorp annonce des pertes pour la deuxième année consécutive. Le conseil d'adminis-

---

1. Contactés par les auteurs, Christophe Lambert, Emmanuelle Mignon, Jean-Julien Baronnet et Luc Besson n'ont pas souhaité répondre.
2. *Le Nouvel Observateur*, 30/08/2011.

tration décide donc de ne pas verser de dividendes. Mais, comme le note *La Tribune*, un actionnaire échappe à la rigueur : Luc Besson. Il touche 4,9 millions d'euros de sa société, en tant que réalisateur et scénariste. Une somme qui a plus que doublé par rapport aux exercices précédents. Les titulaires du livret A, dont les économies ont servi à financer la Cité du cinéma, dont la date d'ouverture n'est toujours pas fixée, comme les clients des banques qui ont été sollicitées, seront enchantés de l'apprendre.

Au moment où le robinet du crédit se ferme pour les PME, ce qui les fragilise et menace un nombre croissant d'emplois, cette histoire emblématique illustre le fonctionnement très concret d'un système où rien ne dissuade les incapables de favoriser les membres de la caste.

3

La hiérarchie invisible

Membre d'un grand corps de l'État, il a occupé d'éminentes fonctions dans l'administration. Homme de rigueur, il appartient à la très haute bourgeoisie. Personnage élevé dans le culte de l'intérêt général, il ne déteste pas les dîners en ville. Il ne fréquente ni les sections du PS ni le Premier Cercle de l'UMP. En définitive, même s'il n'est pas enfermé dans ce rôle, il incarne, mieux que personne, le nomenklaturiste français dans ce qu'il a de presque éternel.

Éternel ? Il s'amuse de voir comment Nicolas Sarkozy, tout à son esprit de rupture, a tenté, lorsqu'il est arrivé au pouvoir, en 2007, de créer une nouvelle noblesse d'Empire, entreprise qui s'est révélée infructueuse.

La soirée du Fouquet's ? « Un ersatz vulgaire des premières soirées de l'Empire. Ce ne sont pas des gens que l'on reçoit chez soi, car les nomenklaturistes se reconnaissent entre eux. C'est un milieu où on se tient, dans les deux sens du terme. »

Éric Besson ? « Jamais de la vie. Ce serait plutôt le Jean-Roch Coignet de Bonaparte. » Le capitaine Coignet, modeste fils d'aubergiste, s'était engagé dans l'armée dont il avait gravi tous les échelons jusqu'à Waterloo, avant de se retirer à Auxerre comme débitant de tabac[1].

Raymond Soubie, l'ancien conseiller social de Nicolas Sarkozy, qui fut aussi celui de Raymond Barre quand il était Premier ministre, et qui est parti rejoindre l'entreprise de conseil et de formation dirigée jusqu'alors par sa femme ? « Je ne me rends plus à ses invitations car il pratique le mélange des genres. Donc, je le regrette, mais je n'irai plus au théâtre des Champs-Élysées tant qu'il en assurera la présidence. »

Henri Guaino, le conseiller spécial du Président ? « Éventuellement pour un dîner-débat payant. »

Claude Guéant, peut-être ? « C'est comme si, sous Richelieu, le père Joseph avait appartenu à la noblesse de robe européenne. La Cour s'incline sur son passage, car il est craint, mais elle ne le considère pas comme l'un des siens. »

Pourquoi un tel échec ? « Pour des raisons multiples. Mais on peut souligner que Sarkozy a tué lui-même quelques personnages qu'il avait voulu anoblir. Il vire Xavier Darcos comme un malpropre, sacrifie Éric Woerth sans état d'âme, punit Rachida Dati... »

Ce personnage mis à part, dans la classe dirigeante, un petit clan assez remuant : les *nouveaux conseillers de l'ombre*, les spécialistes de la communication. « Nous ne recevons pas nos fournisseurs. Je n'ai pas besoin d'Anne Méaux[2], de Michel Calzaroni[3] ou de Stéphane

---

1. On lui doit *Les Cahiers du capitaine Coignet*, collection de ses souvenirs plusieurs fois remaniés.
2. Fondatrice et patronne de l'agence de communication Image7.
3. Patron de DGM, une autre agence de communication.

Fouks[1] pour rencontrer Bernard Arnault, Michel Pébereau ou Jean-Bernard Lévy[2]. » Quelques patrons qui ne sont pas issus des grands corps trouvent-ils grâce aux yeux de notre homme ? « Bien entendu, François Pinault, Bernard Arnault et Vincent Bolloré en font partie aujourd'hui. » Un court silence, puis il ajoute : « Encore qu'on ne voie pas Bolloré chez tout le monde. »

La grande famille

En fait c'est une hiérarchie invisible et ultra-codée qui structure désormais la classe dirigeante française. Du producteur Luc Besson au président de la SNCF Guillaume Pepy, une cohabitation baroque s'est installée entre des entrepreneurs – très – audacieux et de hauts fonctionnaires – très – prudents. La grande famille oligarchique s'est désormais enrichie d'aimables requins de la finance, comme les patrons des fonds d'investissement. Walter Butler, à la tête d'un fonds prospère – et inspecteur des Finances – ou Sébastien Bazin, de Colony Capital – titulaire d'une maîtrise de gestion, autant dire, pour les arrogants surdiplômés de l'élite, un « autodidacte » –, sont désormais entourés d'égards. Ces gens peuvent se joindre, dans les mêmes dîners, aux représentants des plus grandes dynasties.

---

1. Patron d'Euro RSCG, conseiller en communication de Lionel Jospin pour la présidentielle de 2002 et agent d'influence de Dominique Strauss-Kahn avant sa chute.
2. Bernard Arnault est le P-DG de LVMH, Michel Pébereau fut le président de BNP Paribas jusqu'au 1er décembre 2011, Jean-Bernard Lévy est le président du directoire de Vivendi.

Celles-ci ont connu des revers de fortune mais se sont souvent rétablies. « Le nec plus ultra, aujourd'hui, c'est David de Rothschild, assure un arbitre des élégances parisiennes. Il y a vingt-cinq ans, ce profil de banquier d'affaires, avec un nom aussi emblématique, aurait suscité quelques réserves. Désormais, elles sont pulvérisées. »

Des hauts fonctionnaires, quelques grands patrons, des banquiers, quelques avatars des grandes familles, une dizaine d'avocats d'affaires, tels Jean-Michel Darrois, Georges Kiejman ou Hervé Temime, complètent le tableau.

Au cœur de cette famille, il y a bien sûr cette institution qu'est l'ENA (l'École nationale d'administration). Dès son élection, en 2007, le président de la République veut la mettre au pas.

Dans le gouvernement Fillon, les énarques, au début, ne tiennent pas le haut de l'affiche. Alain Juppé, inspecteur des Finances, est ministre d'État chargé de l'Écologie, mais les autres portefeuilles importants reviennent à des « autodidactes », puisque c'est ainsi que les anciens de l'ENA considèrent tous ceux qui ne sont pas passés dans le moule : Jean-Louis Borloo à l'Économie, Michèle Alliot-Marie à l'Intérieur, Bernard Kouchner aux Affaires étrangères, Hervé Morin à la Défense, Rachida Dati à la Justice.

Après le premier remaniement, l'ENA est en perdition dans les hautes sphères gouvernementales : exit Juppé, remplacé par Borloo, qui laisse les clés de Bercy à l'avocate internationale Christine Lagarde.

Mais en novembre 2010, l'énarchie revient en force avec, par ordre protocolaire : Alain Juppé, de retour comme successeur de Bernard Kouchner au Quai d'Orsay, Gérard Longuet dans le fauteuil d'Hervé

Morin à la Défense, Nathalie Kosciusko-Morizet à la place de Jean-Louis Borloo, Claude Guéant au ministère de l'Intérieur, jusqu'alors occupé par Brice Hortefeux. Seul le garde des Sceaux, Michel Mercier, cinquième dans la hiérarchie gouvernementale, peut servir de – pâle – alibi. Et c'est Valérie Pécresse, membre du Conseil d'État, qui chipe le micro de porte-parole au SDP – sans diplôme prestigieux – François Baroin.

Un tout petit monde

Daniel Lebègue, l'ancien directeur du Trésor qui connaît parfaitement le système de l'intérieur, dirige la section française de Transparence internationale, une ONG qui lutte contre la corruption à travers le monde : « Il y a certes des élites dans tous les pays du monde. Mais pas comme en France, où il s'agit d'un tout petit monde très fermé, et dont l'assise résiste à toutes les mutations. La "pointe du pouvoir" y est beaucoup plus aiguë que partout ailleurs : mêmes écoles, même origine sociale, même vie, mêmes clubs, dont le Siècle[1] est l'exemple le plus caricatural, mêmes lieux de vacances, avec Marrakech en tête de liste. Seule nouveauté : les meilleurs sont beaucoup plus attirés par l'argent qu'avant. Alors, ils désertent la haute administration et la politique. »

Ce « tout petit monde » prend parfois des allures de cour du Roi-Soleil qui peuvent surprendre un étranger :

---

1. Le Siècle rassemble, au terme d'un sévère processus de cooptation, environ 400 personnalités, hauts fonctionnaires et grands patrons.

« Je suis allé au mariage de Cécilia et de Richard Attias à New York. Je suis un de leurs voisins, raconte un financier américain. C'était rigolo, il y avait plein de femmes seules. J'ai demandé pourquoi à l'une de mes voisines, qui m'a répondu : "Ben, en fait, beaucoup d'hommes se sont défilés. Ils font tous des affaires en France, alors c'est compliqué pour eux : si Nicolas apprend qu'ils ont assisté au mariage..." »

Behdad Alizadeh est l'un des responsables du fonds américain Pardus Capital, qui a investi, en France, dans Valeo et dans Atos. Ses débuts dans l'Hexagone n'ont pas été faciles : « Il faut se battre avec les dents pour se faire accepter dans un univers aussi fermé. Je me suis fait aider par Alain Minc[1] et par le communicant Stéphane Fouks. Et j'ai vite compris que lorsque vous êtes admis dans le club, c'est pour la vie. Aux États-Unis, c'est l'inverse : chacun est le bienvenu, mais s'il commet une faute, il est chassé. »

Révolution culturelle

Tous ces bouleversements dans la hiérarchie invisible résultent d'un changement profond : l'argent en quelques années est devenu dans ce milieu la valeur suprême. Salaires raisonnables, mode de vie sans ostentation, sujets de conversation à éviter, les règles étaient jusque-là limpides. Et puis tout a changé. Au fur et à mesure que l'oligarchie révélait son incapacité à s'occuper des affaires du pays, elle a manifesté sans complexes sa fascination pour l'argent.

---

1. Inspecteur des Finances, essayiste politique, Alain Minc, proche de Nicolas Sarkozy, conseille une dizaine de patrons.

De quand date cette mutation qui pèse aujourd'hui sur toute la société ? De la fin du règne de Giscard ? Des premiers pas de Mitterrand ? De la première cohabitation avec l'équipe Chirac-Balladur ? Difficile à dire précisément. Quoi qu'il en soit, cette ruée vers l'or a transformé le système de gouvernement en profondeur. Au fur et à mesure que l'État s'affaiblissait, des réseaux d'influence se sont imposés, des bandes se sont emparées de territoires entiers.

Le culte du veau d'or n'est pas, bien sûr, spécifique à la France. Dans un petit ouvrage savant, Charles-Henri Filippi, autre inspecteur des Finances, ancien patron d'HSBC France, considère que l'argent s'est hissé au rang de puissance totale : « Il a explosé quantitativement ; il est devenu un signe absolu rivalisant avec le langage ; il est passé du statut de moyen à celui d'objectif essentiel de la vie des hommes ; il domine le monde réel et en formate les valeurs[1]. »

En France, le Tout-État n'a pas pris la peine de résister, ou d'instaurer un rapport de force. Il s'est laissé coloniser, acceptant de voir ses hauts fonctionnaires tenter l'aventure du privé, parfois revenir, et repartir presque toujours. Avec, éventuellement, un passage qui se révèle un échec. Mais l'indulgence règne dans ce milieu. Les inspecteurs des Finances Stéphane Richard et François Pérol incarnent cet art de la navigation. Le premier, qui fut conseiller de Dominique Strauss-Kahn au ministère du Commerce extérieur, puis directeur de cabinet de Jean-Louis Borloo et de Christine Lagarde à Bercy, a, entre-temps, fait fortune

---

1. Charles-Henri Filippi, *L'Argent sans maître*, Descartes & Cie, 2009, p. 34.

dans l'immobilier[1]. En 2009, il retourne dans le secteur privé, comme patron de France Télécom. Des élus socialistes influents comme Manuel Valls, Tony Dreyfus, ou Claude Bartolone comptent parmi ses intimes. Ils étaient présents lorsque le futur président de la République lui a remis la Légion d'honneur en 2006, en présence notamment de... Dominique Strauss-Kahn. Car les notions de droite et de gauche, parmi les hauts gradés de l'oligarchie hexagonale, n'ont bien entendu aucun sens.

Cette génération de hauts fonctionnaires n'est pas encombrée par les problèmes déontologiques que posent de tels pantouflages, comme on appelle, entre initiés, ces passages du public au privé.

François Pérol (HEC, ENA, inspection des Finances) en est une autre illustration. Directeur adjoint de cabinet de Francis Mer puis de Nicolas Sarkozy à Bercy, il part en 2005 chez Rothschild & Cie, dont il devient associé-gérant. Il conseille notamment le P-DG des Banques populaires dans la création de la banque d'investissement Natixis, à parité avec les Caisses d'épargne. En 2007, c'est le grand retour aux affaires publiques, puisque Nicolas Sarkozy l'appelle à l'Élysée comme secrétaire général adjoint, en charge des affaires économiques. Il s'occupe notamment, sur fond de crise financière, du douloureux mariage de raison entre les Banques populaires et les Caisses d'épargne. Et, début 2009, qui est choisi pour prendre la tête du nouvel ensemble issu de cette fusion ? François Pérol en per-

---

1. Quelques jours avant son arrivée comme directeur de cabinet de Christine Lagarde, il sera d'ailleurs contraint de régler au fisc qui l'avait redressé une ardoise fiscale sur l'imposition de ses stock-options.

sonne. Comme dit souvent le Président : pourquoi se gêner ?

C'est cette évolution du système qui a transformé une nomenklatura un peu frileuse en oligarchie conquérante que la confusion des genres n'empêche pas de dormir.

L'État fait bonne figure, mais en coulisse, il est colonisé par des intérêts particuliers. Véolia veut gagner plus d'argent ? Un petit décret sur les prix de rachat de l'électricité et tout s'arrange. Coût pour l'abonné à EDF : un milliard d'euros par an. La nomination de François Pérol contrevient aux textes sur le pantouflage ? On tord le bras du président de la commission de déontologie, un conseiller d'État blanchi sous le harnais, qui courbe l'échine. Quelques amis du régime ont besoin d'une petite rallonge pour réaliser leurs projets entrepreneuriaux ? La Caisse des dépôts, chargée d'investir l'épargne des Français dans les projets d'intérêt général, est là pour les aider. Bien obligée.

Les poissons volants

Certes, il existe encore des hauts fonctionnaires guidés par le sens du service public. Comme disait Jean Gabin incarnant Clemenceau dans le film *Le Président,* « il y a aussi des poissons volants, mais qui ne constituent pas la majorité du genre ». Cette poignée d'irréductibles est un peu la mauvaise conscience de toute une classe perfusée aux privilèges. Martin Hirsch, lorsqu'il a écrit son livre sur les conflits d'intérêts, s'est fait beaucoup d'ennemis. Son collègue du Conseil d'État, Jean-Marc Sauvé, quand il a rédigé un rapport sur le même sujet, après avoir occupé de hautes

45

fonctions dans l'administration, a agacé en haut lieu. Dans la même maison, Didier Tabuteau fait figure de précurseur dans la moralisation de l'évaluation des médicaments. Dès le milieu des années quatre-vingt-dix, lorsqu'il dirigeait l'Agence du médicament, il a exigé que tous les experts dévoilent leurs liens, directs ou indirects, avec l'industrie pharmaceutique. Mieux – ou pire, selon le point de vue ! –, il a rendu ces déclarations publiques. Jean-Paul Faugère, autre conseiller d'État, directeur de cabinet de François Fillon, a une réputation de haut fonctionnaire assez rigide, attaché – à l'excès pour certains – au service de l'intérêt général. Jean Bassères, à la tête de la comptabilité nationale puis de l'inspection des Finances audite, lui, l'impact financier des décisions du gouvernement depuis 15 ans. Xavier Musca, un inspecteur des Finances devenu secrétaire général de l'Élysée, a refusé tous les postes rémunérateurs qui lui étaient proposés. Daniel Lebègue, mais aussi son collègue Augustin de Romanet, ancien secrétaire général adjoint de l'Élysée sous Chirac, aujourd'hui directeur général de la Caisse des dépôts, font également partie de ces fonctionnaires qui s'obligent à croire toujours à la grandeur du service de l'État.

Certains ont même poussé le zèle jusqu'à proposer de baisser leur rémunération pour tenir compte de la crise. Jean-Pierre Jouyet, président de l'Autorité des marchés financiers (AMF), a renoncé à une partie non négligeable de son salaire. Quant à Louis Gallois, président d'EADS, il a choisi de faire une croix sur le pont d'or qu'on lui offrait pour prendre ses fonctions.

Ils ne sont pas les seuls, bien entendu, même si les autres occupent souvent des postes moins exposés...

La vitrine

Pour rester au pouvoir, c'est l'ensemble de l'élite – ou proclamée telle ! – qui devrait inspirer un minimum de confiance. Et au moins sauver les apparences. Pour faire accepter les rémunérations délirantes en vogue dans le Cac 40, elle s'est bruyamment réclamée des règles de gouvernance venues des pays anglo-saxons, qui n'ont pourtant aucun rapport avec la France. « Que l'esprit d'entreprise soit guidé par le désir d'enrichissement est bien naturel, explique Jean Peyrelevade, l'homme qui a sauvé le Crédit lyonnais de la faillite, et qui préside aujourd'hui la banque d'affaires Leonardo. Mais à une condition : que cet enrichissement soit partagé avec la collectivité. Comme un petit groupe de gens a confisqué cette manne à son profit exclusif, il a bien fallu trouver un habillage. C'est la *corporate governance*, qui institue des comités de rémunération au sein des conseils d'administration pour fixer les émoluments des dirigeants. Il s'agit d'une vaste farce, puisque tout le monde tient tout le monde. Ces comités porteraient mieux leur nom si on les appelait "comités de corruption". Mais que voulez-vous ? La nomenklatura française a bradé la reconnaissance publique, qu'elle n'a jamais obtenue, contre l'argent facile et abondant[1]. »

Le pire de ce système pervers ? Il traite de la même façon les responsables compétents et les vrais incapables. Pourquoi ? Parce que c'est le meilleur moyen, pour tous, de ne pas avoir un jour à se remettre en cause.

---

1. Entretien le 24 mars 2011.

4

Le monde vu d'en haut

« Monsieur,

J'ai bien reçu votre courrier du 22 octobre 2003 auquel je réponds avec retard et je vous prie de bien vouloir m'en excuser. J'en ai pris connaissance avec attention.

Vous me faites part de votre sentiment suite à l'imposition du capital que vous avez retiré de votre caisse de retraite complémentaire. Je comprends votre déception compte tenu de la perte financière.

Pour autant, je tenais à vous rappeler que les modifications opérées sont du fait de directives européennes et que le chef d'accusation d'abus de biens sociaux concernant quelques dirigeants n'a plus lieu.

En effet le contrôle judiciaire a été levé et les propos tenus leur imputant un intérêt personnel dans les décisions de gestion de la Mutuelle actuellement soumise à l'instruction ont été reconnu diffamatoire.

Pour autant soyez assuré de mon soutien sur ce dossier.

Je vous prie de croire, Monsieur, à l'assurance de mes sentiments les meilleurs. »

Signé : François Hollande.

C'est le courrier – fautes de syntaxe et d'orthographe comprises – que le député de la Corrèze et premier secrétaire du Parti socialiste envoie en décembre 2003 à un petit épargnant qui a perdu une bonne partie du capital qu'il avait souscrit auprès du Cref (Complément de retraite des fonctionnaires). Le Cref était un régime de retraite complémentaire géré par la Mutuelle retraite de la fonction publique (MRFP) et diffusé massivement auprès des fonctionnaires pendant une trentaine d'années. Entré en déconfiture au début des années 2000, il a, suite à une gestion défectueuse et à une mauvaise information, fait supporter des pertes importantes à des milliers de cotisants, dont certains ont porté plainte contre les anciens dirigeants.

Le rapport avec François Hollande ? Le « cerveau » – président, puis président d'honneur et conseiller auprès de la présidence – de la mutuelle responsable du désastre se nomme René Teulade. Éphémère ministre des Affaires sociales dans le gouvernement Bérégovoy de mars 1992 à avril 1993, maire d'Argentat et conseiller général de Corrèze[1], il a aussi été le suppléant de François Hollande à l'Assemblée nationale entre 1997 et 2002. Il fait donc partie de la grande famille des oligarques, même s'il est peu probable qu'il ait l'occasion de dîner avec David de Rothschild ou Xavier Musca.

Est-ce en raison de cette proximité que le candidat socialiste à la présidentielle tance par écrit un épargnant floué ? On sent que François Hollande dans sa lettre marche sur des œufs. « Vous me faites part de votre

---

1. Il est devenu sénateur en octobre 2008, à 77 ans. Il a été réélu en septembre 2011.

sentiment. » Quel sentiment ? Indigné ? Consterné ? Scandalisé ? C'est en effet l'état d'esprit de ces modestes cotisants, tels qu'ils en témoigneront devant les tribunaux. Le premier secrétaire du PS « comprend [la] déception » d'une personne qui voit sa retraite complémentaire amputée de 30 %. C'est bien le moins, en effet !

Mais attention, il prend les devants : l'ami René est in-no-cent ! C'est la faute de l'Europe et de Bruxelles, pas des dirigeants... Et là, le courrier devient carrément menaçant : imputer à René Teulade et à ses collaborateurs un « intérêt personnel » est considéré comme diffamatoire. La justice, elle, en décidera autrement.

Au service du peuple de gauche

Sept ans et demi après l'envoi de cette lettre, qu'est-il arrivé à René Teulade ? Il a été condamné pour abus de confiance à dix-huit mois de prison avec sursis et 5 000 euros d'amende par le tribunal correctionnel de Paris. C'était le 8 juin 2011[1]. Cela, François Hollande ne pouvait pas le deviner. Mais que veut dire cette phrase étrange : « le chef d'accusation d'abus de biens sociaux concernant quelques dirigeants n'a plus lieu » ? Rien, cela signifie juste que le patron du PS est bien embêté.

Car les agissements des dirigeants de la MRFP, et de René Teulade en premier lieu, sont indécents. Fait inhabituel, le tribunal de Paris souligne dans son jugement « le décalage entre les valeurs affichées (les idéaux mutualiste et social, le bénévolat) et le comportement

---

1. Il a depuis fait appel.

des prévenus, décalage choquant [...] dont les prévenus ne semblaient toujours pas avoir pris conscience au cours des audiences ».

La morgue, l'accumulation des privilèges, le sentiment d'impunité, l'indifférence aux autres, quand ils ne sont pas du sérail, tous ces marqueurs de l'oligarchie française cohabitent dans ce dossier.

René Teulade et les autres dirigeants menaient en effet grand train pendant que la retraite de leurs adhérents s'étiolait. Leur activité n'avait de bénévole que le nom. La mutuelle mettait à leur disposition de beaux appartements, dont elle payait jusqu'aux impôts locaux. René Teulade disposait ainsi d'un quatre-pièces avec parking rue de Solférino qui lui faisait économiser un loyer de plus de 150 000 francs par an[1]. Pour garnir le parking, une Safrane de fonction. Et pour remercier tous ces bénévoles de bien vouloir s'occuper de la retraite des autres, des indemnités de sujétion, de représentation, et de présence estivale (!).

Tous ces avantages, ce hiérarque de la mutualité les conserve bien après avoir quitté ses fonctions, en 1994. Il continue de toucher des indemnités, garde sa voiture jusqu'en 1998 et occupe gratuitement l'appartement de la rue de Solférino jusqu'à l'été 1999, soit cinq ans après la cessation de ses fonctions. Juste avant qu'il se résolve à payer lui-même, la mutuelle débourse 350 000 francs en travaux d'aménagement. Pour être caricatural jusqu'au bout, René Teulade fait baisser le prix de son loyer dès qu'il doit l'acquitter[2].

---

1. Selon un rapport de l'Igas (inspection générale des affaires sociales).
2. Selon le bail, ce loyer passe de 151 200 francs par an à 118 500, soit une ristourne de plus de 20 %.

Pourquoi avoir accepté de bénéficier si longtemps d'un nid douillet situé dans le quartier le plus huppé de la capitale ? « Les logements de la rue de Solférino étaient difficiles à louer en raison du siège du PS, déclare l'intéressé aux enquêteurs. En effet, cela ne pouvait être loué à n'importe qui. De nos fenêtres, on voyait tout ce qui se passait. » De là, René Teulade pouvait faire coucou à son ami François Hollande quand il l'apercevait...

Au fil des auditions devant la police, certains prévenus deviennent plus diserts. Pierre Teulé-Sensacq, trésorier jusqu'en 2001, puis président de la mutuelle, se souvient d'« une gestion d'attribution préférentielle dénommée "Carré VIP" », réservée aux familles et aux amis ».

Les amis, c'est sacré pour des responsables mutualistes élevés à l'école de la solidarité. C'est pourquoi la mutuelle fournissait des locaux à une myriade d'associations sans jamais leur réclamer le loyer prévu. Parmi celles-ci : Cause commune, présidée par Danielle Mitterrand, et dont le trésorier fut, de 1984 à 1986, François Hollande. Jamais les gestionnaires de ce régime mutualiste complémentaire ne réclameront les 156 860,56 francs (23 794 euros) jamais réglés. « Je savais que cette association était hébergée dans les locaux de la mutuelle, comme d'autres associations, mais je n'avais pas connaissance des conditions du bail, ignorant même s'il y avait bail ou pas », déclare le premier secrétaire du PS aux policiers chargés de l'entendre comme témoin, en 2006[1]. Un trésorier bien distrait...

---

1. Le 24 avril exactement.

Alain le pruniculteur

Le propre de l'oligarchie, c'est qu'elle est la seule à connaître l'extrême complexité des règles juridiques qui régissent notre vie quotidienne. Vu d'en haut, tout devient simple. Alain Minc, conseiller des princes et figure controversée du Tout-Paris des affaires, sait ainsi se servir à merveille du système. Grand défenseur depuis toujours de l'orthodoxie budgétaire, il sait aussi profiter d'aides publiques. À quel titre ? Il y a quelques années, il avait une propriété dans le Sud-Ouest et y avait planté des pruniers. Cette passion a été récompensée par de bien belles subventions européennes que le chantre de la rigueur a accueillies sans rougir. Comme c'est amusant de jouer au pauvre paysan ! L'inspecteur des Finances qui conseille la moitié de l'oligarchie ne manquait jamais une occasion de rire de la situation avec ses amis sur le ton de la boutade : « Il y a deux catégories d'agriculteurs. Ceux qui font de l'agriculture avec de l'argent et ceux qui font ça pour de l'argent. » Et d'ajouter, entre deux gloussements : « Évidemment, je suis dans la première catégorie... »

Avant de devenir l'ami de Nicolas Sarkozy, Alain Minc s'est toujours dit de gauche. Denis Olivennes aussi. Il le montre avec force dans un éditorial bien senti qu'il signe le 25 novembre 2010 dans son blog du *Nouvel Observateur*, dont il est alors le directeur. Titre de son billet : « Une réforme de riches ». En homme de gauche avisé, il s'indigne contre une réforme fiscale annoncée quelques jours plus tôt par Nicolas Sarkozy[1] dans

---

1. Intervention sur France 2, le 16 novembre 2010.

laquelle il évoquait la suppression conjointe du bouclier fiscal et surtout de l'ISF, en prenant exemple sur l'Allemagne. Pour bien faire comprendre sa colère, Olivennes dénonce les privilèges dont jouissent les plus favorisés. Il rappelle que le patrimoine des 10 % de Français les plus riches est 2 000 fois plus important que celui des 10 % les plus modestes. Il est aussi écœuré par ce chiffre : « Entre 2004 et 2007, les revenus du capital ont progressé cinq fois plus que ceux du travail. » C'est donc tout naturellement qu'il appelle le chef de l'État à supprimer les « niches fiscales » qui ne profitent qu'aux plus riches et favorisent la « reproduction des inégalités ». Et il cisèle la chute de son réquisitoire contre ce Président qui favorise « le patrimoine qui dort plutôt que celui qui bouge » : « Quel moyen a-t-il trouvé pour effacer la grosse bêtise inaugurale du quinquennat, je veux dire le bouclier fiscal ? En faire une plus grosse encore ! Chapeau. »

L'écriture n'est pourtant pas la seule qualité de ce surdiplômé, qui est aussi un expert en matière fiscale. Avec Jean-René Fourtou (Vivendi), Franck Riboud (Danone), Patrick Ouart (LVMH), Nicolas Bazire (LVMH aussi), Bertrand Meheut (Canal+), Bernard Charlès (Dassault) et quelques autres princes des affaires, il figure ainsi parmi les principaux bénéficiaires d'une des niches les plus coûteuses pour l'État, si on la rapporte au nombre de bénéficiaires. Instituée par la ministre du même nom en 2003, la loi Girardin visait officiellement à doper l'économie des Dom-Tom. Dix ans plus tard, elle est devenue une époustouflante martingale pour grande fortune. Et Olivennes qui, au gré de sa vie professionnelle (il est passé par Air France et Canal+), a empilé de confortables émoluments et de substantielles indemnités (3,2 millions d'euros à Canal+

lors de son départ), n'a pas laissé passer une telle opportunité : des rendements très élevés, jusqu'à dix fois supérieurs au livret A de la Caisse d'épargne ! Ironie de l'histoire, c'est son ancien journal, quelques semaines après son départ, qui révèle[1] ses petites ficelles (tout à fait légales au demeurant) !

Le mépris

« Ce qui me surprend, c'est le mépris des gens de pouvoir pour l'État, explique Daniel Lebègue. Les médias, les banquiers, les entrepreneurs et même les politiques pointent du doigt l'État et ceux qui travaillent pour lui. Ils passent leur temps à dénigrer le service public. "Ça ne marche pas. Ce n'est pas efficace. Les impôts sont trop lourds. Les fonctionnaires sont paresseux"... Comme s'ils avaient une réaction primaire face à tout ce qui est public. La dépense publique, le service public... Tout ce qui évite pourtant encore l'explosion de la société est considéré comme suspect[2]. »

Le dirigeant de Transparence internationale s'étonne de rencontrer peu d'attention sur ce sujet au sein de l'élite, où le sentiment dominant est que l'on paie trop d'impôts pendant que « les pauvres se la coulent douce ». Bien sûr, personne n'ose dire cela publiquement... Quoique. Dans *Le Figaro Magazine*[3], Sophie Roquelle (à la ville, Mme Cirelli, le numéro deux de GDF Suez dont le salaire, 1,5 million d'euros, a été augmenté de 183 % en 2008) n'y va pas par quatre chemins. Verbatim :

---

1. *Le Nouvel Observateur* du 13 janvier 2011.
2. Entretien le 22 mars 2011.
3. « Enquête sur la France des assistés », 3 juin 2011.

« L'opinion [est] lasse de déverser toujours plus d'argent dans le puits sans fond de la solidarité nationale », « la croissance et l'emploi étant de retour, l'opinion comprend de plus en plus mal que des centaines de milliers de personnes restent enfermées dans l'assistance ». Décrire en 2011 le pays comme un îlot de prospérité menacé par la horde des paresseux, il fallait oser !

Cette journaliste a, il est vrai, été précédée par les meilleurs experts. En 2004, le ministre des Finances Nicolas Sarkozy commande un rapport sur les solutions pour remettre la France sur le chemin de la croissance. La lecture de ce document, dont Nicolas Sarkozy a expliqué qu'il l'avait posé sur sa table de chevet, en dit long sur la manière dont les élites françaises voient le peuple. Le constat est simple : la France va mal. Pas besoin de réunir les plus grands cerveaux de l'Hexagone pour aboutir à ce constat. L'une des têtes de chapitre « Travailler plus : qu'est-ce à dire ? » précède une critique en règle des effets du Smic sur l'emploi des plus précaires (le Smic serait un frein à l'embauche), une charge contre le CDI[1] si français et un appel pour « permettre aux seniors de travailler plus longtemps ». Un message fort est répété : il faut « agir sur les mentalités » pour redonner aux Français le goût du travail.

Qui participait à la rédaction du fameux rapport ? Henri de Castries (2,9 millions d'euros de revenu annuel en 2010) et Bertrand Collomb, le patron de Lafarge (1,6 million d'euros de revenu annuel en 2006 et 1 million d'euros de retraite en 2010). Mais aussi Olivier Garnier (Société générale), Philippe Lagayette (JP Morgan), Bertrand Badré (Lazard)... Autant dire des

---

1. Le contrat à durée indéterminée.

experts qui ont un avis « éclairé », comme le demandait Nicolas Sarkozy dans sa lettre de mission.

Le problème ? Tous ces gens-là sont depuis longtemps coupés des réalités. Et leur clairvoyance en souffre ! Avec cette conséquence : quelques gaffes surréalistes comme celle de Christine Lagarde recommandant aux Français de faire du vélo pour compenser les effets de la hausse des prix de l'essence, ce qui lui a longtemps valu le surnom de « Tout va très, bien madame la marquise ». « S'ils n'ont plus de pain, qu'ils mangent de la brioche », aurait dit Marie-Antoinette à propos du peuple de Paris affamé.

Luc Ferry[1], pourtant président du Conseil d'analyse de la société, dégage à peu près la même impression quand il raconte à la télévision cette anecdote sans craindre le ridicule : « Un jour je me suis rendu compte qu'il fallait à la personne qui ouvrait la porte de ma voiture quand j'étais ministre exactement quatre ans et demi de salaire plein, c'est-à-dire sans dépenser un centime, pour acheter la voiture dans laquelle je roulais. À mon avis, un tel décalage est explosif. » Mieux encore : les commentaires de Nicolas Bazire et de Bernard Arnault (LVMH) à leurs amis proches à la suite d'une expédition dans un hypermarché. Souhaitant comprendre pourquoi leur investissement dans Carrefour était une si mauvaise affaire, les deux hommes s'étaient rendus « incognito » en grande banlieue parisienne un week-end pour pénétrer dans l'un de « leurs » magasins. Ils étaient revenus effarés : comment est-ce possible ? Tous ces pauvres qui épluchent l'addition à la caisse pour vérifier qu'ils ont bien bénéficié de la réduction

---

1. Sur LCI, le 23 décembre 2006.

sur l'agneau de Nouvelle-Zélande et de la promo sur les yaourts nature ! Ils allongent les files d'attente aux caisses et font baisser la productivité ! Quel voyage exotique ! Ni l'un ni l'autre n'avaient poussé un caddie depuis bien longtemps. Ces maladresses prêtent à sourire. À moins qu'elles ne soient écœurantes. Mais elles en disent long, en tout cas, sur l'état d'esprit de ceux qui nous dirigent.

« *Le peuple ne peut pas comprendre* »

En 2005 déjà, la campagne du référendum sur le traité constitutionnel européen avait dévoilé le fond de la pensée de plusieurs éminences médiatiques. En résumé : le peuple n'y comprend rien ! Le présentateur de télévision Daniel Bilalian, qui se targue d'avoir la fibre populaire : « Beaucoup de gens ne comprennent toujours pas l'Europe. Et ce que les gens ne comprennent pas bien, ils ne le votent pas bien[1]. » L'éditorialiste multicartes Alain Duhamel, lui, sait faire simple. Si les élites votent majoritairement « oui », disait-il en janvier 2005, « cela ne signifie pas qu'il y ait une domestication de la pensée. Elles bénéficient simplement d'une meilleure information[2] ». Quant à Alexandre Adler, il avait un argument plus fort encore : voter « non », c'était voter contre la liberté (« la bataille pour le "oui" est la grande bataille pour la liberté de notre continent[3] », assurait-il).

Lorsque Laurence Parisot avait choisi « Réenchanter le monde » comme thème de son université d'été du

---

1. *TV Magazine*, 13 juin 2004.
2. Interview donnée à *Expression publique*, juin 2005.
3. *Le Figaro*, 20 octobre 2004.

Medef la même année, en 2005, elle était, elle aussi, sur le même registre : le regard que la France d'en haut porte sur les petites fourmis qui s'agitent en dessous d'elle.

Les choses ont-elles changé après le « non » ? Pas vraiment. Il suffit, pour s'en convaincre, de jeter un œil sur la collection *Manager au XXI* *siècle*, éditée par le Medef. Le contenu de son opuscule de 2009, « La place de l'homme dans l'entreprise », n'a rien à envier aux formidables préceptes de « l'entreprise citoyenne » des années quatre-vingt-dix. Extraits : « Diriger, c'est donner du sens », « Le manager-responsable », « Le monde du travail est un lieu d'épanouissement de la personne »... Et tout à l'avenant. Des contes de fées semblables aux histoires racontées sur papier glacé dans de coûteux rapports d'activité qui chantent la diversité, la parité, le développement durable. Et tant d'autres jolis concepts qui servent surtout de rempart aux excès personnels des « Goinfres », pour reprendre l'expression du journaliste Patrick Bonazza[1].

Ces dernières années, les études les plus sérieuses sont formelles, c'est moins la stagnation des salaires (un salarié sur deux touche moins de 1 500 euros par mois) que la hausse des dépenses contraintes (en clair, le logement) qui a provoqué non seulement le « sentiment » d'un déclassement mais aussi une paupérisation bien réelle des classes moyennes (ces dépenses contraintes ne représentaient que 20 % des revenus des classes moyennes en 1980 contre 40 % aujourd'hui[2]). Face à

---

1. Patrick Bonazza, *Les Goinfres, enquête sur l'argent des grands patrons français*, Flammarion, 2007.
2. Étude du Crédoc : « Les classes moyennes sous pression », mars 2009.

cette situation, quelle est la réaction des seigneurs du Cac 40 dont les rémunérations ont, elles, flambé au-delà de l'entendement pendant la même période ? La compassion ? La pudeur ? Le silence ? Pas du tout. Certains s'indignent même que des manants viennent les importuner. Comme Jean-Martin Folz (patron de PSA jusqu'en 2007) qui dénonce le « voyeurisme français » quand on ose s'intéresser à sa rémunération. D'autres vont encore plus loin, comme Lindsay Owen-Jones, le président d'honneur de L'Oréal : « Avoir le premier salaire de France, c'est une fierté [...]. C'est un message d'espoir pour tous les salariés[1] », ou Bernard Arnault (LVMH) pour qui, « cela va vous surprendre, mais la fortune et plus généralement les choses matérielles n'ont jamais été ma motivation[2] ».

« J'y ai droit »

D'autres se persuadent qu'ils sont les derniers conquérants du monde moderne, des « super-héros » du management, et qu'à ce titre, ils n'ont pas à rougir. Incapables, eux ? Sûrement pas. Il est seulement regrettable que Daniel Bernard, qui a obtenu 9,9 millions d'euros au titre d'une clause de non-concurrence lors de son départ de Carrefour, ait vu le cours de l'action passer de 100 à 39 euros sous sa présidence entre 1999 et 2005. Il se justifiait, sans excès de modestie, en ces termes : « C'est comme si on empêchait Zidane de jouer au football »... Quant à sa retraite chapeau (29 millions d'euros), il avait un argument imparable : « Je pense

---

1. *Challenges*, juin 2006.
2. *Paris Match*, 7 mai 1999.

que j'y ai droit. » Voilà qui a le mérite de la clarté. Il n'est pas le seul : dans ce registre, Jean-Marie Messier[1] a encore poussé beaucoup plus loin le culte de lui-même. Et bien au-delà de ses émoluments surréalistes. Il a ainsi embauché Jonathan Spalter pour écrire ses discours. Spalter ? Il était le jeune et brillant porte-plume d'Al Gore, le vice-président américain privé de victoire en 2000. Spalter était sans doute le seul à pouvoir décrire la splendeur d'un tel génie des affaires. Et quand la roue tourne, les princes des affaires sont prêts à tous les caprices.

Banquier d'affaires et faiseur de rois de l'économie française (il a contribué aux beaux succès de Vincent Bolloré et de Bernard Arnault), Antoine Bernheim n'a pas supporté que Vincent Bolloré le mette à l'écart du groupe Generali fin 2010. En le retrouvant dans une réception, il l'a traité de « salopard ». Mais il a été surtout vexé de ne plus pouvoir profiter des avions privés du milliardaire pour ses déplacements : « Bolloré m'a retiré l'accès à ses appareils sans fournir la moindre explication. À la suite de cela, j'ai envoyé par courrier recommandé ma démission du conseil d'administration de Bolloré où je siégeais depuis l'origine[2]. »

Lorsqu'il tente d'expliquer aux auteurs[3] ce genre de comportements, Antoine Zacharias aime raconter comment il a voulu partager ses rêves de grandeur avec ses

---

1. Le 10 mai 2011, l'ancien P-DG de Vivendi Universal a refusé par l'entremise de son assistante de nous accorder un entretien : « Pour faire suite à votre échange téléphonique, je vous confirme que M. Messier ne souhaite pas s'exprimer sur le sujet qui sera l'objet de votre prochain livre. Il vous remercie néanmoins d'avoir pensé à lui pour enrichir votre réflexion. »
2. Entretien avec les auteurs, le 20 avril 2011.
3. Entretien le 12 mai 2011.

cadres dirigeants. Avec cette justification : « Il faut savoir rêver en technicolor. Si vos rêves sont étriqués, ce que vous faites l'est aussi. » Et de raconter par le menu les voyages féeriques qu'il organisait pour 300 cadres du groupe et leurs épouses. À Séville, il a fait jouer le *Barbier* pour un dîner de gala en plein air. À Rome, il a privatisé la place du Panthéon. À Marrakech, il a loué cent 4x4 de la même couleur pour aller dans le désert au départ de La Mamounia. Au Caire, Zacharias a fait illuminer les Pyramides et il a dîné avec ses collaborateurs au clair de lune.

Tout l'establishment du Cac 40 a brocardé, après sa chute, cet entrepreneur d'exception qui n'avait plus de limites. Il disposait d'un décorateur particulier avec qui il choisissait ses costumes, il avait fait acheter plusieurs dizaines de millions d'euros un hôtel particulier dans le Triangle d'or pour recevoir les clients de Vinci... Ses homologues trouvaient qu'il n'était pas assez discret. Que tout ce tralala faisait un peu parvenu. Est-ce parce que Zacharias, diplômé d'une modeste école d'ingénieurs, n'était pas du sérail ? Personne n'a pourtant décliné l'invitation des nouveaux dirigeants de Vinci, après sa chute, pour venir au château de Versailles admirer la rénovation de la galerie des Glaces que Zacharias avait lui-même pilotée (coût : 15 millions d'euros pour Vinci). Ceux-ci ont simplement aussi « oublié » de l'inviter au somptueux dîner de gala pour l'inauguration, en présence de Jacques Chirac. Auraient-ils fait de même avec un inspecteur des Finances ?

Pour ceux d'en haut, la gloire ne se partage pas.

5

Les amis de la reine

Autrefois, la caravane oligarchique s'arrêtait à la porte du bureau du Président. Aujourd'hui, elle s'étend jusqu'aux appartements de son épouse. Pendant que la dette flambe, troubadours et jongleurs entrent au Conseil d'État, bénéficient dans la joie et la bonne humeur du fruit de l'épargne des Français et jouent aux législateurs.

Carla Bruni a une belle carrière d'artiste. Elle n'a pas voulu y renoncer sous prétexte qu'elle entrait à l'Élysée. Pourquoi le métier de Première dame serait-il un plein temps ? Mais comme tout artiste qui se respecte, elle a des producteurs. Dans son cas, une maison de disques (qui est aussi celle de Benjamin Biolay ou de Pink Martini). Son nom ? Naïve. Il se trouve que les dirigeants de cette société au joli nom ont eu besoin, à un moment, d'un investisseur « de long terme ». Ils sont allés voir l'État, tout simplement. Ou plutôt son bras armé... la Caisse des dépôts et consignations.

Outre son amitié avec « sa » chanteuse, Patrick Zelnik, le fondateur de cette entreprise dynamique, est un habitué des lieux de pouvoir et sait s'y retrouver sans avoir à demander son chemin. Il a été membre du conseil culturel de l'Union pour la Méditerranée, créée par Nicolas Sarkozy en 2008. Il a aussi signé avec Jacques Toubon un rapport[1] remis à Frédéric Mitterrand, le ministre de la Culture.

Le résultat ? Les Français ne le savent pas... Mais depuis 2010, ils sont actionnaires d'un label musical « indépendant », c'est en tout cas le qualificatif auquel tiennent par-dessus tout les fondateurs de Naïve. La vénérable Caisse des dépôts a en effet investi 5 millions d'euros au capital de la maison de disques de la Première dame de France.

Les auditeurs de la Caisse s'étaient pourtant montrés grincheux dans leur rapport d'évaluation : salaires des dirigeants trop élevés au regard de la taille de l'entreprise, « reportings[2] » flous... Quant à l'arrogance des cadres de l'entreprise, elle les avait sidérés... Mais qu'importe ! La Caisse, officiellement, est chargée de transformer l'épargne des Français en investissement à long terme.

Les responsables ont donc fait le chèque. Leur seule exigence ? Pouvoir nommer deux administrateurs pour « surveiller » ce drôle de placement. Ils n'ont pas pris n'importe qui pour les représenter. Isabelle Ginestet-Naudin est une spécialiste de la communication ; Nicolas Parpex, un jeune HEC, travaille depuis 2005 pour la Caisse. Sa vraie qualification : il avait, dans ses jeunes années, créé le groupe Swan, dont il était le parolier et le bassiste. Et en avant la musique !

---

1. Rapport « Création et Internet » remis au ministre de la Culture le 6 janvier 2010.

2. Dans le jargon du management moderne, le « reporting » désigne le rapport d'activité qu'adresse une entité à sa hiérarchie.

Vive la philo !

Carla Bruni a aussi eu une vie privée. Raphaël Enthoven est le père de son fils Aurélien. Il est aussi un jeune et brillant agrégé de philosophie, version radio et télévision. À partir de 2008, il obtient une émission quotidienne sur France Culture, intitulée « Les chemins de la connaissance », et une autre, « Philosophie », diffusée le dimanche, sur Arte.

Il devient incontournable dès qu'il est question de sa discipline. À la rentrée 2010, la réforme du lycée est à peine appliquée, pour les classes de seconde, qu'il faut déjà la changer. Pourquoi ? Luc Chatel, le ministre de l'Éducation, trouve soudain très urgent d'introduire l'enseignement de la philosophie avant la classe de terminale. Il est un peu mal à l'aise pour l'annoncer à ses conseillers. Quelques mois plus tôt, il exigeait de ne rien changer dans cette matière, pour de strictes raisons comptables : on supprime déjà 16 000 postes d'enseignants par an, ce n'est pas le moment de charger la barque en rajoutant des heures d'enseignement.

Mais il n'y a que les imbéciles qui ne changent pas d'avis. Et là, le ministre n'hésite pas à se contredire : il faut ajouter des heures de philosophie dès la classe de première ! Face à son obstination incompréhensible, les membres de son cabinet s'étonnent. Il finit par leur avouer que ce n'est pas négociable, que c'est un ordre du Président. Sarkozy adepte de Kant et de Descartes ? Personnellement intéressé par le sort de la philosophie au lycée, alors que c'est l'école française tout entière qui est décriée partout, que la crise économique bat son plein, qu'il a mille dossiers plus brûlants les uns que les autres à traiter ? Rue de Grenelle, on a du mal à y croire.

Hum hum. En fait, ce n'est pas le chef de l'État, c'est plutôt son épouse qui y tient. Raphaël, le père de son enfant, auquel elle a dédié une de ses chansons, en fait une affaire personnelle. Aussitôt dit, aussitôt fait. Dès novembre 2010, lors de la Journée mondiale de l'Unesco, Luc Chatel annonce exactement le contraire de ce qu'il prônait six mois plus tôt : l'enseignement de la philosophie au lycée avant la terminale.

Quelques mois passent. L'été arrive et le ministre a une nouvelle idée. Il voudrait organiser à Langres, une ville proche de son fief de Chaumont, des rencontres philosophiques sur le même modèle que les « Rendez-vous de l'histoire » créés par Jack Lang à Blois. Et cela presse. La première édition est prévue pour septembre 2011. Y voit-il une manière de plaire en haut lieu ? En tout cas, un comité scientifique est constitué sous la présidence de l'académicien Jean-Luc Marion, grande figure de la discipline. L'été passe dans la félicité, Luc Chatel pose pour *Paris Match* avec ses enfants au moment de la rentrée.

Quelques jours avant la manifestation, toutefois, un problème survient. Le comité scientifique apprend que Raphaël Enthoven doit donner une conférence dans le cadre des journées de Langres. Pour ces universitaires, ce chroniqueur multimédia est plus proche de Dechavanne que de Heidegger. « Pour nous, c'était grotesque, raconte un membre du comité, intarissable sur le sujet. C'était un peu comme si nous devions servir de caution à ce... baladin. » Comment faire pour éviter un incident ? Impossible d'annuler l'événement. Les équipes du ministère sont à la peine pour annoncer au Château que le favori ne sera pas le bienvenu...

Consternation au Conseil d'État

La pluie de faveurs destinées aux amis de la reine ne s'arrête pas là. Avant la présidentielle de 2007, un sarkolâtre avait laissé un assez mauvais souvenir comme médiateur dans un dossier sensible : la menace d'expulsion de familles en situation irrégulière dont les enfants étaient scolarisés. « Il est arrivé au siège de la Cimade en rollers, suant, une bouteille d'eau sous le coude, mais aucun dossier. Il ne connaissait rien[1] », se souvient Jérôme Martinez, le secrétaire général de l'association de défense des sans-papiers en évoquant Arno Klarsfeld. Mais qu'importe ! En septembre 2011, ce champion de patins à roulettes est nommé par décret présidentiel à la tête de l'Office français de l'immigration et de l'intégration (OFII), l'organisme public chargé aussi bien des demandes d'asile que des reconduites aux frontières. C'est la deuxième récompense en moins d'un an. En octobre 2010, une première faveur lui a permis d'intégrer le Conseil d'État au tour extérieur. Cette procédure d'admission concerne un conseiller d'État sur trois. Elle est censée diversifier les profils, puisqu'elle n'impose pas d'être sorti de l'ENA (ni d'aucune autre école d'ailleurs !). En pratique, elle est depuis longtemps détournée par le pouvoir pour placer amis et obligés.

Avec Arno Klarsfeld, on atteint des sommets. Un diplôme d'avocat à Paris et à New York, quelques plaidoiries que l'on dit inspirées par son père, Serge, grande figure de la traque des nazis à travers le monde,

---

1. *Le Monde*, 14 septembre 2011.

de nombreuses roucoulades médiatiques, un échec aux législatives à Paris en 2007 – il déclarait alors aux électeurs : « J'ai l'oreille du président de la République quand je veux » – ne le prédestinaient pas à rejoindre la plus haute juridiction administrative, où son arrivée a provoqué quelques grimaces. Un professeur agrégé de droit a même demandé l'annulation de sa nomination pour excès de pouvoir. Mais voilà, pour être conseiller d'État selon cette procédure, il ne faut exciper d'aucun diplôme, d'aucune année de service public. Non. Il suffit d'avoir 45 ans révolus. Dans le cas d'Arno, le gouvernement, pourtant aux prises avec les manifestations contre la réforme des retraites, n'a pas perdu de temps : le futur conseiller d'État a fêté son 45e anniversaire le 27 août 2010 et a été nommé deux mois plus tard. Deux mois !

Parmi les anciens proches de Carla Bruni, un véritable artiste a contribué au financement du septième art. Le comédien Vincent Pérez voulait aider sa femme, Karine Silla, à financer son premier film. On retrouve un visage connu en la personne de Luc Besson : beau-frère de Karine, il avait accepté d'en devenir le producteur. Mais il manquait encore un sponsor de poids. Que faire ? Se tourner vers les appartements de la reine : la réalisatrice « a bénéficié du soutien sans faille de l'Élysée qui est intervenu avec une extraordinaire insistance auprès de l'ancienne direction de France Télévisions (période Carolis) afin qu'elle mette des billes dans l'opération[1] ». La vie est bien belle quand on est troubadour et qu'on a de vrai(e)s ami(e)s.

1. *Le Nouvel Observateur*, 26 mai 2011.

Carla fiscaliste

Marc Le Fur se souviendra longtemps de ce mois de juin 2011, où il a découvert la puissance d'influence de la reine. Élu à l'Assemblée nationale depuis 1993, ce député UMP des Côtes-d'Armor ne manque jamais une occasion d'y défendre les langues régionales (il parle le breton) ou les éleveurs (notamment porcins, très présents dans sa circonscription).

Au printemps 2011, il a beaucoup travaillé un projet d'amendement qu'il juge indispensable dans un État qui croule sous les déficits. Il veut mettre fin à un privilège, celui qui exonère depuis trente ans les œuvres d'art au titre de l'impôt sur la fortune[1]. Marc Le Fur est sûr de son coup. Il a réussi à rallier des élus du Nouveau Centre, des socialistes et une bonne partie de ses collègues de l'UMP. Cerise sur le gâteau, Jean-Louis Borloo, tout juste sorti du gouvernement Fillon, a, lui aussi, signé son projet d'amendement. L'idée est simple : « Ces biens appartiennent aux plus fortunés, explique-t-il. Ce sont des investissements non productifs qui n'ont pas d'impact économique et qui échappent parfois à l'imposition[2]. » Ses amis de la commission des Finances applaudissent. Et adoptent son amendement.

C'est alors qu'entre en scène Carla Bruni, qui compte

---

1. Depuis trente ans, la rumeur prétend que Laurent Fabius, fils de marchand d'art et ministre du Budget, a été l'artisan de ce privilège fiscal, ce qu'il conteste depuis toujours en affirmant que c'est Jack Lang qui a plaidé auprès de Mitterrand pour cette disposition.
2. Entretien le 28 septembre 2011.

parmi ses amis quelques grands collectionneurs. À commencer par... Laurent Fabius, dont elle fut, un temps, très proche. L'ancien Premier ministre n'est pas seulement le fils et le petit-fils de deux des plus grands marchands d'art du xxᵉ siècle. Il est lui-même, depuis quelques années, actionnaire de la maison de ventes Piasa qu'il a rachetée à François Pinault. Le milieu de l'art entre en ébullition. On se tourne vers la reine de l'Élysée en lui fournissant un argumentaire clé en main : si l'exonération est supprimée, les artistes s'exileront ; quant aux propriétaires de toiles de Picasso et de Matisse, ils expédieront leurs trésors hors des frontières de l'Hexagone... C'est le désastre, la fin de la création française !

Bonne pioche ! Lors d'un petit déjeuner regroupant les leaders de la majorité, quelques jours plus tard, Nicolas Sarkozy, avec ce respect de la séparation des pouvoirs qui le caractérise, dit sans retenue tout le mal qu'il pense de l'amendement de Le Fur adopté quelques jours plus tôt par les députés : « C'est triplement stupide. » Frédéric Mitterrand, le ministre de la Culture, se précipite pour en rajouter, sur le thème de « l'effondrement mécanique du marché de l'art » qui en découlerait. Quant à François Baroin, pourtant garant des finances de l'État à Bercy, il prévient ses collaborateurs qu'il ne « laissera jamais faire une chose pareille ! ». L'amendement dort aujourd'hui sur les étagères des archives de l'Assemblée nationale.

C'est au même groupe d'intérêt que se heurte le rapporteur général du Budget à l'Assemblée nationale. Député UMP du Val-de-Marne, Gilles Carrez décide de s'attaquer à un autre privilège, tout aussi choquant en période de disette budgétaire, la taxation à 5 % seulement de la plus-value lors de la vente d'une œuvre d'art.

Un surprenant passe-droit que les cabinets spécialisés en gestion de patrimoine mettent très souvent en avant auprès de leurs clients. Gilles Carrez voudrait, au nom de l'élémentaire équité, la faire passer à 19 %. « Cela relève de la simple justice fiscale[1] », assure-t-il. Seulement voilà : parce qu'il se verrait bien un jour ministre du Budget de Nicolas Sarkozy, Gilles Carrez a préféré avancer plus prudemment que Marc Le Fur. Il a commencé par en parler autour de lui, à quelques collègues et à ses interlocuteurs habituels à Bercy. Et là, on l'a prévenu : pas touche aux amis de Carla ! Diplomate, il a décidé d'oublier, « provisoirement » jure-t-il, ses doux rêves de « justice fiscale ».

Ainsi va la vie de la Cour, au gré des humeurs de la vice-présidente.

---

1. Entretien le 11 août 2011.

6

Double peine

Le prince-président Louis-Napoléon Bonaparte n'a pas encore fomenté le coup d'État qui va l'amener au pouvoir et contraindre Victor Hugo à l'exil, lorsque celui-ci écrit, en 1850 :

« Ô drapeau de Wagram ! ô pays de Voltaire !
Puissance, liberté, vieil honneur militaire,
Principes, droits, pensée, ils font en ce moment
De toute cette gloire un vaste abaissement[1]. »

Avant même d'attaquer un homme, Napoléon III, Hugo déplore une époque, ce milieu du XIXe siècle qui voit la société française piétiner, se cogner contre les murs de la forteresse étatique, assister au culte de l'argent roi et aux fastes d'une Cour de pacotille.

Un siècle et demi plus tard, deux économistes publient un opuscule intitulé *La Société de défiance*[2]. Leur thèse : le civisme et la confiance mutuelle, en

---

1. Ce poème sera intégré, en 1853, au recueil *Les Châtiments*, instrument de combat contre le régime de Napoléon III.
2. Yann Algan et Pierre Cahuc, *La Société de défiance*, Cepremap, Éditions Rue d'Ulm, 2007.

France, se sont dégradés après la Seconde Guerre mondiale. « Nous soutenons, écrivent-ils, que c'est le mélange de corporatisme et d'étatisme du modèle social français qui suscite la défiance et l'incivisme. En retour, défiance et incivisme minent l'efficacité et l'équité de l'économie, et entretiennent l'étatisme et le corporatisme. »

Encore une exception française !

Les deux auteurs proposent des comparaisons internationales saisissantes. La défiance ? Les Français sont deux fois plus nombreux que les Américains, les Canadiens, les Australiens et les Anglais à considérer que « pour arriver au sommet, il est nécessaire d'être corrompu[1] » ; 20 % d'entre eux déclarent n'avoir « aucune confiance » en la justice, contre moins de 5 % des Scandinaves, 6 % des Suisses, 7 % des Allemands[2] ; les institutions politiques ne sont pas mieux perçues, puisque la France arrive 20e sur 24, laissant derrière elle la Grèce, la République tchèque, la Turquie et le Mexique sur la question de la confiance faite au Parlement[3]. La justice qui relaxe les puissants, tel François Pérol, officiellement innocent de tout mélange des genres, ne les fera sûrement pas changer d'avis.

L'incivisme ? Sur 22 pays, la France est celui dont les citoyens sont les moins nombreux (38 % contre 59 % en Allemagne et 89 % au Danemark) à trouver

---

1. International Social Survey Programme, 1999.
2. World Values Survey, 2000.
3. *Ibid.*

« injustifiable de réclamer indûment des aides publiques[1] » et les plus tolérants pour ceux qui « acceptent des pots-de-vin dans l'exercice de leurs fonctions ». Même s'ils ne le savent pas, les Français se doutent donc que leur épargne ne sert pas seulement à construire des écoles et des logements sociaux !

Depuis les années soixante, quel gouvernement a essayé de démanteler ce système pervers ? Giscard en 1974 ? Mitterrand en 1981 ? Chirac à partir de 1995 ? Jospin ensuite ? Et Sarkozy ? En vérité l'oligarchie au pouvoir, alliance diabolique entre la classe politique, les grands corps de l'État et un groupe de lobbies très organisé, s'est bien gardée de prendre le moindre risque. Suivant en cela une longue tradition, elle se révèle plus que prudente : immobile. Ni l'étatisme ni le corporatisme n'ont reculé, au contraire. En témoignent l'inflation de lois et textes réglementaires, si nombreux qu'ils ne sont pas toujours techniquement applicables. La récente réforme des retraites, qui maintient les disparités de statut, en est l'illustration. Le renoncement aux fragiles tentatives de réformes de l'administration (RGPP, organisation du lycée, anarchie de la décentralisation...), le statu quo fiscal et bien d'autres abandons précédés de discours présidentiels autrefois enflammés dévoilent l'immobilisme – apathie ou lâcheté ? – de notre classe dirigeante.

---

1. *Ibid.*

La longue marche des privilèges

En fait, toute l'énergie de nos oligarques s'est progressivement concentrée sur un objectif unique : l'accumulation des avantages. Les réformes ? Elles attendront ! Certes, cette tendance n'est pas nouvelle. Elle a même jalonné la construction du pouvoir centralisé dans l'Hexagone depuis la fin du Moyen Âge. Dans leur *Histoire de la France*[1], André Burguière et Jacques Revel racontent comment la politique des prébendes a obéi à deux logiques successives sous la royauté. De Charles VII, roi victorieux de la guerre de Cent Ans jusqu'à Louis XIII, ces prébendes sont « accordé(es) aux corps (de ville, de métiers, d'officiers...). La fonction politique des privilèges, poursuivent-ils, semble avoir consisté à rapprocher le statut des classes dominantes citadines de celui des classes dominantes rurales, la condition bourgeoise et la condition noble ».

Puis Colbert applique une stratégie restrictive, preuve que rien n'est inenvisageable sur les terres de France : « Vous pouvez être assuré, écrivait en 1679 le contrôleur général des Finances de Louis XIV, que toutes les fois que je trouve un plus grand avantage ou un avantage égal, je n'hésite pas à retrancher tous les privilèges[2]. »

Il était donc déjà question, à l'époque, de « raboter » les niches fiscales pour ne pas saper la masse imposable nécessaire pour remplir les caisses de l'État ! Mais, comme dans la France de Nicolas Sarkozy, la distribution de cadeaux ne s'est nullement interrompue. Elle s'est

---

1. André Burguière, Jacques Revel, *Histoire de la France, La longue durée de l'État*, Le Seuil, « Points Histoire », 2000.
2. *Ibid.*, p. 480.

simplement individualisée. Le monarque, du haut de son pouvoir absolu, « contrôlait l'ensemble de la circulation des honneurs auxquels pouvaient prétendre les gentils-hommes et disposait aussi des titres de noblesse [...]. Toutefois, il devait veiller à ne pas dévaloriser les titres en les multipliant trop et ne pouvait pas user arbitraire-ment de ses grâces, sous peine de mécontenter certains grands lignages : les fidélités s'entretenaient par l'octroi de nouvelles faveurs dont la masse n'était pas exten-sible[1] ». Luc Besson a eu de lointains prédécesseurs !

Le souverain gérait donc au plus près le renouvelle-ment des élites. À la veille de la Révolution, « Necker évaluait à environ quatre mille le nombre des charges anoblissantes et on a pu montrer que la majeure partie était acquise par des roturiers[2] ». Les intérêts de l'État, en l'espèce, ne convergeaient pas forcément avec ceux de son élite : « La logique idéologique de la noblesse tendait à son extinction biologique. La logique sociale de la monarchie renvoyait pour sa part à une loi de compensation somme toute très ordinaire : la substi-tution du couple anoblissement légal/race au couple anoblissement taisible/vertu assurait la protection imaginaire des élites installées sans gêner la promotion des élites nouvelles. » Cette fine horlogerie, pourtant, s'est fracassée sous les coups de boutoir révolution-naires.

L'avènement de la République n'a toutefois pas mis fin à la reproduction sociale, loin de là. Dans son *Histoire des élites en France du XVIe au XXe siècle*, Guy Chaussinand-Nogaret relate une étude réalisée sur le recrutement des hauts fonctionnaires en 1901 qui,

---

1. *Ibid.*
2. *Ibid.*

écrit-il, « bouleverse radicalement la représentation d'une République gérée par les bons élèves issus des couches populaires ou moyennes. Gambetta avait beaucoup promis ou beaucoup rêvé. La réalité sociologique ne répond en rien à ses perspectives et à ses projets[1] ». Le cœur de la haute fonction publique se recrute – déjà – chez les familles de hauts fonctionnaires, de professions juridiques ou de rentiers.

Aujourd'hui ? C'est encore pire. Tous les indicateurs convergent pour montrer que la porte capitonnée qui mène à la classe dirigeante ne reste que très faiblement entrouverte. Dans *La Fabrique des énarques*[2], Jean-Michel Eymeri, ancien de Sciences-Po, s'intéresse au recrutement de l'école : plus de 70 % des candidats, et plus de 80 % des admis au concours externe sont issus des catégories sociales les plus favorisées, un pourcentage en augmentation depuis le milieu des années quatre-vingt-dix. En vérité, l'accès à l'élite se restreint chaque année un peu plus, voilà ce que nos gouvernants n'osent pas admettre.

Ceux-ci seraient-ils moins dupes aujourd'hui qu'hier de cette méritocratie en carton-pâte ? L'irruption inopinée de l'argent dans l'univers ouaté des élites françaises a contribué à déchirer le voile. La philosophe Cynthia Fleury, auteur, entre autres, d'un essai original, *Les Pathologies de la démocratie*[3], enseigne notamment à l'Institut d'études politiques de Paris. Depuis huit ans, elle consacre une séance au mérite. Les premières années,

---

1. Guy Chaussinand-Nogaret, *Histoire des élites en France du XVIᵉ au XXᵉ siècle*, Tallandier, 1991.
2. Jean-Michel Eymeri, *La Fabrique des énarques*, Economica, 2001.
3. Cynthia Fleury, *Les Pathologies de la démocratie*, Fayard, 2005.

tout son auditoire y croyait comme un seul homme : ces garçons et ces filles, admis à l'issue d'une sélection féroce, se considéraient eux-mêmes comme très méritants, sans discussion. Désormais, le ton a changé. « Dès que l'on parle de gratification financière, par exemple, la gêne s'installe, analyse Cynthia Fleury. Certains me disent que les écarts de rémunérations se justifient par le mérite. Je leur oppose alors l'exemple du footballeur et du chirurgien. Lequel a le plus de mérite, le plus d'utilité sociale ? L'idée que ce qu'on appelle le mérite pourrait être un des camouflages du marché émerge alors... »

Princes de l'accumulation

Depuis quelques années, les Français ne le savent pas, mais le perçoivent par intermittence : ils vivent, au quotidien, sous le régime de la double peine. Le corporatisme et le pouvoir discrétionnaire du Tout-État n'ont pas reculé. Mais l'argent, entré en majesté dans les sphères du pouvoir, est venu tout chambouler sans rien réformer.

Sous Louis XIV déjà, la puissance financière était un facteur d'anoblissement. Les financiers étaient eux-mêmes en grande majorité des nobles. Le « portrait-type du financier du Grand Siècle », brossé par Daniel Dessert, « conduit à reconnaître que 80 % des manieurs d'argent public appartenaient à la noblesse, mais à une noblesse récente (47 % sont des anoblis et 13 % seulement remontent leurs preuves à la génération des grands-parents paternels)[1] ».

---

1. Professeur d'histoire à l'École navale, auteur de nombreux ouvrages sur le siècle de Louis XIV dont *Argent, pouvoir et société au Grand Siècle*, Fayard, 1984.

Le monde de la haute finance a, depuis, beaucoup perfectionné ces techniques. « L'armée des épargnants offre ses économies au système, comme une facilité abondante et mal payée, mais supposée être disponible et sûre, analyse Charles-Henri Filippi, l'ancien patron de la banque HSBC. Les corps de l'élite mondialisée captent cette dette et l'adossent à une dose de capitaux propres aussi limitée que possible, de telle sorte que par un merveilleux effet de levier[1], la rentabilité de ces capitaux dépasse ce qu'aucune activité économique ne pourrait ordinairement offrir[2]. »

Pour mettre un terme à cette course effrénée à l'argent, Charles-Henri Filippi propose rien de moins que la nationalisation du système bancaire occidental. Une solution qui pouvait sembler archaïque quand il a publié son ouvrage, au lendemain de la crise de 2008, mais qui perd de son caractère fantaisiste au fil des mois, des rechutes et des signaux d'impuissance émis, bien involontairement, par ceux qui nous dirigent.

Ce phénomène oligarchique a été décrit par deux universitaires américains. Robert Frank et Philip Cook[3] considèrent que nous sommes entrés dans la *winner-take-all society*, une société où le gagnant prend tout et ne laisse rien pour les autres. Dans ce monde-là, la meilleure soprano, le joueur de tennis le mieux classé, même si leur différence de talent avec leurs concurrents

---

1. L'effet de levier est l'augmentation de rentabilité que l'on obtient en élevant son niveau d'endettement. Par exemple, si l'on investit 100 de capitaux propres sur un placement qui rapporte 5 %, la rentabilité de cet investissement est de 5 %. Si l'on emprunte autant que ce que l'on possède, pour investir deux fois plus, la rentabilité des capitaux propres double, et atteint 10 %.
2. Charles-Henri Filippi, *L'Argent sans maître, op. cit.*
3. Penguin Books, 1995.

est très faible, raflent la mise. La méritocratie en sort en piteux état, puisque ce ne sont pas les compétences qui sont récompensées, mais le fait d'être, à un certain moment, considéré comme le plus fort dans sa catégorie. Les moyens de communication de masse ont beaucoup contribué à l'édification de cet univers, où l'on peut écouter la même voix, regarder le même match de tennis à Canberra ou à Stockholm.

« Le phénomène du winner-take-all n'est pas nouveau, assurent Frank et Cook. La soprano Elizabeth Bullington, par exemple, a gagné entre 10 000 et 15 000 livres pendant la saison londonienne de 1801, une somme appréciable selon les critères de l'époque. Mais la technologie de son époque empêchait Bullington d'élargir massivement son auditoire. La nouveauté, c'est donc l'érosion des barrières qui empêchaient jusqu'à récemment les plus performants d'accéder à des marchés plus vastes. »

À l'instar du nuage de Tchernobyl, l'élite, chez nous, a fait comme si ce nouveau paradigme s'arrêtait aux frontières de l'Hexagone. Comme si l'argent n'avait pas envahi l'ensemble de l'univers dont elle a la charge. Comme si les inégalités n'avaient pas prospéré avec la même violence en France que sur le reste de la planète.

Une coupable hypocrisie. En juin 2007, Camille Landais, professeur à l'École d'économie de Paris, publie un article intitulé : « Les hauts revenus en France (1998-2006) : une explosion des inégalités ? » Le point d'interrogation est un peu superflu. « Les résultats de ce travail montrent un accroissement rapide et important des inégalités des revenus entre les foyers du fait d'une augmentation très forte des revenus des foyers les plus riches depuis 1998, écrit-il. La forte croissance des revenus du patrimoine est en partie responsable de ces évolutions [...]. Néanmoins, et c'est un fait nouveau, la forte augmentation des inégalités de salaires a également fortement participé à cette augmentation des inégalités de revenus. De ce point de vue, la France rompt avec vingt-cinq ans de grande stabilité de la hiérarchie des salaires. »

Ce système tient depuis trois siècles. À un détail près : le surgissement d'une nouvelle névrose qui mine, lentement, l'équilibre social.

DEUXIÈME PARTIE

UNE PASSION HONTEUSE

7

La trahison de la gauche

Quand cela a-t-il commencé ? Avec les privatisations menées par Édouard Balladur depuis son cher palais du Louvre, auquel il s'accrochait comme si sa vie en dépendait ? Le ministre d'État de Jacques Chirac entre 1986 et 1988, cet homme étrange qui lit les journaux avec des gants et met des glaçons dans son champagne, a le profil du coupable idéal. Il a été de toutes les réunions, de toutes les petites conspirations amicales de l'opposition pour restaurer l'ordre ancien, entre 1981 et 1985. Il est l'inventeur des fameux « noyaux durs », grâce auxquels quelques capitalistes qui rongeaient leur frein depuis cinq ans allaient pouvoir se refaire. Précurseur, ce conseiller d'État, secrétaire général de l'Élysée du temps de Georges Pompidou, est passé dans le privé dès 1977 ; il a dirigé une filiale de la Compagnie générale d'électricité (CGE), la Générale de service informatique ; il était à ce titre un familier d'Ambroise Roux, le tout-puissant P-DG d'un grand conglomérat de l'époque, la CGE avant sa nationalisation. Roux sera le grand scénariste de la « restauration ».

Pourtant, comme dans les bons romans policiers, il faut se méfier des apparences : et si, finalement, tout avait commencé quelques années auparavant ?

La guillotine ou le pactole ?

Mai 1981 : c'est l'alternance, tant attendue par une partie du pays. On passe, paraît-il, de l'ombre à la lumière. Côté cour, on annonce une vague sans précédent de bouleversements. Et des têtes doivent tomber. Côté cuisines, c'est une pétaudière où personne n'est d'accord, dans le camp des vainqueurs, sur la manière de procéder pour nationaliser. Les groupes industriels et les banques visés sont largement détenus par un certain nombre de grandes familles, qui guettent avec angoisse ce qui ressemble à une confiscation. Elles ont tort : elles ont en fait tout à y gagner.

Gérard Worms, aujourd'hui associé-gérant chez Rothschild & Cie, est alors le numéro deux de Rhône-Poulenc. Il a emmené son président, Jean Gandois, rencontrer Jean Peyrelevade, le directeur adjoint de cabinet de Pierre Mauroy, pour prendre la température. Peyrelevade, polytechnicien, appartient au clan des pragmatiques. « Nous sommes ressortis enthousiastes de cet entretien, se souvient Gérard Worms. Il était d'accord pour ne nationaliser que 51 % du capital... Puis nous nous sommes rendus chez Alain Boublil, conseiller technique à l'Élysée, qui nous a expliqué tout le contraire. À la sortie de ce rendez-vous, Jean Gandois s'est tourné vers moi et m'a dit : "Ne me refaites jamais cela. Ce type m'a expliqué l'industrie chimique de long en large pendant une heure[1]..." »

La ligne dure l'emporte : ce sera 100 %. Mais la mauvaise nouvelle se transforme en véritable aubaine pour

---

1. Entretien le 25 mai 2011.

nombre d'actionnaires. Ils régnaient sur un capital immobilisé vieillissant, dans l'industrie, sur des structures financières fragiles, dans plusieurs banques, et les voici détenteurs d'argent liquide, facilement mobilisable. Jamais la nomenklatura française ne s'était retrouvée dans cette situation. « Mitterrand a sauvé Saint-Gobain de la faillite [...]. Et Pechiney ? André Giraud[1], ministre dans le gouvernement Barre, ne voulait rien entendre et refusait la vente des aciers spéciaux et de la chimie. C'est la gauche qui a fait vendre. Et Rhône-Poulenc ? Et Thomson ? Justement restructurée par Gomez, mais encore si fragile. Allons ! La gauche, enfin Mitterrand, a sauvé ces gens-là. » Qui parle ainsi en 1988 ? Un militant socialiste ? Un barbu nommé à la tête d'une entreprise nationalisée ? Pas du tout. C'est Ambroise Roux, justement, l'ami de Balladur et ancien patron de la Compagnie générale d'électricité, et surtout parrain autoproclamé du capitalisme français[2].

Marcel Dassault, qui en était à sa deuxième nationalisation, s'en est très bien sorti. Et, une fois dans le bureau du Premier ministre de l'époque, Pierre Mauroy, il lui a dit : « Je vais vous expliquer comment on nationalise. Je peux vous aider, j'ai déjà connu cette expérience. » C'était vrai : les usines Bloch avaient été rachetées par l'État en 1936, sous le Front populaire[3] ! L'avionneur propose donc de donner, sans contrepartie, 26 % du capital. Il garde la totalité du patrimoine

---

1. André Giraud était ministre de l'Industrie avant l'arrivée de la gauche au pouvoir. Il a été remplacé par Pierre Dreyfus, ancien patron de Renault.
2. Cité par Stéphane Denis, *Le Roman de l'argent*, Albin Michel, 1988.
3. Marcel Bloch avait changé de nom pour devenir Marcel Dassault.

immobilier et conserve la maîtrise de ses bureaux d'étude, le nerf de la guerre.

Les Dassault ne sont pas les seuls à garder encore aujourd'hui d'excellents souvenirs de cette période. 1983 : Jean-Marc Vernes rachète, à la suite d'un montage compliqué, la petite Banque industrielle et commerciale du Marais (BICM). La Banque Vernes, qu'il dirigeait avant 1981, n'était pas au mieux de sa forme au moment de la nationalisation. Lui et sa famille ont touché à cette occasion plus de 100 millions de francs. Cinq ans plus tard, selon Stéphane Denis[1], la somme avait été multipliée par... quinze !

Les Rothschild reçoivent 700 millions de francs, alors que les affaires n'étaient pas à leur meilleur chez eux non plus. Guy de Rothschild choisit l'exil aux États-Unis, comme lorsqu'il fut déchu de sa nationalité française en 1940. Il écrit une tribune amère publiée en une du *Monde* : « Juif sous Pétain, paria sous Mitterrand, pour moi cela suffit. Rebâtir sur les décombres deux fois dans une vie, c'est trop[2]. » Trois ans plus tard, son fils aîné, David, obtient des pouvoirs publics l'autorisation de transformer en banque Paris-Orléans Gestion la structure qu'il a créée un an plus tôt et qui deviendra plus tard la florissante Rothschild & Cie.

Les riches ont échangé des usines et des banques contre du « vrai argent ». Comme au casino, ils ont commencé à jouer, et parfois à gagner beaucoup. « C'était un peu comme les grands financiers du Second Empire qui réinjectaient pour la seconde tranche de chemins de fer ce qu'ils avaient gagné en vendant la première »,

---

1. Stéphane Denis, *Le Roman de l'argent, op. cit.*
2. *Le Monde*, 16 mars 1983.

constate avec amusement Robert Lion[1], l'ancien directeur de cabinet de Pierre Mauroy.

Le grand vent libéral

Les nationalisations ont ainsi fait découvrir l'argent aux possédants !

À l'été 1984, la gauche redécouvre les vertus de la rigueur et des patrons. L'une des premières décisions du jeune et moderne Laurent Fabius nommé à Matignon en 1984 ? Choisir, comme repreneur du groupe textile Boussac, en grande déconfiture, un capitaliste aux dents longues qui s'était pourtant réfugié aux États-Unis au lendemain du 10 mai 1981 : Bernard Arnault. En échange d'une soulte de 2 milliards de francs, celui-ci s'est engagé à préserver les 16 000 emplois du groupe. Il a gardé l'argent, il a supprimé les emplois. En trois ans, le gouvernement socialiste est donc passé des nationalisations... à Arnault. Tout un symbole.

Aux Finances, en cet été 1984, Jacques Delors a laissé la place à Pierre Bérégovoy. Cet autodidacte, regardé de haut par la nomenklatura, a pour directeur de cabinet Jean-Charles Naouri, un petit génie : normalien, docteur d'État en mathématiques, diplômé de Harvard, énarque et bien entendu inspecteur des Finances. C'est ce jeune cerveau – il n'a pas quarante ans – qui orchestre, entre 1984 et 1986, la déréglementation des marchés financiers, avec la création du Matif[2], du

---

1. Entretien le 8 mars 2011.
2. Marché à terme des instruments financiers, fusionné, en 1999, dans Paris Bourse SBF SA, elle-même absorbée depuis par la plateforme européenne Euronext.

Monep[1] et autres outils favorisant les transactions et la liquidité. Mieux encore, pour financer la dette de l'État, jusqu'alors dans la main de créanciers institutionnels franco-français ou bien de particuliers, il crée les obligations assimilables du Trésor (OAT), grâce auxquelles les fonctionnaires des Finances vont pouvoir aller vendre aux quatre coins de la planète. Avec cet argument : la dette publique française, il n'y a pas meilleur placement[2] !

Jean-Charles Naouri, haut fonctionnaire qui a servi la gauche, part pour le privé en 1986, lorsque la droite gagne les élections législatives. Où va-t-il ? Dans la banque que vient de créer David de Rothschild. Que fait-il ? Il crée un fonds d'investissement, Euris, l'un des premiers du genre. En 1991, il rachète Rallye, une chaîne de grande distribution à la santé chancelante implantée dans l'Ouest. Un an plus tard, il en a redressé les comptes et apporte Rallye au groupe Casino, dont il devient le principal actionnaire. Puis le grand patron à partir de 2005. Jean-Charles Naouri détient, selon le magazine *Challenges*, la 55ᵉ fortune française, avec près de 900 millions d'euros. Son fils aîné, Gabriel, est directeur des opérations des hypermarchés Géant Casino. Formé dans la haute finance (chez Rothschild & Cie à New York !), il a fait ses classes dans les magasins du groupe, comme agent d'entretien, caissier, chef de rayon... En moins de trente ans, une nouvelle dynastie est née. Artisan et bénéficiaire de ce que l'on appelle avec pudeur la modernisation financière, Jean-Charles Naouri incarne

---

1. Marché des options négociables de Paris.
2. La dette publique française est ainsi détenue aujourd'hui à 70 % par des investisseurs étrangers.

à la perfection l'acceptation par la nomenklatura de gauche des – dures – lois du marché, et au-delà, du règne de l'argent.

Les banques d'affaires ont tout gagné, elles aussi, pendant ces trois décennies. La plus célèbre d'entre elles, Lazard, avait échappé à la nationalisation grâce à l'intervention de Jacques Attali. Lorsqu'il fut question, en 1982, du seuil de dépôts au-dessus duquel l'État préemptait, Jean Peyrelevade, directeur-adjoint du cabinet à Matignon, s'était étonné du montant fantaisiste qui avait été fixé, sur ordre de l'Élysée. S'ouvrant de sa surprise à Pierre Mauroy, il s'était vu répondre par le Premier ministre : « Tu devrais aller voir où se trouve Lazard dans la liste. » Rendre service à Michel David-Weill, tout-puissant commandeur de la banque installée à Paris, Londres et New York, était assurément un investissement qui valait de l'or. « Au début des années quatre-vingt, les banques d'affaires, en France, ne comptaient pas pour grand-chose, explique un haut fonctionnaire du Trésor, qui a suivi de près de nombreuses opérations. Le flux et le reflux des nationalisations et des privatisations les ont nourries à la manière d'une usine marémotrice : à chaque passage, elles se sont servies, comme banques conseils, profitant du mouvement des vagues. »

La tentation de Crésus

Henri de la Croix de Castries, le P-DG d'Axa, figure aujourd'hui parmi les dix patrons les mieux payés de l'Hexagone. Au milieu des années quatre-vingt, cet inspecteur des Finances travaille à la direction du Trésor, où il s'occupe du dossier des privatisations puis de la gestion du marché des changes et de la balance des paiements. Un beau jour, il entre dans le bureau de son directeur, Jean-Claude Trichet, futur gouverneur de la Banque de France et futur patron de la Banque centrale européenne :

– Qu'est-ce que tu me proposes ? Cela fait presque six ans que je suis à la direction du Trésor... Je peux être sous-directeur...

– Ce n'est pas ton tour. Ce sera Francis Mayer[1].

C'est comme cela depuis toujours, même parmi la noblesse de robe, même chez les inspecteurs des Finances, même à la direction du Trésor : les bons élèves doivent attendre en rang que leur heure ait sonné. Mais l'époque a changé. Les premiers de la classe sont ambitieux et impatients.

Une fois rentré chez lui, Henri de Castries téléphone à l'un de ses collègues de l'inspection :

– Tu connais Francis Mayer ? Trichet veut le nommer sous-directeur... Quelle est la différence entre nous selon toi ?

– Je ne le connais pas mais je pense que tu es meilleur que lui...

On en reste là. Quatre mois passent et un samedi matin, Henri de Castries rend de nouveau visite à son supérieur, Jean-Claude Trichet :

– Bébéar m'offre un job chez Axa.

– Henri, répond le futur patron de la BCE avec un air dégoûté, tu ne vas quand même pas accepter d'aller

---

1. Francis Mayer, inspecteur des Finances, a été directeur général de la Caisse des dépôts de 2002 à 2006, année où il est décédé, à l'âge de 56 ans.

travailler chez un type qui vient des Mutuelles unies et qui vend de l'assurance[1] ?

– Jean-Claude, est-ce que tu me nommes sous-directeur ?

– Non, ce n'est pas ton tour. Mais tu es au Trésor, tu dois y rester.

– J'ai pris ma décision.

– Tu sais que tu pars six mois trop tôt. Tu n'auras jamais droit à une retraite d'inspecteur[2].

Ce dialogue hallucinant montre que ceux qui servent l'État ont beaucoup changé. Même ceux qui servent le Trésor, administration prestigieuse s'il en est.

Vingt ans après : avril 2010, dans les bureaux de l'inspection générale des Finances, à Bercy. Dans quelques jours, Jean Bassères, le patron du corps[3], doit rassembler ses ouailles en séminaire. Objectif : réfléchir à la « mission de l'inspection ». Pour préparer son séminaire, « le Chef », comme l'appellent ses subordonnés, a demandé de préparer quelques exposés. Claudia Ferrazzi, chargée des ressources humaines au sein du corps, a choisi d'éplucher l'annuaire de l'inspection. Un document hautement confidentiel. Claudia Ferrazzi

---

1. Claude Bébéar est aussi polytechnicien. Mais, dans l'esprit d'un homme comme Jean-Claude Trichet, il appartient à une caste différente, qui pratique des métiers outrageusement vulgaires.

2. Contrairement à la quasi-totalité de ses camarades qui partent dans le privé, Henri de Castries a refusé de se mettre en disponibilité et a perdu le bénéfice du « droit au retour » dans l'administration. Il a préféré démissionner.

3. Le chef du service de l'inspection générale des Finances a un double rôle : animer ses équipes chargées « de missions de contrôle, d'audit, d'étude, de conseil et d'évaluation en matière administrative, économique et financière pour le compte de l'État », comme le précisent les textes, mais aussi veiller sur la carrière des membres du corps, afin que son prestige soit maintenu.

s'est donné du mal pour retracer les trajectoires individuelles. Mais cette bonne élève est prête : elle pourra présenter à ses camarades la première étude jamais réalisée sur ce qu'elle a baptisé « le rayonnement de l'inspection ». Elle a pointé ceux qui continuent à travailler pour l'État... et les autres. Toute fière, elle vient montrer cette somme au « Chef », avant le fameux séminaire.

Énorme déception. Car Jean Bassères est consterné : « Vous ne pouvez pas présenter cela, c'est impossible... » Ce qu'il lui reproche n'est pas d'avoir bâclé le travail. C'est tout le contraire. Sa synthèse inédite est un réquisitoire terrible. Elle montre sans détour que l'inspection a trahi la mission qui lui est assignée : défendre l'État contre les affairistes et les prédateurs (on ose à peine ajouter : et les incompétents).

L'étude est restée dans les tiroirs et le chef de corps a refusé de la montrer. Il est possible, toutefois, de la reconstituer, à condition de disposer du fameux annuaire, dont chaque inspecteur reçoit un unique exemplaire chaque année, avec pour consigne de ne pas le divulguer. L'un d'entre eux a pris sur lui de transgresser cette loi d'airain et de nous confier ce document très confidentiel.

À la lecture de ce drôle de *Who's Who*, on comprend mieux l'effarement de Bassères. Sur les 210 inspecteurs en activité, 90 exercent actuellement leurs talents dans le public (cabinets ministériels compris) et... 120 dans le privé. L'inspection est devenue une agence de placement haut de gamme. Le contrôle des Finances publiques, lui, attendra.

Et tant pis pour l'intérêt général.

8

La cupidité...
au nom de l'intérêt général

En ce mois de novembre 2009, Louis Schweitzer fait les cent pas dans les couloirs de Véolia, à l'étage noble, celui où se déroulent les réunions importantes. Il a supplié Henri Proglio, le P-DG du groupe, de devenir vice-président du conseil d'administration. Une fois le titre obtenu, il est revenu à la charge. Avec des exigences financières cette fois. Puisqu'il est plus gradé que les autres, il veut gagner plus. Il a donc dû quitter la séance pour laisser ses pairs discuter de son cas. Depuis une heure, le conseil d'administration de Véolia, un groupe qui emploie plus de 300 000 salariés dans 74 pays, débat de ce point fondamental : chacun des membres doit-il renoncer à une partie de ses jetons de présence pour en laisser plus à « Loulou », le surnom de l'ancien patron de Renault à Paris ?

Il y a du beau monde autour de la table : Jean Azéma, alors patron de Groupama, Jean-François Dehecq, le très charismatique bâtisseur de Sanofi-Aventis, Pierre-André de Chalendar, qui reprend le flambeau à la tête de Saint-Gobain, Augustin de Romanet, le directeur général de la Caisse des dépôts, Jean-Marc Espalioux, ex-numéro un d'Accor recasé comme conseiller financier de Bernard Arnault, Serge Michel, l'éminence grise

95

du BTP, ainsi que des banquiers : Daniel Bouton, qui a dû quitter la présidence de la Société Générale après l'affaire Kerviel et s'est reconverti chez Rothschild, Baudouin Prot de la BNP, et Georges Ralli de Lazard. Certains sont tout de même surpris : Louis Schweitzer, le protestant intraitable, le président moralisateur de la Haute Autorité de lutte contre les discriminations et l'exclusion, demande une petite rallonge ? Certes, son traitement à la tête de la Halde est modeste (6 700 euros bruts par mois) pour un grand de ce monde, mais c'est un pourboire comparé à ses autres sources de revenus : une confortable retraite de Renault, plus d'un million de livres sterling par an comme président non exécutif du laboratoire pharmaceutique AstraZeneca, des jetons de présence chez Volvo, BNP, EDF, L'Oréal, Philips...

La cupidité, donc, n'épargne personne. Pas même le petit-neveu du docteur Albert Schweitzer.

Pourquoi pas moi ?

Impossible d'évoquer cette nouvelle obsession pour l'accumulation sans faire un détour par la banque Lazard et sa concurrente Rothschild, ces honorables institutions enrichies par la gauche au pouvoir. La première a su donner le goût de l'argent à Jean-Marie Messier, qui l'a rejointe après la défaite de la droite en 1988, et à Matthieu Pigasse, oligarque de gauche qui ne déteste pas les médias et porte en bandoulière sa passion du rock.

Quant à la banque Rothschild, elle a hébergé François Pérol lorsqu'il a quitté l'administration entre 2005 et 2007. Ou encore, pendant quelques mois, courant 2011, Sébastien Proto, l'ancien directeur de cabinet d'Éric Woerth revenu pour occuper le même poste auprès de Valérie Pécresse.

« Pourquoi pas moi ? » En voyant certains de leurs camarades de promotion manier les millions et mener la grande vie, les hauts fonctionnaires ne peuvent aujourd'hui imaginer leur carrière sans ressasser cette question lancinante. Et ceux qui reviennent, ensuite, dans la sphère publique n'y restent pas longtemps, taraudés par la nostalgie de l'opulence. Deux proches conseillers de Nicolas Sarkozy, le magistrat Patrick Ouart et l'inspecteur des Finances François Pérol, n'ont pas traîné à l'Élysée. Ils ont préféré retourner chez LVMH pour le premier, et rejoindre le groupe Banques populaires-Caisses d'épargne pour le second. « Ouart continue de trancher toutes les questions sensibles qui concernent la justice, mais il a retrouvé son bureau et sa rémunération de luxe, raconte un conseiller de l'Élysée. Après tout, si LVMH décide de sponsoriser la présidence... » C'est une façon de voir les choses !

Stéphane Richard n'est pas un apparatchik dans l'âme, mais un homme devenu riche grâce au rachat par ses dirigeants (dont lui) de Nexity, la filiale immobilière de l'ancienne Compagnie générale des eaux devenue Vivendi. Il a sûrement été le premier directeur de cabinet à Bercy à afficher une fortune personnelle de l'ordre de 30 millions d'euros. Son successeur, Alexandre de Juniac, en a pris de la graine : « Aujourd'hui, si tu n'as pas réussi à mettre 5 millions d'euros de côté, tu n'es pas un vrai riche », répétait ce conseiller d'État, passé par Thales et aujourd'hui recasé chez Air France, à qui voulait l'entendre, journalistes compris, dans son moderne bureau de Bercy.

« Pourquoi pas moi ? » C'est ce qu'a dû penser aussi Henri Proglio lorsqu'il a exigé un double salaire en prenant la présidence d'EDF[1]. Et ce doit être la bonne excuse invoquée par Jean-René Fourtou, appelé comme sauveur de Vivendi après les excès de Jean-Marie Messier, lorsqu'il a souscrit, en novembre 2002, des obligations remboursables en actions (ORA) à un prix défiant toute concurrence.

« L'accumulation est un sport qui s'est répandu parmi les élites, constate Gérard Worms. Ma génération regarde cela avec étonnement. Les rémunérations des banquiers sont excessives : quand je vois qu'ils gagnent plus qu'un grand industriel, je me dis que quelque chose ne tourne pas rond[2]. »

Dans les eaux glacées du calcul égoïste

C'est ainsi que Marx et Engels ont intitulé, en 1848, un court texte sur la bourgeoisie et l'argent, intégré au *Manifeste du Parti communiste*[3]. Ils reprochent à la classe dirigeante d'avoir « foulé aux pieds les relations féodales, patriarcales et idylliques », d'avoir « noyé les frissons sacrés de l'extase religieuse, de l'enthousiasme chevaleresque, de la sentimentalité petite-bourgeoise dans les eaux glacées du calcul égoïste ». Ces mêmes

---

1. En plus de son traitement chez EDF, il voulait conserver une « indemnité » de 400 000 euros au titre de ses fonctions « non exécutives » chez Véolia. À la suite des révélations du *Point* sur ce sujet, il a été contraint, après plusieurs semaines de résistance, d'abandonner *et* sa casquette de Véolia *et* son « double » salaire. Il a en revanche conservé ses stock-options et le bénéfice du plan de retraite « maison » de Véolia.
2. Entretien le 25 mai 2011.
3. Karl Marx, Friedrich Engels, *Manifeste du Parti communiste*, Le Livre de Poche, 1973.

eaux glacées ont submergé la nomenklatura française avec une violence et une rapidité exceptionnelles.

«Je me souviens encore du dîner où j'ai découvert la fascination de la gauche pour Bernard Tapie, soupire Daniel Lebègue. Parmi les convives : Ségolène Royal. Je dis qu'à mes yeux, Bernard Tapie n'est pas un personnage fréquentable. Que j'ai eu l'occasion de le voir les pieds sur la table dans des réunions ministérielles. Ségolène Royal me regarde d'un air outré et me réplique sèchement : "C'est vraiment un raisonnement d'énarque. Bernard Tapie est un entrepreneur !" Là, j'ai eu l'intuition que nous allions vivre des moments difficiles.»

En 1989, Bernard Tapie n'est pas encore ministre de la République. Et Jacques Calvet, le patron de Peugeot, est montré du doigt. *Le Canard enchaîné* vient de révéler sa rémunération : 2,2 millions de francs par an, soit 39 fois le Smic. L'un de ses successeurs, vingt ans plus tard, touche au même poste 2,2 millions non plus de francs, mais d'euros, de salaire. Il faut y ajouter au moins autant en stock-options et autres distributions d'actions gratuites. Soit environ 400 fois le Smic. Les écarts se sont plus que creusés. Ils ont été multipliés par dix !

«Sur le marché, un inspecteur des Finances, selon son ancienneté et surtout le carnet d'adresses qu'il s'est constitué pendant qu'il a servi l'État, "vaut" au moins cinq à dix fois ce que lui verse l'administration, raconte Jean-Marc Espalioux. La différence n'était pas si grande il y a vingt ans. Lorsqu'à 32 ans, au début des années quatre-vingt-dix, j'ai quitté le ministère des Finances pour devenir le directeur financier de la Générale des eaux, mon salaire n'est passé "que" de 350 000 à 500 000 francs. Et j'ai obtenu une 505 de fonction, pas une Porsche Panamera. Alors je trouvais cela royal.

Aujourd'hui, proposer de telles conditions serait une insulte. Mais notre époque est folle. »

Jean-Marc Espalioux se souvient de ses premières années à la Générale des eaux, de ses conversations avec les autres ambitieux qu'il fréquentait à l'époque. Jean-Marc Oury[1], Henri Proglio et lui, tous âgés de 35 à 40 ans, avaient des conversations témoignant de leurs centres d'intérêt :

Proglio : – Tu te rends compte, mon frère touche un million de francs par an[2].

Espalioux : – Je me demande si on y arrivera un jour.

Oury : – Moi, mon rêve, c'est d'avoir 10 millions de francs.

10 millions de francs, 1 million et demi d'euros de fortune cumulée ? Pour Antoine Zacharias, c'est une misère. Cet entrepreneur audacieux a fait parler de lui pour s'être très généreusement servi lorsqu'il était à la tête de Vinci : 2,9 millions d'euros de salaire annuel en 2003, 3,3 en 2004, 4,2 en 2005… Sans compter les stock-options et autres retraites chapeaux qu'il exigeait de son conseil d'administration[3]. Il persiste et signe : il a bien mérité ces largesses qui ont fait de lui le patron le mieux payé de France. Et pour cause ! En 2006, lors

---

1. Ingénieur des Mines, Jean-Marc Oury a dirigé jusqu'en 1994 la Compagnie immobilière Phénix, filiale de la Générale des eaux. Il a été remercié par Jean-Marie Messier puis inquiété par la justice pour avoir surpayé l'acquisition du palace cannois le Gray-d'Albion et condamné en première instance en décembre 2007.

2. Henri Proglio a un frère jumeau, René, aujourd'hui président de Morgan Stanley France.

3. Antoine Zacharias a été condamné, le 19 mai 2011, à 375 000 euros d'amende par la cour d'appel de Versailles et s'est pourvu en cassation. Il était poursuivi pour les conditions dans lesquelles il avait obtenu ses avantages financiers avant son départ du groupe de BTP, en 2006.

de son départ de Vinci, sa fortune était estimée à 250 millions d'euros. Et quand il accepte de se confier deux ans après sa chute, voilà comment il voit les choses : « Je suis avant tout un homme qui a travaillé nuit et jour ! »

Jean Peyrelevade, banquier de gauche, a découvert la richesse à près de 60 ans. « Quand je suis nommé à la tête du Crédit lyonnais, en 1993, je réclame 2 millions de francs par an. Je reçois une lettre de Nicolas Sarkozy, ministre du Budget, qui m'explique que c'est impossible, que la grille est plafonnée à 1,25 million. Ma réponse est simple : "Allez vous faire voir." Le Crédit lyonnais était en faillite par la faute de l'État, qui avait laissé faire ce fou de Haberer et fermé les yeux sur la manière dont il a endormi la haute hiérarchie de la banque, par un mélange de flatteries et de promotions internes qui ont engendré une armée mexicaine. J'ai obtenu gain de cause[1]. »

Six ans plus tard, en 1999, le Crédit lyonnais est privatisé. « Ma rémunération a été immédiatement multipliée par trois, poursuit l'ancien directeur adjoint de cabinet de Pierre Mauroy. Tous mes interlocuteurs passaient leur temps à me demander ce que j'avais prévu pour motiver mes cadres supérieurs, et pour me motiver moi-même. Le seul critère qu'ils avaient en tête, c'était l'argent. Mon conseil d'administration m'a fait des propositions et j'ai opté pour le bas de la fourchette. Je trouvais tout cela excessif mais, pour être honnête, au bout de six mois, on se dit que ce n'est pas désagréable. Et au bout d'un an, on commence à se demander pourquoi on ne gagne pas plus. »

---

1. Entretien le 24 mars 2011.

La stratégie de la lasagne

« Quand j'étais numéro deux de la BNP, je gagnais 150 000 euros par an, raconte Daniel Lebègue. On ne regardait pas ce qui se faisait aux États-Unis. En revanche, ce qui nous importait socialement, c'était d'aller dans des colloques, de participer à la vie des idées. L'influence que l'on avait ne se mesurait pas au poids des stock-options mais à la parole publique, aux connexions que l'on avait avec le pouvoir. »

À partir des années quatre-vingt-dix, la passion honteuse s'étend dans l'élite. Les patrons n'ont plus seulement un salaire, mais exigent et obtiennent que l'on rajoute une couche d'argent frais sur celles qu'ils accumulaient déjà. Officiellement, il s'agit de les attirer, de les motiver, de les retenir.

La pluie d'argent, y compris pour les incapables comblés de privilèges, commence désormais à tomber avant le premier jour de travail avec les *golden hello*[1]. Un nouveau système de primes au-delà de l'indécence. Lars Olofsson, un Suédois qui joue bien au golf, a reçu 400 000 euros juste pour venir diriger Carrefour, ce qui n'a nullement évité la dégringolade du cours de Bourse. Même cadeau préventif pour Frédéric Lemoine chez Wendel. L'inspecteur des Finances Jean-Pascal Beaufret, dont les états de service n'ont rien d'impressionnant, a touché 500 000 euros de prime de bienvenue pour rester neuf mois au directoire de Natixis. Christopher Viehbacher a fait beaucoup mieux : Sanofi-Aventis lui a

---

1. Il s'agit, pour faire venir un dirigeant, de lui accorder un bonus de « bienvenue », en général fort élevé.

versé 2,2 millions d'euros pour qu'il condescende à en devenir le directeur général.

Le salaire fixe moyen d'un patron du Cac 40 dépasse le million d'euros par an. Il représente pourtant moins de la moitié, parfois beaucoup moins, de leur rémunération. Non, ce qui compte, c'est la part variable. Pourquoi ? Parce qu'il s'agit de les mo-ti-ver, de récompenser leurs per-for-man-ces.

Une vaste blague ! Les critères choisis sont souvent très vagues, parfois même comiques. « Avant sa chute, l'inventif Jean-Marie Messier, ex-P-DG de Vivendi Universal, avait exclu les dettes de ses critères de performance », raconte le professeur de gestion Philippe Villemus dans un livre consacré aux rémunérations indécentes[1]. Le patron d'Accor, nommé fin 2010, Denis Hennequin, doit une partie de son salaire variable à « la réussite de sa prise de fonction en tant que P-DG », comme le précise un document de référence du groupe hôtelier[2]. Un charabia incompréhensible et déplacé dans le contexte économique actuel. C'est dans quelques années qu'on pourra juger de son éventuelle « réussite », pas avant. Ou alors, il faut élargir les critères de jugement des patrons : image, amabilité supposée, profil prometteur !

Mais tout cela n'est rien comparé au domaine où la France est championne du monde : les stock-options. Plus que dans tout autre pays, ces avantages, grâce auxquels l'on peut sans risque compter sur une petite fortune, sont concentrés entre quelques mains. Selon Philippe Villemus, « c'est en France que la part des

---

1. Philippe Villemus, *Le Patron, le footballeur et le smicard*, Éditions Dialogues, 2011.
2. Accor, document de référence 2010.

stock-options dans la rémunération totale des hauts dirigeants est la plus élevée au monde, États-Unis compris ». Et la plus inégalitaire : les P-DG du Cac 40
touchent presque cent fois plus que tous les autres
bénéficiaires réunis.

En cas de désaccord avec les actionnaires, en cas
d'échec ? Tout n'est pas perdu. Le parachute en or
adoucit l'humiliation. En 2006, Noël Forgeard a ainsi
quitté EADS en empochant plus de 8 millions d'euros.

Car il faut aussi penser aux vieux jours de ces nouveaux princes. Les « retraites chapeaux » y pourvoient.
Celles qui se pratiquent au sommet des grandes entreprises représentent plus de cent fois la pension de base
et soixante fois la retraite moyenne des Français. Lindsay Owen-Jones, l'ancien patron de L'Oréal, explose le
record avec 3,4 millions d'euros de retraite par an.
« Quatre cents fois le minimum vieillesse », remarque
Philippe Villemus.

Le mérite ? Quel mérite ?

La vérité, c'est que la France se situe désormais au
deuxième rang mondial pour le montant des rémunérations de ses dirigeants, derrière les États-Unis. Elle n'a
pourtant jamais souffert d'une quelconque fuite des cerveaux vers le Nouveau Monde. Voilà qui réduit à peu
de chose l'argument rebattu selon lequel il faut payer
très cher nos P-DG pour les garder.

Tous ces beaux esprits qui dirigent le Cac 40 et se
réclament des vertus du marché pratiquent par ailleurs
un concubinage notoire avec l'État. Les résultats de
Peugeot ou de Renault dépendent de mesures telles que
la prime à la casse. EADS, Dassault, Bouygues, Vinci ou

Eiffage se porteraient moins bien sans les commandes publiques. Véolia ou Suez-Lyonnaise ont pour clients privilégiés les collectivités locales. Les banques françaises ont accepté bien volontiers, fin 2008, les prêts consentis par les pouvoirs publics pour se refaire une santé après une crise. L'intéressement des dirigeants en fonction de leurs résultats est donc une fable racontée aux citoyens ordinaires pour les endormir.

D'ailleurs, que se passe-t-il quand une entreprise voit son cours de Bourse chuter ? Bien sûr, diront les spécialistes, le cours de Bourse n'est qu'un élément de mesure des performances d'un manager. Il est néanmoins le plus parlant. La Bourse a baissé de plus de 30 % au cours de la dernière décennie. Les rémunérations des dirigeants ont-elles suivi la même pente ? Pas du tout. « Je n'ai jamais vu un comité de rémunération sanctionner financièrement de mauvais résultats », assure un habitué des grands conseils d'administration.

Un exemple parmi tant d'autres : Henri de Castries, l'inspecteur des Finances qui voulait être nommé sous-directeur au Trésor et qui a préféré partir chez Axa. L'action du groupe d'assurances a perdu la moitié de sa valeur depuis qu'il en est devenu patron[1] ! Mais bon an mal an, Henri de Castries se maintient autour des 2 millions d'euros par an, sans compter les stock-options et les actions gratuites qu'il se distribue. En 2008, année de crise, Axa voit ses bénéfices diminuer de 83 %, mais son patron touche tout de même 1,8 million de salaire variable. 1,8 million d'euros censés récompenser la performance d'une entreprise dont les bénéfices ont été divisés par cinq !

---

1. En janvier 2002, le cours d'Axa était de 20 euros et, le 15 novembre 2011, à 10 euros.

En 2009, la fête continue. Il s'octroie 30 % de plus et empoche 3,3 millions d'euros, toujours hors stock-options et actions gratuites.

« De toute façon, dit un haut nomenklaturiste qui navigue dans le secteur privé depuis plus de vingt ans, dans un système où un très petit nombre de personnes se servent, il faut assurer ses arrières. Prendre aujourd'hui parce qu'on redoute que demain, la fête soit finie. Nos élites, contrairement aux apparences, ne sont plus sûres d'elles, de leur légitimité. Elles ont peur que tout s'arrête. D'où ces discours violents sur les pauvres, les assistés. Il leur faut trouver des boucs émissaires pour se faire pardonner et se pardonner à elles-mêmes leur immense égoïsme. »

Henri de Castries et Jean-Pierre Jouyet travaillaient ensemble à la direction du Trésor dans les années quatre-vingt. Le premier est aujourd'hui multimillionnaire. Le second, ironie du destin, est président de l'Autorité des marchés financiers (AMF), chargée de surveiller les éventuels manquements des patrons de sociétés cotées en matière financière. Il voit donc passer des délits d'initiés présumés portant sur des sommes considérables, des distributions d'actions gratuites par wagons, des levées de stock-options comme s'il en pleuvait. À part un bref passage dans la banque, ce haut fonctionnaire est toujours demeuré dans la sphère publique. Par obligation ? Par goût, plutôt. « J'ai commencé à 23 ans à l'inspection des Finances, j'ai été un enfant gâté. J'ai occupé les fonctions les mieux rémunérées de l'administration. En trente-deux ans, j'ai accumulé 220 000 euros de patrimoine. » Voilà la performance financière cumulée d'un nomenklaturiste qui a affiché une préférence pour le public.

Dans cet univers, demeurer au service de l'État devient aux yeux de certains un signe de grande originalité, voire de faiblesse d'esprit. Xavier Musca, le secrétaire général de l'Élysée qui fut directeur du Trésor et n'a jamais, à 50 ans révolus, cédé aux sirènes du privé, suscite des commentaires surréalistes dans les dîners en ville. Admiratifs de son parcours, ses semblables le traitent comme un indigent. Morceaux choisis : « Je ne comprends pas comment il s'en sort, ce pauvre Xavier. Sa femme est prof, il a quatre enfants. S'il touche 15 000 euros par mois, c'est le bout du monde. Non, vraiment, je ne vois pas comment il peut boucler ses fins de mois. »

L'obsession de l'argent, il est vrai, est une affection contagieuse. Contagieuse et sournoise. La plupart de ceux qui l'ont contractée sont des malades qui s'ignorent. En vérité, elle touche les plus grandes familles, même celles qui semblaient à l'abri.

9

Très chers cousins et cousines

Ernest-Antoine Seillière a toujours le sourire. D'ailleurs, tous ses amis vous le diront, et même quelques-uns de ses ennemis, cet homme a le sens de l'humour. Chaque été, dans sa propriété d'Ognon, dans l'Oise, où il reçoit des personnes de qualité, il invente une chanson en leur honneur, sur l'air du *Sirop Typhon*, éphémère tube chanté durant le printemps 1968 par Richard Anthony. Chaque invité a droit à son couplet, et tous les convives rient de bon cœur. Impayable Ernest, qui arrive déguisé en rocker à une soirée du Medef et se permet des traits d'esprit audacieux ! En juillet 2002, quelques semaines après la réélection laborieuse de Jacques Chirac, à l'issue de cinq ans de gouvernement Jospin, il se félicitait en ces termes de la nouvelle orientation politique, censément plus en phase avec sa sensibilité : « Avant, on avançait dans la mauvaise direction ; maintenant, on recule dans la bonne[1]. »

L'ancien président du Medef, puis de l'association des patrons européens, ne se déteste pas. Il se trouve même assez épatant. Bien né, il est aussi énarque et diplômé de

---

1. *Le Monde*, 26 juillet 2002.

Harvard. Héritier Wendel et méritocrate, il est arrivé dans le groupe familial en 1976. Il a gagné beaucoup d'argent et contribué à enrichir sa famille. Mais en 2001 s'ouvre une nouvelle ère. Le baron embauche un X-Mines[1], Jean-Bernard Lafonta, qui passe pour un virtuose des montages financiers. Il le nomme président du directoire, tandis qu'il se replie sur le conseil de surveillance.

En six ans, les deux hommes multiplient la valeur de l'entreprise par sept. Mais en ce mois de juin 2007, ils en veulent encore plus. Le monde est à eux ! Et pourquoi ne pas mettre la main sur un très gros morceau ? L'empire Saint-Gobain, créé en 1665, et ses 189 000 salariés. Un monument du colbertisme industriel à la française. Il n'y a qu'un détail : Wendel pèse 5 milliards de chiffre d'affaires et Saint-Gobain... 40 milliards.

Il faut donc trouver de l'argent, beaucoup d'argent. Facile : le nom Wendel est un sésame dans le Tout-Paris. Les banques sont en admiration devant l'audace du couple Lafonta-Seillière. Ernest est décidément un magicien.

En réfléchissant à l'opération, Ernekind – le surnom que lui avait donné sa nounou allemande lorsqu'il était petit – et Jean-Bernard ont une idée : leur OPA sur Saint-Gobain doit aussi leur permettre de finaliser un projet nettement plus personnel qu'ils préparent depuis trois ans[2] : s'enrichir eux-mêmes. Et vite.

---

1. Un X-Mines est un diplômé de l'École polytechnique sorti dans les meilleurs de sa promotion, ce qui lui a ouvert les portes du prestigieux corps des Mines.
2. Dès 2004, Ernest-Antoine Seillière et Jean-Bernard Lafonta, avec 13 autres dirigeants réunis dans une société commune, la Compagnie de l'Audon, avaient pris une option d'achat sur une société, Solfur, détenant indirectement une boucle d'autocontrôle : Wendel, société cotée, en est l'unique propriétaire. Et Solfur détient indirectement 5 % du capital de Wendel.

Tous les deux pensent qu'au fond, les actionnaires familiaux qui se contentent de toucher des dividendes et qu'ils regardent de haut ont déjà bien profité de leurs talents hors du commun. La famille a été gâtée. Ils peuvent donc penser à eux. L'opération est lancée...

Une cousine bizarre

À partir de là, que va-t-il se passer ? Un événement fameux, la crise des subprimes. Le résultat ? Une panique sur les marchés financiers qui fait plonger tous les cours de Bourse, y compris celui de Saint-Gobain. C'est exactement le contraire de ce qu'avaient imaginé Lafonta et Seillière : ils ont acheté à crédit des actions Saint-Gobain à prix fixé d'avance[1], beaucoup plus élevé que les cours du jour. Comme un malheur n'arrive jamais seul, depuis quelques mois, une cousine d'Ernest pose de drôles de questions. Or, cette Sophie Boegner n'est pas une simple porteuse de parts, elle est aussi, depuis peu, administratrice de la société familiale historique, la SPLS[2].

Son principal sujet d'inquiétude ? Les mécanismes imaginés par Ernest-Antoine Seillière et Jean-Bernard Lafonta pour « motiver » les managers de Wendel, à commencer par eux-mêmes. Le baron est tout de suite très contrarié par l'impertinence de sa cousine Sophie. De quoi se mêle-t-elle ? Il lui accorde un rendez-vous. Il ne va en faire qu'une bouchée. Au début, il est sou-

---

1. Ils ont en fait pris des options d'achat à travers des véhicules financiers discrets, de façon à ne pas alerter les dirigeants de Saint-Gobain, et à pouvoir s'emparer de leur proie par surprise.
2. Société lorraine de participations sidérurgiques.

riant et courtois. Mais au fil de l'entrevue, l'ambiance se dégrade. « Sophie, il faut travailler en confiance. Si vous ne vous sentez pas à l'aise parmi nous, vous pouvez toujours démissionner », finit par lâcher le baron, exaspéré.

Il décide ensuite d'envoyer quelques membres de la famille parler à cette cousine bizarre. Il faut ramener à la raison cette représentante de la dixième génération (on compte comme cela chez les Wendel). On lui rappelle que lorsque son père était ambassadeur de France auprès des Communautés européennes, à Bruxelles, le jeune Ernest-Antoine, stagiaire de l'ENA, venait de temps à autre dîner à la table familiale. Cela crée des liens, tout de même !

Rien à faire. Puisqu'on ne veut pas répondre à ses questions, Sophie Boegner, qui a dû hériter de son grand-père, le pasteur dont elle porte le nom, une certaine rigidité protestante, décide de déposer plainte contre X ! L'objet de la plainte : abus de biens sociaux et recel ! « X », c'est bien entendu Ernest-Antoine, ainsi que le président du directoire Jean-Bernard Lafonta. Une plainte ! Entre héritiers Wendel ! On tousse chez les Moustier, les Broglie, les Leclerc de Hauteclocque, les Panafieu, les Noailles et autres La Rochefoucauld.

Sophie Boegner tente de convaincre la famille du bien-fondé de son action. Elle écrit des lettres dans lesquelles elle s'interroge sur le mode d'intéressement qu'elle qualifie de « spectaculaire ». Et pour cause : si, sur le papier, grâce au cours de Bourse, les actionnaires familiaux doublent leur mise, les dirigeants verront la leur multipliée par... vingt ! Elle fait également part de son étonnement : les propositions d'intéressement du management n'ont pas fait, selon elle, l'objet d'une information claire et précise.

La cousine est devenue le grain de sable qu'il convient d'éliminer. Priscilla de Moustier, une parente influente, qui figure parmi les plus gros actionnaires familiaux, organise même un déjeuner. Elle ne veut pas de vagues.

Cordon sanitaire

Les administrateurs qui siègent au conseil avec Sophie Boegner et Ernest-Antoine Seillière n'apprécient pas non plus. Il y a ceux qui ne veulent pas savoir, ceux qui tiennent à leurs 10 000 euros de jetons de présence, et ceux qui ont peur du cousin Ernest. Un jour, celui-ci dit avec mépris : « Regardez, Mme Boegner est seule. » Un autre, il organise une réunion au Cercle interallié pour câliner les actionnaires familiaux. Devant les questions, pourtant très courtoises, il se cabre : « Vous ne comprenez pas que le management est composé de chevaux de race ! Vous voulez des chevaux de labour. » Pas très agréable pour les cousins. Nul doute qu'avec le recul, au sein de la famille, certains auraient préféré des investissements sages (de labour !) à des prouesses risquées (mais de race !).

La guerre d'influence a commencé. Ernest-Antoine Seillière signe un contrat avec Euro RSCG, officiellement pour la communication du groupe, en vérité pour mener une campagne de discrédit contre sa cousine. Quant au cabinet de détectives américain Kroll, il s'est proposé d'éplucher la vie de Sophie Boegner et de son mari.

La famille est enrôlée dans la bataille. Le beau-frère de Sophie Boegner, le sénateur UMP Josselin de Rohan, va même assez loin : « Ernest est un ami de trente ans.

Si tu portes plainte, tu ne nous reverras pas. » Christian Peugeot, directeur de la stratégie de la marque automobile – qui a épousé Constance de Bartillat, une cousine germaine de Sophie Boegner –, est lui aussi très proche du baron Seillière. Il tente sa chance sur un mode condescendant : « Sophie, tu te trompes, tu n'as rien compris. »

Ernest-Antoine Seillière ne fait plus de quartiers. Il a fait révoquer Sophie Boegner de son mandat. Désormais, tous ceux qui ne sont pas avec lui sont contre lui ! Roselyne et Audouin de Dampierre, propriétaires de la maison de champagne Comte de Dampierre, où s'approvisionnent l'Élysée, Matignon, le Jockey Club, ainsi que 42 ambassades françaises à travers le monde, en font l'expérience. Ils sont rayés de la liste des fournisseurs pour les cocktails de la société familiale. Dans cette ambiance lourde, certains prennent peur. Une cousine, qui soutenait la démarche de Sophie Boegner, rentre dans le rang : « Je me sens menacée, confie-t-elle à des proches. La situation professionnelle de mon mari pourrait souffrir de mes positions. Et cela, je ne le veux pas. »

Derrière son éternel sourire, Ernest-Antoine Seillière enrage. S'il n'y avait que Sophie Boegner !

Mais c'est tout le scénario qu'il a mis en place depuis plusieurs années qui déraille. Le coup de poker sur Saint-Gobain étrangle financièrement la société, qui connaît des problèmes de trésorerie inquiétants. La baisse du cours de Bourse de Wendel compromet l'opération « enrichissement personnel ».

Rien ne va plus

Jean-Bernard Lafonta est lui aussi sur les nerfs depuis plusieurs mois. Jusque-là, tout lui réussissait. Il ne peut imaginer l'échec. En avril 2007, juste avant de tout miser sur Saint-Gobain, il s'est même endetté à hauteur de 40 millions d'euros pour acquérir des actions Wendel. Pour ce faire, il a ouvert une ligne de crédit auprès de JP Morgan, la grande banque américaine. Son découvert est garanti par ses actions. Le contrat, signé le 29 avril 2007, stipule que la valeur des titres en garantie doit être au moins égale à 140 % de l'argent emprunté. Sinon, JP Morgan est autorisée à vendre pour alléger la dette.

Quand tout se gâte, à l'automne 2007, le polytechnicien manifeste la plus grande nervosité. Il explique à ses collaborateurs qu'il a des enfants, un appartement à rembourser et 40 millions de dettes ! Les autres cadres commencent à s'inquiéter : ils sont une douzaine à avoir emprunté eux aussi pour profiter de l'opération d'intéressement. Mais pour échapper au fisc, qui risque de requalifier ces gains en rémunération, il faut se montrer discret, et ne pas vendre tout de suite. L'ambiance est morose : si l'action continue à s'effondrer, adieu voitures de luxe et appartements de rêve !

Ce que ses proches collaborateurs ne savent pas, c'est que Lafonta a vite trouvé une parade. Le 25 septembre 2007, il signe un avenant au contrat de découvert conclu avec JP Morgan qui lui est, en apparence, défavorable : ce n'est plus à 140 mais à 155 % du montant du découvert que JP Morgan peut céder les actions nanties. Dès le lendemain, la vente commence. Le président du directoire se désendette « à l'insu de son plein gré » : ce n'est pas lui qui se débarrasse de ses titres Wendel, c'est JP Morgan ! Cela lui évite, comme mandataire social, d'avoir à déclarer ses transactions à l'Autorité des marchés financiers (AMF). Au total, il se déleste ainsi de près de 350 000 titres, pour environ 40 millions d'euros, sans que personne en sache rien. « Il est nécessaire de faire une déclaration lorsque l'on vend soi-même, mais pas si c'est un tiers, se défend-il dans les locaux de son nouveau fonds d'investissement. Sinon, ce serait induire le marché en erreur[1]. » L'AMF, elle, assure le contraire. On imagine d'ailleurs la tête de la famille si elle avait su que le président du directoire de Wendel, alors que l'action amorçait sa chute, se délestait ainsi ! D'autant que, si l'on recoupe les données publiées dans le rapport annuel de Wendel, Ernest-Antoine Seillière a fait de même... sans la moindre déclaration à l'Autorité des marchés financiers[2]. Lafonta, lui, est sorti d'affaire. Momentanément.

Le baron au bord de la faillite

Parmi les descendants Wendel, les plus éveillés commencent à grincer des dents en 2009. L'action, qui valait 130 euros en juin 2007, se traîne en dessous des 20 euros, les relations avec Saint-Gobain sont exécrables. Voir les dirigeants se récompenser généreusement pendant la prospérité était déjà agaçant. Mais en plein marasme, c'est insupportable ! Et encore. Ils ignorent que les petits génies du groupe

---

1. Entretien le 28 avril 2011.
2. Sollicité par les auteurs, le groupe Wendel avait suggéré dans un mail de réponse daté du 8 mai 2011 que cette opération rentrait dans le cadre des dérogations autorisées par l'AMF.

sont en train de se transformer en incapables. En effet, c'est l'existence même de l'empire créé par les maîtres de forges il y a deux siècles qui est menacée. Leur cher cousin Ernest, en cette année 2009, est à deux doigts d'activer la procédure de sauvegarde devant le tribunal de commerce. C'est, quand les caisses sont vides, l'ultime étape avant la cessation de paiements. En s'endettant pour s'emparer de Saint-Gobain, Wendel a perdu toute capacité de crédit ; les banques ne veulent tout simplement plus prêter au groupe.

Il faut donc procéder à un sacrifice humain. Volontaire désigné : Jean-Bernard Lafonta. Sa rémunération de compétition et ses bonus de rêve en font une parfaite victime expiatoire. Au revoir, donc.

Pour calmer la famille, rassurer les banques et éteindre le feu médiatique, l'X-Mines vorace est remplacé par un inspecteur des Finances qui, sur le papier, coûte moins cher. Frédéric Lemoine, ancien secrétaire général adjoint de l'Élysée, accepte une rémunération moins importante mais s'attend, tout de même, à une prime de bienvenue. Le conseil d'administration lui alloue 400 000 euros. Cette fois, c'en est trop pour la famille, dont un membre intrépide fait fuiter l'information dans la presse. Lemoine, à peine arrivé, rend l'argent. Explication embarrassée de Wendel : « Une prime de bienvenue avait été prévue dans les négociations. Elle a été remboursée, car Frédéric Lemoine l'a refusée[1]. » Cet inspecteur des Finances serait-il étourdi au point d'encaisser un chèque qu'il a décidé de ne pas toucher ?

Frédéric Lemoine est arrivé trop tard pour profiter d'une autre petite cachotterie qu'Ernest-Antoine a faite

---

1. C'est la réponse que nous a faite la direction de Wendel (cf. son mail du 8 mai 2011).

à ses cousins. Dans une coquille vide appelée Caisse de retraite des petits-fils de François de Wendel, créée en 1947, sont nichés pas moins de 20 millions d'euros. Soit... l'équivalent d'une année de dividendes versés à la famille. Il s'agit d'une généreuse retraite complémentaire qui bénéficie à tous les anciens de la maison, en théorie, mais surtout à Ernest-Antoine Seillière, en pratique : près de 800 000 euros par an, qu'il cumule avec sa rémunération de « dirigeant non exécutif ». De quoi voir venir...

Réunions de crise

Le calvaire du baron n'est pas fini. Alors que les impôts semblent une obsession pour quelques cousins Wendel, c'est sur lui et sur ses collaborateurs que la foudre du fisc s'abat fin 2010. Le Trésor public leur notifie un redressement pharaonique : 240 millions d'euros ! Quelle malchance ! Seillière avait pourtant demandé au prestigieux cabinet d'avocats Debevoise & Plimpton de rédiger un véritable mode d'emploi pour ne pas payer d'impôts sur l'opération d'intéressement, un joli petit manuel des Castors Juniors expliquant à chacun comment il devait procéder. Le fisc, lui, n'a pas été convaincu.

Lorsque nous avons enquêté sur le groupe et ses dirigeants, au printemps 2011, nos demandes ont provoqué plusieurs réunions de crise. Ernest-Antoine Seillière était de loin, selon les participants, le plus agressif et le plus scandalisé que des journalistes osent lui demander des comptes. Depuis, sûr de son bon droit, il hurle au complot. Il a encore quelques alliés dans les rangs familiaux. François de Wendel, qui lui a succédé à la tête de la société familiale, la SLPS, a envoyé, après la parution d'un article sévère, ce communiqué à tous les cousins : « L'hebdomadaire *Le Point*[1] vient de publier un article particulièrement malveillant. Outre la volonté manifeste de nuire à Wendel, ce dossier est un nouveau signe de l'acharnement médiatique dont Ernest-Antoine Seillière est l'objet, tout particulièrement de la part de cet hebdomadaire. Sur le fond, les différentes "révélations" que comporte ce dossier sont en réalité des reprises de propos ou d'articles déjà publiés, par les "feuilles" les plus diverses. »

Célèbre technique de l'étouffeur : pour éteindre la curiosité, invoquer la malveillance. « Je suis persuadé que la Famille[2] dans son ensemble voit à présent combien ces attaques réitérées sont empreintes de malignité. Elles seront vaines aussi : je compte bien que l'actionnariat familial manifestera lors de l'assemblée générale de Wendel-Participations sa solidarité avec Ernest-Antoine et les dirigeants de notre Groupe. De la part de notre Conseil, je le lui demanderai. »

Il avait raison de faire confiance aux siens, même si la famille a voté moins massivement que d'ordinaire les résolutions préparées pour elle en juin 2011. Il est vrai qu'entre-temps, la plainte de Sophie Boegner s'est terminée par un non-lieu.

Le redressement fiscal est la dernière épée de Damoclès suspendue au-dessus de la nuque aristocratique du baron Seillière. Notifié en catastrophe en décembre 2010, après avoir été bloqué au plus haut niveau du ministère du Budget, il n'a toujours pas fait l'objet du moindre recouvrement, ce qui est très inhabituel.

---

1. *Le Point* du 12 mai 2011.
2. On notera le F majuscule utilisé par François de Wendel.

Très chers cousins et cousines

C'est étrange, l'administration des impôts n'oublie presque jamais le contribuable ordinaire. Mais le très gros, lui, peut bénéficier de son amnésie. Les incapables sont décidément partout.

10

« Des minables à 5 000 euros
par mois »

Il y a quelques années, Jean-François Copé, le secrétaire général de l'UMP, avait signé un livre intitulé
Promis, j'arrête la langue de bois[1]. Une résolution qu'il
n'a pas su tenir en public mais qu'il applique parfois
dans ses conversations avec ses collègues parlementaires. Un jour, il croise son collègue François
Goulard dans un couloir de l'Assemblée nationale.
Même s'ils appartiennent à la même formation politique, les deux hommes s'apprécient modérément.
Plusieurs fois ministre, fidèle de Dominique de Villepin, auteur créatif de petites phrases assassines, François Goulard n'aime pas Sarkozy. Il a même appelé à
voter Bayrou en 2007.

Ce jour-là, les deux députés se disputent sur le
cumul des mandats. Copé est pour. « Tu comprends,
lance-t-il, si on n'a ici que des gens qui se contentent
de 5 000 euros par mois, on n'aura que des
minables[2]. » Voilà comment le président du groupe

---

1. Jean-François Copé, *Promis, j'arrête la langue de bois*, Hachette
Littératures, 2006.
2. Un député touche une indemnité mensuelle nette de
5 246,81 euros, à laquelle il convient d'ajouter une indemnité

parlementaire majoritaire parle des personnes qui se satisfont d'un revenu mensuel de 5 000 euros par mois[1] ! Un niveau de rémunération atteint par moins de 10 % des Français[2]. Pour ce responsable politique de premier plan, gagner si peu d'argent est méprisable, voire suspect. Et il le déclare sans gêne. Cette absence de complexe, voilà ce qui est nouveau.

Au paradis des amis riches

Depuis toujours, les politiques entretiennent un rapport singulier à l'argent. François Mitterrand n'avait jamais de liquide sur lui et en faisait un genre : l'idée de régler l'addition ne lui venait même pas à l'esprit. Certains restaurateurs de Solutré, où le Président passait tous ses week-ends de Pentecôte en compagnie de ses proches et de ses courtisans, en gardent un âpre souvenir. Le pouilly-fuissé coulait à flots pour une quarantaine de convives, mais personne ne songeait à prendre la note. Un jeune couple d'hôteliers, qui s'était risqué à contacter l'Élysée pour réclamer son dû, a longtemps regretté cette démarche bien naturelle : à la place du paiement attendu, il a hérité d'un contrôle fiscal.

Avec Jacques Chirac, le folklore continue. On est au-dessus des lois. Et on le prouve : distribution de billets de banque à la foule lors de ses déplacements dans les

---

de frais de mandat de 6 412 euros, et un crédit de rémunération de collaborateurs de 9 138 euros.

1. J.-F. Copé dément avoir tenu ces propos. Les auteurs maintiennent leur version.

2. Selon l'enquête de l'Insee « Les niveaux de vie en 2009 », 10 % des personnes vivant en France disposent d'un revenu annuel supérieur ou égal à 35 840 euros.

Dom-Tom, et pension complète de toute la famille, et au-delà, comme l'a démontré la pitoyable affaire des frais de bouche de l'Hôtel de Ville... Ce qui change ? L'attitude à l'égard des amis riches. Mitterrand était très proche, par exemple, de Jean Riboud, le patron de la multinationale Schlumberger. Mais jamais n'aurait germé dans son esprit l'idée baroque d'aller passer la soirée de son élection chez ce millionnaire de gauche. L'ancien Président, lui, n'a pas éprouvé la moindre gêne à traverser Paris sous l'œil des caméras, le 7 mai 1995, pour se rendre chez son ami intime le milliardaire François Pinault.

Nicolas Sarkozy, lui, a repoussé très loin les frontières de la transgression avec la soirée du Fouquet's : Bernard Arnault, Vincent Bolloré, Martin Bouygues... Il ne manquait que François Pinault, justement, pour former le carré des milliardaires. Le Président n'a jamais caché sa fascination pour l'argent. Et pour ceux qui en ont gagné. En 2006, alors qu'il remettait la Légion d'honneur à Stéphane Richard, il déclarait en ne plaisantant qu'à moitié : « Tu es riche, tu as une belle maison, tu as fait fortune... Peut-être y parviendrai-je moi-même un jour. »

Ce désir de fréquenter les riches n'a rien d'anecdotique. Il influence la manière d'être des hommes politiques. « Tu ne peux pas savoir combien de temps j'ai perdu par rapport à l'argent avec mes mandats publics », a déclaré un jour le ministre de la Défense Gérard Longuet à un proche, qui a réfléchi un long moment avant de comprendre le sens de cette phrase. Gérard Longuet est le beau-frère de Vincent Bolloré. Au Parti républicain hier, à l'UMP aujourd'hui, ceux qui l'entourent sont frappés par le complexe engendré par son manque – très relatif – de moyens financiers.

« L'histoire de sa maison de Saint-Tropez, celle de ses prestations pour diverses entreprises, dont la Cogedim, qui lui ont valu des poursuites pénales dont il est sorti blanchi, s'expliquent de cette manière », analyse un de ses plus anciens compagnons en politique.

Tout le monde s'amuse aussi, à l'UMP, de voir Xavier Bertrand frétiller dès qu'il peut déjeuner avec un patron du Cac 40. Des rencontres qui lui procurent un plaisir démesuré et pour tout dire plutôt puéril !

Pour peu que l'on passe à la vitesse supérieure, l'invitation dans une maison de vacances, même les plus aguerris peuvent avoir le tournis. « La maison de Bernard Arnault à Saint-Tropez, c'est un vrai gag, s'amuse un visiteur. C'est entouré de murailles, comme si des hordes venues de banlieue allaient prendre la bastide d'assaut. Il y a plusieurs chauffeurs à disposition 24 heures sur 24, encore plus de gardes du corps, des oligarques russes qui tournicotent et font du bruit dans le ciel avec leur hélicoptère. La cuisine est dans le parc parce que c'est plus agréable, paraît-il. Il faut presque un téléphone pour commander une bouteille de vin ! À table, on parle du yacht commandé en Asie qui n'est toujours pas arrivé. En vérité, on s'ennuie à mourir mais on est fasciné par une telle débauche d'argent au quotidien. »

Avantages en nature

« Pourquoi eux ? Pourquoi pas nous ? » La question ne se posait pas du temps de De Gaulle ou de Pompidou. Elle a surgi à la fin du règne de Giscard. Et puis l'histoire, de Mitterrand à Sarkozy, s'est accélérée. Et c'est devenu une véritable obsession chez nos hommes politiques. Comme leurs revenus sont limités, comparés à ceux des patrons, ils compensent comme ils peuvent. Des voitures avec chauffeurs ? Ils en disposent, eux aussi. Il suffit de se souvenir de l'effroi de Rachida Dati, quand l'Élysée lui a supprimé sa 607 de fonction et son conducteur alors qu'elle n'était plus ministre depuis longtemps, pour mesurer l'importance de ces – coûteux – accessoires. Même raisonnement pour les logements, les voyages, les vacances. Le principe est celui du « tous frais payés ».

Pour maintenir un train de vie pas trop éloigné des riches, les éminences du pouvoir ont trouvé une astuce : le cumul des positions. La majorité des élus disposent de plusieurs bases. 87 % des députés ont, à côté, un autre mandat (maire, président d'un conseil général, président d'une communauté de communes...). Autant de possibilités d'améliorer l'ordinaire : une voiture avec chauffeur ici, une collaboratrice là...

La religion de la gratuité s'applique aussi aux voyages. À l'Assemblée nationale et au Sénat, les groupes d'amitié avec à peu près tous les pays du globe permettent aux parlementaires de se déplacer dans des conditions très confortables, pour des résultats aléatoires voire inexistants.

Ces mauvaises habitudes éloignent du réel. C'est ainsi que Michèle Alliot-Marie est tombée de haut lorsqu'elle a dû se justifier, puis démissionner du ministère des Affaires étrangères, début 2011, pour avoir passé ses vacances en Tunisie grâce à l'hospitalité du régime de Ben Ali, déjà contesté par la révolution de Jasmin. Elle n'a pas bien entendu la clameur de la rue depuis le jet d'un proche du Président qui la conduisait, avec son compagnon Patrick Ollier, tout nouveau ministre des

Relations avec le Parlement, jusqu'à Tozeur, dans le grand Sud.

Cette tentation du voyage de complaisance sévit aussi dans d'autres pays. Mais il existe des contre-pouvoirs pour la dénoncer. Au Canada, le bureau du commissaire aux conflits d'intérêts et à l'éthique révélait, en août 2011, que 172 députés s'étaient rendus à l'étranger entre 2006 et 2010 aux frais de gouvernements d'autres pays, de groupes de pression et d'entreprises privées, pour une valeur totale de 1,9 million de dollars (1,33 million d'euros). Rien d'illégal, mais à condition de déclarer ces périples dans les deux mois au Parlement.

Écrivez, on vous répondra... peut-être

Toute velléité de transparence, dans un tel contexte, est perçue en France comme une agression caractérisée. Car derrière leurs prétendus « revenus de misère », les politiques n'ont pas renoncé, bien au contraire, à l'accumulation de privilèges qui les font vivre, au quotidien, hors du monde réel. René Dosière, député socialiste de l'Aisne, s'est rendu célèbre en dénonçant l'opacité du budget de la présidence de la République, et en révélant qu'entre 2007 et 2008, les dépenses de l'Élysée avaient augmenté de 18,5 %, soit sept fois plus que le budget de l'État. Il s'est fait une autre spécialité qui ne contribue pas à sa popularité : il pose des questions. Sur quoi ? Sur les finances publiques. Mais ses questions déplaisent.

En août 2008, alors que la réforme constitutionnelle destinée à « renforcer le rôle du Parlement » vient d'être adoptée en congrès à Versailles, René Dosière écrit à chaque membre du gouvernement Fillon pour lui demander de bien vouloir lui communiquer un certain nombre de renseignements : la superficie, le nombre de pièces et la valeur locative de son appartement de fonction, le nombre de personnels de service affectés à cet aspect privatif, ainsi que leur coût annuel, le budget en voitures et chauffeurs, les dépenses liées à la communication, au transport aérien.

2008, c'est pourtant trois ans après la célèbre affaire Gaymard (et la location, sur fonds publics, d'un appartement de 600 m^2 pour la modique somme de 14 400 euros mensuels). Et comme on commet rarement deux fois la même erreur, Dosière pense qu'au moins sur ce point précis des logements de fonction, il sera promptement renseigné.

Pour répondre à sa missive, nul besoin en effet d'entreprendre des recherches difficiles. Pourtant, un seul des destinataires lui donne satisfaction dans les délais : Jean-Pierre Jouyet, secrétaire d'État chargé des Affaires européennes. Le 28 octobre 2008, ce ministre d'ouverture répond qu'il n'a pas d'appartement de fonction, énumère les véhicules et les chauffeurs attachés à lui-même ou à son cabinet, ainsi que les dépenses de communication et de transport.

Un paquet de réponses arrive en mai 2009, soit neuf mois après la demande. Un délai assez long pour des questions très précises. Pourquoi arrivent-elles en groupe ? Parce que c'est Matignon qui centralise et vérifie, comme s'il s'agissait d'informations relevant du secret-défense.

Il a donc fallu neuf mois à Xavier Darcos, Christine Lagarde, Bernard Kouchner pour se renseigner... Éric Besson, lui, se garde de répondre sur son cas mais se hâte de tout dire sur son prédécesseur Brice Hortefeux. Et là, il n'est pas avare de détails : six pièces de 146 m^2

au ministère de l'Intérieur, pour une valeur locative de 20 606 euros. Par an ? Si c'est le cas, voilà un message d'espoir pour tous les Parisiens qui connaissent des problèmes de logement : un très grand appartement, en face du palais de l'Élysée, pour à peine plus de 1 500 euros par mois !

Michel Barnier, ministre de l'Agriculture, omet de donner la valeur locative de son six-pièces de 264 m². Encore fait-il l'effort de répondre. D'autres préfèrent le silence. Aux questions précises posées en août 2008 sur leur train de vie et sur celui de leur cabinet, Éric Besson, Jean-Marie Bockel, Hubert Falco, Martin Hirsch, Yves Jégo, Nathalie Kosciusko-Morizet et Rama Yade n'ont pas jugé bon, en trois ans, d'accuser réception des demandes conformes à ce qu'exige le contrôle parlementaire sur l'administration.

Alain Juppé n'a pas non plus trouvé le moindre collaborateur pour répondre à une question pourtant fort simple : combien de personnes le ministère des Affaires étrangères met-il à la disposition de l'Élysée et pour quels montants ? Quant à François Fillon, il s'est montré tout aussi mutique, depuis mars 2010, sur le coût des délégations de patrons accompagnant Nicolas Sarkozy dans ses déplacements à l'étranger. C'est pourtant un sujet : « La Cour des comptes a relevé que les délégations accompagnant le chef de l'État, en particulier les chefs d'entreprise, sont parfois en nombre important, écrit René Dosière au Premier ministre. Or, malgré les retombées économiques espérées, voire annoncées, aucune participation à la couverture des frais de transport n'est réclamée aux intéressés. La présidence de la République ayant précisé à la Cour des comptes qu'une réflexion avait été lancée à ce sujet, il aimerait connaître les résultats de cette réflexion, en particulier si cette anomalie se poursuit et, dans le cas contraire, les modalités de la participation des chefs d'entreprise aux frais de transport. »

Mais voilà. On ne dérange pas une équipe qui conduit si brillamment la politique de la France avec des doléances subalternes. On ne s'abaisse pas à parler argent, logement de fonction, voiture gratuite, chauffeur mis à disposition. C'est vulgaire et c'est gênant. Alors qu'il s'ouvrait, un jour, de son étonnement face à tant de mépris auprès du président de l'Assemblée nationale, Bernard Accoyer, celui-ci lui a répondu avec une grande franchise : « Tu leur donnes de l'urticaire. »

La petite blague de la transparence

La Commission pour la transparence financière de la vie politique française a été créée en 1988. Son rôle ? Mettre fin au soupçon financier qui peut peser sur les élus ou les membres du gouvernement. Ceux-ci doivent remplir, sur l'honneur, une déclaration de patrimoine au début et à la fin de leur fonction.

Il s'agit toutefois d'une transparence… différée puisque les documents ne sont consultables, dans le meilleur des cas, que soixante ans après avoir été rédigés.

Il s'agit surtout d'une transparence en carton-pâte. À plusieurs reprises, la Commission a supplié le législateur de lui donner les moyens de remplir sa mission. Elle n'a, en effet, pas accès aux déclarations de revenus et d'ISF pour mener à bien sa tâche. Pis encore, aucune sanction n'a été prévue pour ceux qui donnent, sur l'honneur, de fausses informations. En vingt ans, elle a transmis dix dossiers à la justice. Et personne n'a jamais été condamné dans de telles affaires ! Ainsi des prêts étranges dont Gaston Flosse, ami de Jacques Chirac et ancien président de la Polynésie française, était le bénéficiaire de la part d'une société du Vanuatu. Prêts jamais remboursés. Mensonge jamais sanctionné.

Dans le rapport publié en décembre 2009, le dernier à ce jour[1], les membres de la Commission, de hauts magistrats au Conseil d'État, à la Cour de cassation et à la Cour des comptes, font part de leur extrême lassitude : « Pour la quatrième fois depuis le onzième rapport qu'elle a publié au *Journal officiel* le 18 juillet 2002, la Commission propose que le dépôt d'une déclaration de situation patrimoniale mensongère, ainsi que le fait de lui communiquer sciemment des informations erronées ou relatant des faits matériellement inexacts, soient punis de deux ans d'emprisonnement, 30 000 euros d'amende et, le cas échéant, de l'interdiction des droits civiques, civils et de famille. »

Mais le législateur est aussi celui qui doit remplir une déclaration de patrimoine. Il ne tient pas à écoper d'éventuelles sanctions pénales. Ce qui explique sans doute son extraordinaire surdité face à ces suppliques émouvantes.

En décembre 2010, survient un sursaut. Le 8, la commission des Lois discute d'une série d'amendements déposés par le toujours très actif René Dosière pour permettre de sanctionner les fausses déclarations et obliger les élus à fournir des éléments officiels sur leurs revenus. La séance se passe bien. Un seul participant joue les rabat-joie : Julien Dray, qui n'aime pas trop la

---

1. Au début de son existence, la Commission publiait un rapport par an. Puis le rythme est devenu plus irrégulier. Le quatorzième rapport a été publié au *J.O.* n° 278 du 1ᵉʳ décembre 2009 (texte n° 41, p. 20661).

Commission pour la transparence. Cela n'a sûrement aucun rapport avec le fait qu'elle lui ait demandé des explications sur un prêt que lui a consenti Pierre Bergé pour acheter sa maison de Vallauris, sur la Côte d'Azur. En tout cas le voilà, curieusement, porte-parole du groupe socialiste sur ce texte (on aurait pu trouver plus impartial !). Les députés de tous bords semblent prêts à se faire violence : une peine allant jusqu'à deux ans d'emprisonnement et 30 000 euros d'amende est prévue pour les faussaires.

Toutefois, un durcissement de la législation inquiète en haut lieu. Quelques jours plus tard, deux élus UMP prennent une initiative inhabituelle. Ils déposent des amendements pour tout détricoter. Le cerveau de l'opération est Jean-François Copé, son exécutant Christian Jacob, qui l'a remplacé comme président du groupe UMP à l'Assemblée nationale. Le jour du vote en séance, Copé est à Cuba, et Jacob à la manœuvre. L'enterrement est réussi : les menteurs n'iront pas en prison.

Le même scénario se reproduit quelques mois plus tard. Durant l'été 2011, René Dosière, encore lui, fait voter à la quasi-unanimité un texte qui permet de contrôler les avantages en nature des élus : voitures de fonction, cartes de crédit sont en effet attribuées sans la moindre limitation et sans la moindre délibération. Au dernier moment, au Sénat, Jean-Claude Gaudin dépose un amendement, téléguidé par le gouvernement, qui fait tout capoter.

La – modeste – tentative d'introduire un peu de transparence dans le système a donc échoué. L'aveuglement de l'élite persiste.

11

Le barreau doré

Ce haut personnage a un superbe titre : rapporteur général de la commission des Finances du Sénat[1] ; c'est une activité a priori prenante. Pourtant, Philippe Marini est aussi avocat, inscrit au barreau de Paris depuis 1998. Pour le contacter, l'annuaire professionnel n'indique qu'un numéro de portable, que son titulaire décroche dès la deuxième sonnerie :

– Me Philippe Marini ?

– Oui. Qui êtes-vous ?

L'accueil est très frais, loin de l'empathie des voix féminines éthérées qui souhaitent la bienvenue au client potentiel chez Orrick Rambaud Martel ou chez Sarrau Thomas Couderc, deux grands cabinets renommés à Paris pour leur professionnalisme... et leur entregent.

– Je suis journaliste. Je voulais savoir si vous étiez aussi LE sénateur Philippe Marini...

– Oui, pourquoi ?...

---

1. Philippe Marini était l'inamovible rapporteur général jusqu'en septembre 2011, date à laquelle la gauche a été majoritaire au Sénat. Il a été remplacé par Nicole Bricq. Il est depuis président de la commission des Finances du Sénat.

– Parce que je fais une enquête sur les politiques qui deviennent avocats... Est-ce que vous auriez quelques minutes pour en parler ?

– Pour parler de quoi ?

– Eh bien de ce cumul...

Inutile à ce stade d'employer les termes qui fâchent : conflit d'intérêts, mélange des genres...

– Écoutez, c'est très simple, enchaîne le sénateur qui, décelant le danger, s'oblige à une amabilité de façade. Je me suis inscrit au barreau en 1998 par équivalence. Mon idée était d'avoir un statut pour pouvoir facturer des honoraires pour des missions d'arbitrage.

Une telle franchise étonne. Le barreau comme facilitateur de facturation, il fallait y penser. Quant à l'arbitrage, c'est la face la plus cachée de la sphère judiciaire : dans certains milieux d'affaires, et en particulier pour les transactions internationales, il est fréquent de choisir cette procédure : en cas de litige, trois arbitres rendent une décision rapide et, surtout, confidentielle. Ceux-ci sont payés très cher. Philippe Marini, rapporteur de la commission des Finances, s'est donc spécialisé dans l'arbitrage. Sans jamais se sentir embarrassé par ce double emploi ? « Je n'ai jamais plaidé, jamais agi comme conseil, ni pour des organisations professionnelles ni sur des sujets susceptibles d'avoir un lien avec mes fonctions électives. »

Les dossiers qu'il a eu à traiter n'ont, affirme-t-il avec force, « aucun lien, direct ou indirect, avec la puissance publique ». On n'en saura pas plus, puisque la confidentialité est le maître mot de cette procédure. Il faut donc croire l'élu sur parole. Peut-être peut-on savoir à combien d'arbitrages Philippe Marini a participé depuis 1998 ? « Une dizaine. »

Et cela rapporte beaucoup d'argent ? La langue de bois fait alors une intrusion remarquée dans la conversation : « Cela dépend de l'estimation faite par le demandeur de son préjudice. » Certainement, certainement. Mais, pour faire simple, c'est bien payé ? « C'est plus une nécessité intellectuelle qu'économique. Je souhaite conserver, dans le peu de temps disponible dont je dispose, du fait de mes fonctions électives, un lien avec les entreprises et les acteurs économiques plutôt que de demeurer dans ma bulle administrativo-politique. » Il fallait y penser.

Avocats ministres ou ministres avocats ?

Aux yeux de Philippe Marini, l'appartenance au barreau est donc avant tout une commodité d'encaissement. Il le dit et l'assume. Cela peut paraître choquant mais il s'agit d'une plaisanterie comparée à l'usage que certains politiques font de leur statut d'avocat. Un usage qui s'apparente à un véritable détournement, que nous décrit un avocat pénaliste ayant exercé d'importantes fonctions au barreau de Paris. « Tout le monde parle du conflit d'intérêts, du mélange des genres. C'est en effet ennuyeux, potentiellement grave, mais ce n'est pas nouveau. On prête à Edgar Faure cette phrase, qu'il prononçait à l'adresse de ses nombreux solliciteurs : "Je ne sais pas qui vous venez voir. Le ministre ou l'avocat ? En tout cas, si c'est l'avocat, je ne doute pas qu'il saura assez facilement convaincre le ministre." Tout est dit. »
Mais pour Edgar Faure, comme d'ailleurs pour Nicolas Sarkozy qui a travaillé pour d'innombrables entreprises du Cac 40 pendant sa traversée du désert (et notamment pour les groupes Vivendi, Servier,

Bouygues...), le barreau était sa profession d'origine, pas une activité d'appoint saisie en cours de carrière. Aujourd'hui, on commence par faire de la politique, puis on devient avocat.

C'est à cet instant que le barreau doré entre dans l'oligarchie, ce qui pose un certain nombre de problèmes : pendant que ces messieurs font les jolis cœurs pour défendre leurs clients, où prennent-ils le temps de contrôler l'action du gouvernement, comme l'exige leur mandat ? Lorsqu'ils déposent un amendement, qui agit, le parlementaire ou l'avocat ?

D'ailleurs que vendent-ils à leur (chère) clientèle ? Sans doute pas l'expérience professionnelle ou la virtuosité technique. Alors, quoi d'autre ? « Le plus grave, poursuit notre avocat pénaliste, ce sont les emplois fictifs. Certains politiques se servent de leur statut d'avocat pour se contenter de mettre des gens en relation, de peser sur une décision publique, bref pour faire du trafic d'influence, et ils se font rémunérer pour cela. Ils n'ont pas écrit une ligne, pas donné le moindre conseil juridique. En cas de contrôle, ils risqueraient des sanctions pénales. En étant avocats, ils bénéficient du secret professionnel. Il n'y a pas trace de leur prestation ? Aucun problème, ils font du conseil au pénal, point final. Accessoirement, il est plus difficile d'aller perquisitionner chez un avocat que chez un consultant. » Ce n'est pas un détail : une perquisition réclame en effet la présence du bâtonnier de Paris ou de son représentant.

Ces avocats du troisième type ne supportent pas la moindre critique. Sans même parler de trafic d'influence, la question des conflits d'intérêts peut être abordée sereinement. Pourtant, il ne s'agit pas de corruption mais d'éthique, ce qui est tout de même différent. Quand il a publié, à la rentrée 2010, un petit livre *Pour en finir avec les conflits d'intérêts*[1], Martin Hirsch a provoqué l'indignation d'une partie de la caste et s'est fait un ennemi farouche : Jean-François Copé. Quel affront commet-il dans cet ouvrage ? Il s'interroge sur le fait que le président du groupe UMP à l'Assemblée puisse en même temps être avocat dans un grand cabinet d'affaires alors qu'il « a une grande influence sur les textes législatifs, de toute nature, y compris tous les textes fiscaux et avec l'ensemble des administrations ».

Jean-François Copé a en effet travaillé pour le cabinet Gide Loyrette Nouel, un des plus grands de la place de Paris, entre 2007 et 2010.

La famille Uderzo, qui se déchire autour de l'héritage d'Astérix, a aussi été un peu étonnée quand elle a reçu l'ancien ministre du Budget, qui accompagnait l'homme d'affaires Jean-Claude Darmon pour racheter la société qui exploite les droits – considérables – du petit Gaulois. Et à la machine à café des Banques populaires, certains mauvais esprits ont trouvé surprenant que le patron des députés de la majorité, qui ont adopté en juin 2009 la loi sur la fusion de leur enseigne avec les Caisses d'épargne, ait été en même temps, comme avocat, le conseil des... Caisses d'épargne.

L'intéressé s'est expliqué, toujours l'air un peu fatigué par ces questions d'intendance, sur cette double casquette embarrassante. Pour dire quoi ? Qu'il entourait de toutes les précautions déontologiques possibles son activité d'avocat ! Il a néanmoins démissionné du cabinet Gide en novembre 2010, preuve que sa situation, malgré toutes ces « précautions », n'était plus tenable. Il a renoncé, du même coup, à un revenu

---

1. Martin Hirsch, *Pour en finir avec les conflits d'intérêts*, Stock, 2010.

estimé à environ 20 000 euros par mois, soit quatre fois l'indemnité de base d'un parlementaire.

Tous en robe !

L'envie de plaider a donc saisi une partie de notre élite ces dernières années. Ils sont des dizaines d'élus ou d'anciens ministres à avoir pris la robe. Les ex-gardes des Sceaux ne sont pas les derniers. Rachida Dati a dû fermer sa petite société de conseil – il y a quand même des limites ! –, mais elle a été acceptée dans le club puisqu'elle a un temps facturé ses services au prestigieux cabinet Sarrau Thomas Couderc. Pascal Clément, lui, était senior advisor chez le mastodonte Orrick Rambault Martel. Dominique Perben a rejoint une structure plus modeste. Mais est-ce l'avocat ou l'ancien garde des Sceaux que Christine Lagarde reçoit, lorsque Pascal Clément vient la voir, en pleine affaire Madoff, pour la convaincre de taper fort sur le Luxembourg, alors qu'il défend la cause de gros investisseurs floués par le créatif escroc new-yorkais ? Est-ce l'homme de loi ou l'ancien Premier ministre et homme de réseaux dont Véolia, EDF ou Alstom rétribuent les services lorsqu'ils font appel à Dominique de Villepin, devenu lui aussi avocat depuis trois ans ?

François Baroin ? Il a prêté serment quand il était simple député. Il s'occupait alors de « petits dossiers fiscaux » au cabinet du pénaliste Francis Szpiner. Des travaux pratiques qui lui ont peut-être été utiles quand il est devenu ministre du Budget...

Christian Pierret est un pilier du cabinet August & Debouzy. Un autre ancien ministre de l'Industrie,

Dominique Strauss-Kahn, avait lui aussi rejoint le barreau. Il s'était fait rattraper en 1999 par l'affaire de la Mnef, avant d'être finalement blanchi par la justice pour des notes d'honoraires antidatées. Lors des diverses perquisitions, personne n'a jamais trouvé aucun document juridique préparé et finalisé par lui : il s'était à l'évidence contenté de mettre en contact des relations, pas de dispenser des conseils techniques.

Manuel Aeschlimann n'a pas eu la chance d'être blanchi. Le député des Hauts-de-Seine, qui a perdu la mairie d'Asnières en mars 2008, est devenu avocat en janvier 2009. Deux mois plus tard, il était condamné à dix-huit mois de prison, quatre ans d'inéligibilité et 20 000 euros d'amende pour favoritisme, jugement confirmé en janvier 2011 par la cour d'appel de Versailles, qui a ramené la peine d'inéligibilité à un an. Il a notamment pour client l'ancien vice-Président du Congo poursuivi par la Cour pénale internationale de La Haye.

L'ancien ministre des Affaires étrangères Hervé de Charette a lui aussi cédé aux charmes du barreau de Paris. Seule contrariété, un de ses clients, le producteur d'emballages Otor, peu satisfait de ses services, lui a demandé de rembourser 450 000 euros d'honoraires perçus en 2004. La cour d'appel de Paris l'a condamné à restituer 200 000 euros et il s'est pourvu en cassation.

Cette mésaventure indique-t-elle que les politiques devenus avocats vendent davantage leur entregent que leur savoir-faire juridique ? Que c'est pour leur capacité d'influence qu'ils sont choisis ? C'est en tout cas ce que pense le député UMP de Haute-Savoie Lionel Tardy, qui tente – en vain pour l'instant – de faire interdire un tel cumul pour les parlementaires. « Il ne faut pas se voiler la face, explique-t-il, ce n'est pas pour leurs qualités de juristes que les députés qui deviennent avocats sont recrutés. Leur apport, c'est leur carnet d'adresses, leur connaissance des rouages du pouvoir, et pour certains, leur notoriété. De fait, ils exercent une activité de conseil[1]. »

Les personnalités de gauche n'échappent pas à l'épidémie. François Hollande et Ségolène Royal ont tous les deux obtenu leur Capa par équivalence, mais ont très peu exercé. Le député socialiste Christophe Caresche s'est installé à son compte tout comme le Vert Noël Mamère. Arnaud Montebourg, véritable avocat de souche, avait, lui, abandonné la robe après son élection comme député de la Saône-et-Loire, estimant le risque de conflit d'intérêts trop élevé. Une préoccupation qui l'honore, mais qui ne semble pas troubler nombre de ses collègues.

« *Au cul du camion* »

Beaucoup d'entre eux n'ont pas fait d'études de droit très poussées pour obtenir leur parchemin. Pour postuler au barreau, il suffit d'être magistrat – comme Rachida Dati qui l'est d'ailleurs devenue sans passer par l'ENM[2] – ou de justifier de diplômes et d'une expé-

---

1. Comme l'explique Lionel Tardy, l'article LO 146-1 du code électoral interdit aux députés de commencer une activité de conseil qui n'était pas la leur au début de leur mandat. Mais il existe une exception à cette interdiction, pour les « professions libérales soumises à un statut législatif ou réglementaire ou dont le titre est protégé ».
2. L'ENM : l'École nationale de la magistrature. Rachida Dati a bénéficié du système des « équivalences », ce qui lui a permis d'être intégrée dans le corps.

rience professionnelle de cinq à huit ans dans le domaine juridique. L'ancien ministre de l'Agriculture et député socialiste des Hautes-Pyrénées, Jean Glavany, ou le secrétaire d'État à la Consommation, Frédéric Lefebvre, avaient un dossier un peu léger, mais ils ont été admis. Julien Dray, en revanche, s'est fait éconduire. Jean Castelain, qui était bâtonnier du barreau de Paris au moment de cette candidature, minimise l'incident : « On a dit que Julien Dray avait été refusé, c'est faux. Il a envisagé d'être avocat et est venu me voir. Je lui ai expliqué qu'il était certes depuis plus de vingt ans membre de la commission des Lois, mais que la loi, justement, ne lui permettait pas de rejoindre le barreau[1]. » Rien à voir, donc, avec le fait que le député socialiste de l'Essonne se soit trouvé sous les feux de l'actualité, en 2009, à cause d'une enquête préliminaire pour abus de confiance qui lui a valu, de la part du parquet de Paris[2], un « rappel à la loi ».

Tout en rondeur, le bâtonnier Castelain tente de relativiser les conséquences de cet engouement des élus pour sa profession. Il cite volontiers en exemple Pierre Joxe, ancien ministre, ancien premier président de la Cour des comptes, qui a souhaité, sur le tard, s'inscrire au barreau : « Quand il est venu me voir, il m'a expliqué qu'il était engagé dans la Fédération protestante, et qu'il voulait s'occuper des jeunes en difficulté. Quand

---

1. Entretien le 30 juin 2011.
2. Le rappel à la loi est une mesure alternative aux poursuites qui n'est pas inscrite au casier judiciaire. Selon le parquet, Julien Dray est « susceptible de se voir reprocher un délit d'abus de confiance, à savoir l'achat d'une montre pour 7 000 euros, en utilisant un chèque tiré sur les comptes de l'association "10e circonscription" ». Un délit présumé insuffisant, aux yeux du parquet, pour le renvoyer en correctionnelle.

il m'a parlé de justice des mineurs, je me suis dit que ce visiteur était encore plus créatif que les autres. J'en ai entendu de belles pour cacher qu'on voulait juste faire des arbitrages vraiment rémunérateurs, mais là, je trouvais que c'était le pompon. Eh bien, j'avais mauvais esprit. Pierre Joxe a suivi une formation au barreau sur la défense des mineurs. Et désormais, il plaide des dossiers qui lui demandent de l'énergie et qui ne doivent rien lui rapporter. »

L'ancien proche de Mitterrand s'est distingué : il a fait ce qu'il avait annoncé ! Pour lui, pas de mélange des genres, pas de conflits d'intérêts, pas de confiscation des pouvoirs du législateur à des fins purement privées.

Jean Castelain, malgré ses bonnes dispositions et son esprit de tolérance, souhaiterait tout de même que ces excellences qui frappent à la porte du bâtonnier respectent une période de décence : « Je pense qu'il faudrait instaurer un délai de deux ou trois ans avant de pouvoir exercer quand on sort de fonctions importantes. On ne peut pas devenir avocat au cul du camion. » Mais celui qui fut, de 2009 à 2011, responsable des 22 000 avocats parisiens précise aussitôt, avec raison, qu'il n'a pas écrit la règle, et se contente de la faire respecter : « Un jour, le président de l'Assemblée nationale, Bernard Accoyer, m'a dit : "Vous acceptez n'importe qui." Je lui ai répondu qu'il n'avait qu'à changer la loi. » On se demande bien qui la voterait !

12

Les intellos utiles

Erik Orsenna écrit des romans, des essais, et de grands reportages à sensibilité écologique sur les matières premières, l'eau et le coton. Son *Exposition coloniale* (Le Seuil) a été couronnée par le prix Goncourt en 1988. Certains se souviennent aussi qu'il a été élu quai Conti au fauteuil 17, celui du commandant Cousteau, en 1998. Il est par ailleurs un navigateur chevronné, amoureux des océans.

Mais tout le monde ignore un autre talent de l'académicien. Celui d'entrepreneur. Il y a quelques années, il avait loué sa plume aux dirigeants de Renault[1] ou d'Airbus[2] pour rédiger des ouvrages promotionnels. Désormais, il est passé à la vitesse supérieure. C'est un « partenaire », c'est comme cela qu'il se présente, de grandes multinationales comme BNP Paribas ou le groupe Suez.

---

1. *Champions du monde*, Gallimard, 1997.
2. *Vive l'A380*, Fayard, 2007.

Voyage au pays des ménages[1]

Avec la plus grande banque française et surtout son département Investment Partners qui, claironnent ses plaquettes imprimées sur papier glacé, gère fièrement plus de 500 milliards d'euros d'actifs, l'écrivain a créé le « cercle du développement durable ». Un « cercle » qui s'inscrit, selon un communiqué[2], « en droite ligne avec l'engagement de BNP Paribas Investment Partners dans l'investissement responsable et durable ». Et dont la banque rêve de faire « un lieu d'échange, de réflexion et de débats sur les grandes thématiques du monde de demain et leurs impacts pour les investisseurs de long terme ».

Avec le groupe Suez-Lyonnaise des eaux, l'académicien a vu encore plus grand : un « tour de France » sur l'avenir de l'eau. Le compte rendu des pérégrinations d'Orsenna au Pays basque publié dans le quotidien *Sud Ouest*[3] est un modèle du genre. Un petit hommage à l'étape du jour, Biarritz : « C'est très beau ici. Mais moi qui aime naviguer, il me manquerait quand même des îles. » Puis vient le jeu des questions-réponses. L'écrivain est-il « devenu un faire-valoir du privé ? ». Réponse : « J'ai des convictions. Et pour moi, le débat public-privé est dépassé. J'ai constaté qu'il y a autant de concessions léonines ou scandaleuses que de régies corrompues ou incompétentes [...]. Qui est derrière les régies ? C'est aussi une forme de pouvoir, de contrôle. »

---

1. Appellation que donnent les journalistes à des prestations rémunérées extra-professionnelles.
2. Communiqué de BNP Paribas publié le 9 juillet 2010.
3. 23 juin 2011.

Pour mener sa barque au milieu des requins, l'académicien a créé en 2006 une société (il en est l'actionnaire unique) qu'il a baptisée Héaux, du nom du phare de l'île de Bréhat que cet inconditionnel de la voile connaît bien. Les statuts[1] précisent sans ambiguïté l'objet de sa boutique : « Toutes prestations de services, d'assistance, de formation, d'étude, de rédaction et de conseil aux entreprises dans le domaine de la communication, la représentation, l'image et l'identité d'entreprise, la publicité, le parrainage et la promotion en général sous toutes ses formes et sous tous supports, existants ou à venir. » Difficile de faire plus clair. Quant aux curieux, ils se réjouiront d'apprendre que cette petite entreprise ne connaît pas la crise. Entre 2009 et 2010, elle a plus que doublé son chiffre d'affaires[2].

À ses proches qui le taquinent, l'écrivain-voyageur explique qu'il se fait certes payer très cher par les entreprises, mais qu'il intervient gratuitement dans les universités. Bref, il assume. Enfin presque... Lorsqu'il est invité à disserter lors d'un forum du Parti socialiste[3] animé par Martine Aubry, il préfère se présenter comme « un promeneur » qui a la chance de pouvoir faire du grand reportage et des voyages au long cours grâce au succès de ses livres.

La BNP, elle, est bien décidée à rentabiliser son investissement. Troisième plus grand gestionnaire d'actifs en Europe et neuvième à l'échelle mondiale, Philippe Marchessaux, le patron de BNP Paribas Investment

---

1. Que les auteurs ont pu consulter.
2. Le chiffre d'affaires d'Héaux était de 93 000 euros en 2009 et de 189 000 en 2010.
3. Forum sur l'agriculture, le 14 juin 2010.

Partners : « Notre collaboration avec Erik Orsenna, écrivain, Prix Goncourt, membre de l'Académie française mais également économiste et chercheur depuis dix ans sur le développement durable, va nous permettre d'explorer de nouveaux territoires, et de franchir une nouvelle étape dans notre façon d'appréhender l'investissement responsable et durable. »

Les conseillers du roi

Erik Orsenna a eu une première vie professionnelle sous son vrai patronyme : Erik Arnoult. C'était l'époque où il était conseiller de François Mitterrand à l'Élysée. Il n'est pas le seul, dans cette catégorie, à monnayer sa notoriété auprès de grandes entreprises. Les proches de l'ancien Président sont légion à s'être reconvertis dans les affaires. Hubert Védrine, ancien secrétaire général de l'Élysée et ancien ministre des Affaires étrangères, n'est pas seulement appointé par le cabinet d'avocats Jeantet. Il conseille aussi de grandes entreprises comme LVMH (dont il est administrateur depuis 2004). Et il en est fier[1]. « Il y a quelques mois, j'ai fait, à la demande du gouvernement, un rapport sur la mondialisation dont je suis sûr qu'il repose aujourd'hui sur une étagère. Mais lorsque Bernard Arnault, lui, me demande une note sur le thème "comment va l'Europe ?", un décryptage sur les "bagarres Poutine-Medvedev en Russie" ou sur les "révolutions au Maghreb", je suis sûr qu'il les lit... Ce sont des vraies questions pour un chef d'entreprise. Il a des équipes qui vendent des produits

---

1. Entretien le 16 mai 2011.

dans tous ces pays. Il a aussi besoin de comprendre le monde qui change. » Un beau raisonnement, qui souffre tout de même d'une faille : Hubert Védrine se présente toujours comme expert en relations internationales, envisageant le monde du point de vue de Sirius, et jamais comme un consultant au service d'intérêts privés. Pourquoi ?

Jacques Attali occupait, lui aussi, une place de choix dans l'Élysée de Mitterrand. Il a même fait de ses souvenirs une série de livres remarqués. Il a ensuite été le premier patron de la Berd, cette banque créée après la chute du mur de Berlin où les choses ont mal fini pour lui[1]. Mais cette péripétie n'a pas entamé sa prospérité. Côté face, Jacques Attali est un écrivain très productif, qui donne chaque début d'année à son éditeur une liste d'une douzaine d'idées de livres dans laquelle il le prie d'en choisir trois ou quatre. Il est aussi le chantre du microcrédit, l'éditorialiste touche-à-tout et l'intellectuel surdoué qui peut intervenir sur tout. Côté pile, il profite de sa grande renommée pour monnayer à prix d'or ses services. Il a industrialisé son offre en créant son cabinet A&A, qui facture une quinzaine de grands patrons et plusieurs chefs d'État (dont au moins un dictateur africain), au risque, parfois, de se brûler les ailes. Un temps mis en cause dans l'affaire de l'Angolagate[2], la justice l'a finalement relaxé en 2009, faute d'avoir pu établir qu'il avait commis sciemment un délit de recel d'argent noir. Mais Jacques Attali est le champion de la double domiciliation : intellectuel le jour, prestataire la nuit.

---

1. Suite à un audit accablant publié sur sa gestion de la Berd, il en a démissionné le 25 juin 1993.

2. Il a perçu 160 000 euros pour une mission de microcrédit en Angola.

Qu'importe ! C'est un « demi-génie » continue à dire de lui Alain Duhamel[1]. Demi seulement ?

Depuis le début des années quatre-vingt-dix, les anciennes têtes pensantes de la gauche réformiste se montrent donc de plus en plus décomplexées dans leur rapport avec les puissances d'argent. Au nom de la modernité et de la réconciliation avec le marché, allant parfois jusqu'à comprendre tous les errements du capitalisme, elles ont fait beaucoup de chemin.

Nicole Notat, l'ancienne dame de fer de la CFDT, anime désormais Vigeo, une agence largement financée par les grandes firmes françaises qui évalue leur « responsabilité sociale ». Pierre Rosanvallon a créé en 2002 son « atelier intellectuel », La Vie des idées, avec le soutien financier d'Air France, Lafarge, EDF ou Altadis. Impensable dix ans plus tôt ! Mais l'un comme l'autre agissent pour la bonne cause. Car, là comme ailleurs, il y a les purs... et les autres.

Experts à vendre

La France est en crise ? Le grand public est en recherche de « sens » ? Eh bien, offrons-lui des experts. Plus ils sont diplômés, médiatiques, arrogants, plus ils impressionneront le peuple. Même lorsqu'ils se trompent ! Désormais, ils ont même un agent, comme les vedettes du grand écran et les chanteurs de charme. La Speakers Academy gère la carrière de tous les candidats au ministère de la Parole qui veulent arrondir leurs fins de mois dans des séminaires d'entreprise. Sur son catalogue, on

---

1. Lors de la remise du rapport Attali sur la croissance commandé par Nicolas Sarkozy en 2008.

trouve Bernard-Henri Lévy ou Jean-Marie Colombani (l'ancien patron du *Monde*). Mais aussi Bernard Laporte ou Jack Lang qui, pour plusieurs milliers d'euros, acceptent de parler un quart d'heure devant n'importe quelle assemblée !

Le problème, c'est que la plupart de ces « experts » appointés par les grands groupes cachent soigneusement ce versant moins intellectuel de leur activité.

François Ewald est l'ancien assistant du philosophe Michel Foucault. Maoïste dans ses jeunes années étudiantes, il a conseillé, au début des années 2000, Ernest-Antoine Seillière lorsque celui-ci présidait le Medef. Grand spécialiste de l'État-providence, il est aujourd'hui le porte-voix intellectuel de la Fédération française des sociétés d'assurances (FFSA), l'organisme patronal de la profession. Pas un colloque ne s'organise sans lui. Directeur de la revue *Risques*, qui dépend de la FFSA, il est aussi l'un des piliers de la Fondation pour l'innovation politique, le think-tank de l'UMP. Il préside aussi le conseil scientifique et éthique d'Areva et a été nommé administrateur de BNP Paribas Cardif. Dans les colloques où il intervient (à la Halde[1], au Labo des idées[2], à la Fondapol[3] ou à l'ENS[4]), il se contente de mentionner sa casquette de « professeur au Cnam ».

Et Gilles Finchelstein ? Quand cet ancien du cabinet de Dominique Strauss-Kahn s'exprime, qui parle en réalité ? Le directeur général de la Fondation Jean-Jaurès ?

---

1. Les « mercredis de la Halde », le 10 novembre 2010, sur le thème : « Assurances : un accès pour tous ? ».
2. Le 18 mai 2010 sur « L'innovation sociale ».
3. Le 11 juin 2009, thème : « Question verte à la philosophie ».
4. Cycle de conférences sur le climat, à l'École normale supérieure (ENS), le 16 mai 2011.

L'auteur d'un essai exigeant sur la crise et ses conséquences[1] ? Ou le directeur des études d'Euro RSCG, le groupe de conseil en communication dirigé par Stéphane Fouks qui travaille pour France Télécom, Véolia et EDF, entre autres ? Encore a-t-il, par rapport à d'autres, le bon goût de ne pas dissimuler cette double – triple ? – appartenance, ce qui dissipe de nombreux malentendus.

Le mélange des genres devient très pernicieux en effet quand l'intéressé en tire un bénéfice personnel, et plus encore quand il prend un soin particulier à le taire. Rien à voir, par exemple, avec la démarche de Marie de Hennezel. Le grand public connaît bien cette psychologue depuis son livre *La Mort intime*[2] préfacé par François Mitterrand. Ils connaissent aussi le combat contre l'euthanasie de cette croyante. Lorsque le service communication d'Axa a cherché une figure pour illustrer une vaste campagne d'information sur l'art du « bien vieillir » et sur « le risque de dépendance », il s'est naturellement tourné vers Marie de Hennezel. La fondation Axa subventionne depuis longtemps plusieurs centres de soins palliatifs dont la psychologue est depuis toujours le porte-parole.

Celle-ci a prêté son image à une plaquette promotionnelle du groupe d'assurances sur « l'art de vieillir ». Bien sûr, il n'a pas été demandé à Marie de Hennezel de vanter ouvertement les mérites de l'« assurance dépendance » du groupe, mais elle a répondu à une longue interview à côté d'une jolie photo.

---

1. Gilles Finchelstein et Matthieu Pigasse, *Le Monde d'après, une crise sans précédent*, Plon, 2009.
2. Marie de Hennezel, *La Mort intime, ceux qui vont mourir nous apprennent à vivre*, Robert Laffont, 1995.

Chers économistes

Dans ce domaine, les économistes sont inégalables. Ils ont participé, et souvent en mettant la main à la pâte, au processus de financiarisation de l'économie. Ils ont chanté les vertus du secteur privé au détriment du rôle de l'État. Et maintenant ? Ils voudraient continuer à passer pour des observateurs incorruptibles.

Ancien économiste du Medef, Jean-Luc Gréau[1] a quitté depuis quelques années l'organisation patronale. Essayiste, il a publié *La Trahison des économistes*[2] et, au début des années quatre-vingt-dix, il a assisté à leur mutation. « Le rapprochement des économistes avec les patrons et les banquiers s'est fait par petites touches, explique-t-il. Dans la plupart des cas, il ne s'agissait pas de cupidité ou de servilité. Mais de fascination. En conseillant des princes de la politique ou des affaires, les économistes devenaient eux-mêmes des acteurs de la financiarisation de l'économie. » Et Gréau de dresser ce constat cruel : « Ceux qui auraient dû rester en position d'experts se sont retrouvés dans cette situation grisante de l'apprenti sorcier : ils se sont mis à valider la dérégulation et à participer au phénomène en perdant petit à petit tout sens critique. »

Jean Gadrey n'a pas une âme de flic. Mais en septembre 2009, en pleine crise financière, il a voulu comprendre d'où partaient certains de ses collègues et mesurer la responsabilité de sa profession dans la crise. Ce professeur de l'université de Lille s'est donc amusé à compter les casquettes de deux stars de son milieu.

---

1. Entretien le 6 septembre 2011.
2. Jean-Luc Gréau, *La Trahison des économistes*, Gallimard, 2008.

Pour bien faire comprendre ses intentions, il a posé le problème très simplement : « Si vous avez des gens qui passent leur temps, contre rémunérations substantielles, dans les conseils d'administration, de surveillance ou scientifiques des banques et des grandes entreprises, comment les valeurs embarquées dans leurs analyses pourraient-elles ne pas être affectées ? »

Dans le petit monde des économistes, la publication de son enquête sur son blog[1] a fait tousser. Première victime, Christian de Boissieu, le patron du Conseil d'analyse économique (CAE) qui dépend de Matignon et dont le rôle officiel consiste à « éclairer les choix du gouvernement ». Constat de Gadrey : professeur d'économie à l'université Paris-I, Boissieu travaille aussi pour Rexecode, un centre de recherche proche du Medef. Il préside aussi la Commission de contrôle des activités financières de la principauté de Monaco ; il est au conseil de surveillance de la banque Neuflize OBC ; il assiste un hedge-fund (HDF Finance), le Crédit agricole, Ernst & Young. Boissieu est également membre du Comité des établissements de crédit et des entreprises d'investissement, une autorité administrative qui a des pouvoirs de régulation. Il est également un conférencier grassement rémunéré par une entreprise spécialisée dans la réalisation de colloques clés en main.

L'autre tête de Turc de Gadrey s'appelle Jean-Hervé Lorenzi. Ce grand amateur de réseaux d'influence préside le Cercle des économistes tout en émargeant à la Compagnie financière Edmond de Rothschild, sans compter sa présence dans de nombreux conseils

---

1. Le blog de Jean Gadrey est hébergé par *Alternatives économiques* (www.alternatives-economiques.fr/blogs/gadrey).

d'administration (Eramet, GFI informatique, BNP Paribas Assurance, Pages Jaunes, ou encore Crédit foncier).
Deux ans après, Christian de Boissieu en est encore
tout retourné. « J'adore le débat d'idées. Mais les
attaques personnelles, les procès d'intention et les amalgames me répugnent. Dans mon cas, c'est totalement
injuste : il y a vingt ans, Paribas m'a proposé d'être son
économiste en chef. J'aurais gagné beaucoup d'argent.
J'ai refusé pour justement me consacrer à l'Université.
Avec ce résultat : à 64 ans, je ne suis pas imposable à
l'ISF et je suis locataire de mon appartement. J'ai effectivement plusieurs casquettes, mais la plupart sont bénévoles[1]. » Boissieu a pourtant préféré faire un grand
ménage dans sa belle collection de couvre-chefs. Il a
démissionné de la plupart de ses fonctions extra-
universitaires en juin 2011, lors de sa nomination au
collège de l'AMF. Quant à Jean-Hervé Lorenzi, lui aussi
fou furieux de la « mauvaise manière » de Gadrey, il
tempête : « Je n'ai aucune leçon à recevoir[2]. » Il a juste
le sentiment de trinquer pour les autres.

Et pour cause... Dans le métier, le mélange des
genres est presque la norme. Il est un économiste pro-
lixe en France qui intervient sur tous les sujets à la
vitesse de l'éclair. Hélas, Patrick Artus est du coup bien
obligé d'assumer ses innombrables erreurs d'analyse. Il
prévoyait ainsi que la crise financière ne durerait que
quelques mois[3]. En avril 2008 ! Cela ne l'empêche pas

---

1. Entretien le 9 septembre 2011.
2. Entretien le 8 septembre 2011.
3. Patrick Artus : « La crise est finie ! Je reviens des États-Unis.
Tous les acteurs de marché me disent la même chose : les institutions financières américaines ont enrayé la crise [...]. Nous
sommes en train de sortir de la psychose du trou sans fond », *Challenges*, avril 2008.

de siéger depuis 2009 au conseil d'administration de Total. Pendant ce temps-là, il continue à publier des livres anxiogènes aux titres évocateurs : *Le capitalisme est en train de s'autodétruire* (La Découverte, 2005), *Comment nous avons ruiné nos enfants* (La Découverte, 2006), ou *Le pire est à venir* (Perrin, 2008). Il dirige aussi le département recherche de Natixis, cette banque qui a séduit tant de petits actionnaires mais qui s'est révélée être une très mauvaise affaire (l'action est passée de 19,55 à 2,44 euros[1]...).

La seule institution qui ne s'autodétruit pas, jusqu'ici, c'est bien l'oligarchie des experts aveugles !

---

1. Cours de Bourse au 11 octobre 2011.

13

Le choc des photos

Fin juillet 2011, la nomenklatura se prépare à partir en vacances vers ses lieux de villégiature favoris – le Luberon, le bassin d'Arcachon, la Corse, l'île de Ré, le golfe de Saint-Tropez... –, quand une courte vidéo provoque une onde de choc. La séquence, disponible sur Internet, montre Arnaud Lagardère, qui doit prendre, quelques mois plus tard, la présidence du conseil d'administration du groupe EADS, folâtrer avec une sorte de mannequin qui a trente ans de moins et trente centimètres de plus que lui. Musique de film porno soft, réflexions niaises – « il n'y a pas de limite, chéri » –, pauses grotesques – le petit bisou mouillé qui fait qu'on s'essuie la bouche après, sous l'objectif de la caméra –, cuissardes et lingerie pas très fine pour elle, petit jean moulant blanc et chemise de satin noire pour lui, la séquence est surréaliste.

Dans les dîners, les cocktails, les réunions, tout le monde en parle. Comment l'héritier d'un grand capitaine d'industrie, un grand garçon de tout juste cinquante ans, peut-il se livrer à des enfantillages d'un tel mauvais goût ? Quel coup de folie a pu lui faire risquer sa légitimité déjà chancelante ?

Il n'en est pas à son coup d'essai. Il avait déjà déclaré au *Monde*, en juin 2006, alors qu'EADS traversait une grave crise boursière à la suite du retard de l'A380 et qu'il avait vendu peu de temps auparavant 7,5 % du capital du groupe : « J'ai le choix de passer pour quelqu'un de malhonnête ou d'incompétent, qui ne sait pas ce qui se passe dans ses usines. J'assume cette deuxième version[1]. » Mais cette fois, c'est un coup de maître. Après la diffusion de la vidéo consternante, il laisse passer l'été et tente de se rattraper dans les colonnes des *Échos*. L'interview démarre sur cette question, assez directe sur l'échelle habituelle de déférence des médias français : « Comprenez-vous le trouble provoqué par la vidéo très intimiste réalisée au cours d'un reportage photo sur vous-même et votre compagne ? » Réponse d'Arnaud : « Cette vidéo, je peux la résumer par un seul adjectif : ridicule ! Lorsque vous avez une caméra devant vous qui filme au cours d'une séance photos, c'est très difficile de dire après que vous avez été piégé[2]. »

En effet, c'est très difficile... Ce qui l'est encore plus, pour la nomenklatura, c'est de comprendre ce qui a pu traverser l'esprit de l'un des siens pour se compromettre dans une aventure aussi pitoyable.

Cet épisode médiatique néfaste a fait surgir dans une partie des milieux d'affaires la question de la légitimité du statut juridique qui protège l'empire. Lagardère est en effet une société en commandite par actions, un schéma capitaliste rare car il rend les commandités (en l'espèce Arnaud Lagardère) responsables sans limites sur leurs biens propres, mais présente l'avantage de ver-

---

1. *Le Monde*, 16 juin 2006.
2. *Les Échos*, 5 septembre 2011.

rouiller le contrôle de l'entreprise[1]. Si c'était une société anonyme classique, dit-on à certaines tables du Siècle[2], il y a longtemps que ce vieux jeune homme aurait été débarqué.

D'autres encore, tel Louis Gallois, le patron d'EADS, avec qui Arnaud entretient pourtant des relations tendues, opposent une fin de non-recevoir à toute question sur cette fichue vidéo : « Je ne la commenterai pas. Cela relève de la vie privée[3]. » Une réponse qui prête à sourire, de la part d'un esprit aussi fin, pour désigner un petit film qui a été visionné 1 612 048 fois[4] rien que sur YouTube et qui a suscité des centaines de commentaires d'internautes moins prévenants que Louis Gallois.

Les actionnaires auraient, eux, quelques raisons de se mettre sous anxiolytiques. Car ils sont fondés à s'interroger : comment un patron entouré par une escouade de conseillers en communication a-t-il pu commettre une telle faute ? Celui qui a été son gourou dans ce domaine depuis des années, Thierry Funck-Brentano, est si proche de lui qu'il fait désormais partie des quatre cogérants de la commandite[5]. Ce qui porte à deux sur six les membres du comité exécutif en charge de la

---

1. Michelin et Eurodisney, en France, sont aussi des sociétés en commandite par actions.
2. Le Siècle réunit, un mercredi par mois, pour un dîner à l'Automobile Club de France, place de la Concorde, tous ceux qui comptent ou presque dans l'univers de la politique, des affaires, des médias et, dans une moindre mesure, dans la sphère universitaire et intellectuelle.
3. *Le Point*, 15 septembre 2011.
4. Chiffre relevé le 20 septembre 2011.
5. Avec Philippe Camus, Dominique D'Hinnin et Pierre Leroy, Arnaud Lagardère étant l'associé commandité.

communication[1] ! L'autre spécialiste de l'image qui a franchi le seuil de ce cénacle est un personnage atypique.

La garde rapprochée

Ah ! Ramzi Khiroun ! L'homme qui chuchote à l'oreille d'Arnaud Lagardère, qui l'a nursé pendant toute l'affaire de délits d'initiés sur EADS, n'a pas le profil du gendre idéal ou de l'abonné aux conseils d'administration. Dans la même veine que la vidéo gracieuse, plusieurs témoins se souviennent de cet événement public où, à la tribune, tout près d'Arnaud, il s'amusait à mimer des gestes, disons déplacés, pour distraire son patron.

Enfin... l'un de ses deux patrons. Car le « boss » historique de ce conseiller du troisième type, c'est Dominique Strauss-Kahn. Ramzi Khiroun a grandi à Sarcelles, la ville où DSK a été parachuté, avec le soutien de deux familles influentes, les Boublil et les Haddad, dont les rejetons fréquentent un mauvais garçon très amusant et exceptionnellement intelligent, qui rêve de côtoyer les puissants, de se trouver, sinon sur le devant de la scène, du moins en très bonne place dans les coulisses.

Dans les années quatre-vingt-dix, Ramzi, qui n'a pas trente ans, vend de l'espace publicitaire pour une revue spécialisée dans la politique parlementaire et locale. Il démarche les collectivités locales « amies ». Parmi celles-ci : sa ville natale, Sarcelles. La revue fait faillite. Il est

---

1. Le comité exécutif compte Arnaud Lagardère, les quatre cogérants et Ramzi Khiroun, porte-parole du groupe Lagardère SCA et directeur des relations extérieures.

temps de se reconvertir et de passer à la vitesse supérieure. Le jeune homme tympanise donc Albert Haddad, conseiller municipal, adjoint au maire chargé de la communication et pilier de la communauté sépharade, pour qu'il lui présente le maire, devenu ministre de l'Économie et des Finances de Lionel Jospin au printemps 1997. La journaliste Ariane Chemin a raconté la scène, entrée dans la légende[1] : « "Quand Dominique était à Bercy, Ramzi m'appelait quinze fois par jour : 'Présente-le-moi' ! raconte celui-ci. " Un jour de 1998, en désespoir de cause, Khiroun finit par suivre la Safrane de DSK, la double porte de la Muette et force l'ancien locataire de Bercy à piler. "Ouvrez, ouvrez, je suis un ami à Albert ! Je suis pas un voyou !" DSK prend son portable : "Il y a un type qui vient de me faire un tête-à-queue et se recommande de toi", explique-t-il à Haddad. "Je lui ai dit : 'Il peut t'être précieux, mais reste tout le temps sur le qui-vive. Tu le laisses parler, après tu vois...'" », se souvient le conseiller municipal de Sarcelles.

L'ascension du jeune homme s'accélère. Les membres du cabinet du ministre se souviennent ainsi de ses intrusions à Bercy. Les inspecteurs des Finances se pincent le nez. Ils n'ont encore rien vu. En novembre 1999, Dominique Strauss-Kahn est contraint à la démission par l'affaire de la Mnef, où il est accusé de faux et usage de faux pour avoir perçu dans des conditions troubles 600 000 francs d'honoraires avant d'obtenir un non-lieu. Ramzi Khiroun prend alors de l'importance. « À l'époque, Dominique est très mal, il n'est plus député et n'a plus de point de chute, se sou-

---

1. *Le Nouvel Observateur*, 15 mai 2011.

vient un proche de l'ancien directeur général du FMI. Jean-Paul Huchon, qui a été élu président de la région Île-de-France, l'année précédente, grâce au soutien de Dominique, met à sa disposition un bureau de complaisance au conseil régional ainsi qu'une collaboratrice, Hélène Roques, une petite main qui travaillait jusqu'alors pour le groupe PS à la région. DSK lui confie des responsabilités plus importantes. Mais très vite, Ramzi Khiroun commence à s'installer, il lui chipe des dossiers... En fait, il est devenu indispensable parce qu'il gère les problèmes judiciaires de Dominique, notamment l'affaire de la cassette Méry en 2000. »

Jean-Claude Méry laissera un souvenir impérissable dans l'histoire politique française de la fin du deuxième millénaire. Ce promoteur peu scrupuleux a beaucoup œuvré pour le système Chirac à la mairie de Paris. Puis il a été rattrapé par la justice dans le cadre du dossier des HLM de la Ville de Paris, résultat de la guerre chiraco-balladurienne qui a sévi en 1994-1995, et s'est senti lâché de toutes parts. Pour se venger, pour se protéger aussi, il enregistre en 1996 une cassette vidéo dans laquelle il déballe tout. Cette précaution ne lui porte pas chance : il décède d'un cancer en juin 1999. *Le Monde* publie ses révélations posthumes en septembre 2000[1].

Le rapport avec Dominique Strauss-Kahn ? Celui-ci est suspecté de s'être montré, à Bercy, plutôt arrangeant envers le couturier Karl Lagerfeld, bénéficiaire d'une remise fiscale de 160 millions de francs (24 millions d'euros). Coïncidence : l'avocat de « Karl », Alain Belot, se trouve être aussi celui de Jean-Claude Méry. Et il a

---

1. *Le Monde*, 22 septembre 2000.

remis au ministre de l'Économie un exemplaire de la cassette. DSK reconnaît cette remise, mais assure qu'il n'a jamais regardé ce document pourtant captivant, et qu'il l'a même... égaré. On le croit sur parole. Il bénéficie d'un non-lieu dans cette affaire en avril 2002. Toutefois, dans son ordonnance, le juge d'instruction se montre particulièrement sévère pour l'ancien ministre : « Le 6 avril 1999, Dominique Strauss-Kahn a indiscutablement détenu la cassette. Il savait qu'Alain Belot était l'avocat de Jean-Claude Méry et que la cassette était en relation avec l'affaire [...]. La quasi-concomitance, le 6 avril 1999, de la discussion sur le cas fiscal de Karl Lagerfeld depuis la remise de la cassette, si elle permet une nouvelle fois de s'étonner, pour l'un des participants, de l'imprudence d'avoir associé ces deux éléments, et pour l'autre, de la légèreté de l'avoir accepté, n'autorise pas à elle seule [...] d'affirmer la volonté de conclure un pacte corruptif. »

Quand DSK revient sur la scène politique, comme député du Val-d'Oise, le 1er avril 2001, Ramzi Khiroun est déjà indispensable. Il a copiné avec plusieurs journalistes spécialisés dans les « affaires », leur distillant de bons tuyaux en échange de leur mansuétude pour son mentor.

À l'époque, ce conseiller pas comme les autres travaille de façon quasi bénévole. Il est payé à quart de temps comme assistant parlementaire, soit moins de 1 000 euros par mois. Le cabinet fantôme de l'ancien ministre des Finances est installé rue de la Planche, entre Sciences-Po et l'Assemblée nationale. Il compte trois autres collaborateurs : Stéphane Boujnah[1] et Olivier Ferrand[2], deux

---

1. Patron de Banco Santander en France.
2. Président et fondateur de Terra Nova.

anciens de Bercy, ainsi que Nathalie Biderman, lobbyiste chez Euro RSCG. Rue de la Planche, certains s'étonnent qu'avec un si petit salaire, le jeune ange gardien de leur héros se fournisse chez le même chausseur que Roland Dumas : Berluti.

Puis survient l'épisode Tristane Banon. Le grand public ne la connaît pas encore mais Ramzy Khiroun veille. C'est lui qui s'adresse à l'éditeur de la jeune journaliste pour la dissuader de publier les pages consacrées à sa rencontre mouvementée avec Dominique Strauss-Kahn pour son livre *Erreurs avouées...*[1] Tristane Banon, la France entière le sait désormais, a accusé DSK d'avoir tenté d'abuser d'elle au cours d'un entretien. Le rapport avec Ramzi Khiroun ? Quelques années après, la jeune femme tente de justifier le fait de n'avoir pas porté plainte : « Il y avait tout bêtement le fait que je vis seule à Paris. Il est avec un mec qui n'est pas forcément un tendre, il n'a pas forcément des méthodes très raffinées... Je ne pense pas qu'il m'aurait fait assassiner, mais me refaire le portrait, ça aurait été possible... » Beaucoup ont cru reconnaître l'ami Ramzi derrière cette description, qui relève, il faut bien le reconnaître, du procès d'intention. Et l'intéressé s'en défend très vivement. Il a d'ailleurs réfuté toutes ces allégations dans une biographie très autorisée de DSK[2].

Le personnage ne passe pas inaperçu non plus, à l'époque, dans l'équipe de la rue de la Planche. Stéphane Boujnah s'inquiète des effets dévastateurs que peut avoir cette « grenade dégoupillée », selon l'expression qu'il emploie alors pour décrire ce drôle de

---

1. L'ouvrage sera publié aux Éditions Anne Carrière en 2003.
2. Michel Taubmann, *Le Roman vrai de Dominique Strauss-Kahn*, Éditions du Moment, 2011.

conseiller. Un jour, il n'y tient plus et dit à son patron : « C'est lui ou c'est moi. » Dominique Strauss-Kahn refuse de trancher, ce qui revient à donner sa préférence à Ramzi Khiroun. Stéphane Boujnah va alors s'éloigner.

La « grenade dégoupillée » reste. Et prend une importance grandissante. Anne Sinclair l'adopte, le forme à la communication, lui présente des journalistes en vue. La proximité est telle que l'abonnement d'un des téléphones portables le plus privé de DSK, chez Orange, est au nom de Ramzi Khiroun. Peu de personnes ont le numéro.

Fin 2009, il fait partie des rares invités à la projection privée, en avant-première, du film *Lionel raconte Jospin*, diffusé sur France 2 début 2010. Une amie de l'ancien Premier ministre, surprise et choquée de le voir là, appelle Jospin le lendemain matin : pourquoi diable a-t-il invité Ramzi ? Elle est éberluée lorsqu'il lui explique qu'il ne l'a pas invité... Mais qu'il n'allait tout de même pas le mettre dehors.

Début mai 2011, Dominique Strauss-Kahn, de passage à Paris, est pris en photo alors qu'il monte, en compagnie de son épouse, dans une opulente Porsche Panamera S aux vitres fumées. Le pire, c'est que ce n'est même pas la sienne mais celle de son conseiller. Cette insouciance apparaît alors comme une énorme gaffe, abondamment commentée ! Quelques jours plus tard, le scandale du Sofitel de New York efface cet épisode.

Qui aurait pu parier qu'un individu comme Ramzi Khiroun deviendrait un jour l'incarnation parfaite du nouveau nomenklaturiste français, ami à la fois de plusieurs grands des affaires, d'un ex-futur président de la République, d'une brochette de journalistes en vue, et même du conseiller image de Nicolas Sarkozy, Franck

Louvrier, qui dit l'apprécier ? Sans compter l'un des piliers de Lazard, Bruno Roger, qui se répand en propos énamourés. Ramzi, il est vrai, n'a pas ménagé sa peine lorsque la banque d'affaires a été l'objet de perquisitions... « Il joue sur la peur des juges qui a saisi une partie de la nomenklatura française dans les années quatre-vingt-dix et qui ne l'a plus lâchée, explique un patron qui l'a vu fonctionner de près. Faire appel à des profils qui savent gérer ce genre de situation est devenu une vraie préoccupation. Et on les trouve rarement au Collège de France. »

L'autre dur de Sarcelles

La banlieue Nord n'est pas toujours une sinécure. Les enseignants nommés dans les écoles et les collèges peu favorisés peuvent en témoigner. Pourtant, Sarcelles n'a pas seulement vu grandir un membre du comité exécutif du groupe Lagardère. Elle a aussi été le berceau d'un homme encore plus étrange. Sa profession ? « Intermédiaire ». Son nom est depuis peu connu du public qui s'intéresse aux affaires : Alexandre Djouhri. Organisé – il est résident fiscal suisse –, cet homme d'affaires très riche est à la fois intime de Dominique de Villepin, de l'ambassadeur de France à Berlin (ancien sherpa de Jacques Chirac) Maurice Gourdault-Montagne, mais aussi de Claude Guéant, familier de l'Élysée sous Chirac et au centre du pouvoir avec Sarkozy. Sans oublier ses relations fraternelles avec Henri Proglio, le P-DG d'EDF qui a longtemps dirigé Véolia. S'agit-il d'un message d'espoir pour les générations futures nées dans les quartiers difficiles ? Pas vraiment. Alexandre Djouhri est très, très influent, mais pas excessivement fréquentable.

Il fuit les médias, la lumière, la notoriété. Un jour pourtant, il a été pris en photo avec Dominique de Villepin, alors qu'ils sortaient tous les deux d'un palace de Monaco où l'ancien Premier ministre était venu se détendre en compagnie de son ami avant sa comparution au procès Clearstream. Ils sont très mignons, tous les deux, tout de blanc et de rose vêtus. L'ascension de ce petit dur venu de Sarcelles, génie de la tchatche, commence par Anthony Delon, qu'il embobine lors d'une rencontre dans une boîte de nuit, avant de sympathiser avec le fils du directeur général de l'Unesco, puis d'entrer dans l'entourage de Charles Pasqua, ministre de l'Intérieur, parce qu'il est « traité » par des policiers des services de renseignements. À partir de 2007, Alexandre Djouhri est comme chez lui à l'Élysée : il donne des conseils – des ordres ? – à Claude Guéant. Il a même réussi à obtenir un témoignage de moralité – oui, de moralité ! – du directeur de la DCRI[1], Bernard Squarcini, l'homme qui dirige – on sait comment depuis l'affaire des « fadettes » qui lui a valu une mise en examen – le renseignement en France.

Un jour, il lui vient même à l'esprit de s'attaquer à la Caisse des dépôts (CDC), le coffre-fort de la République qui plaît à tant de personnalités dans le besoin. Djouhri veut mettre un pied dans Icade, la filiale immobilière de la Caisse. Après tout, il y avait ses entrées, à la Caisse, du temps de Francis Mayer, il n'y a pas de raison pour que ça change avec son successeur. Il insiste donc auprès de toutes ses relations pour obtenir

---

1. Direction centrale du renseignement intérieur, qui réunit désormais les Renseignements généraux et la DST.

un rendez-vous auprès des nouveaux dirigeants de la CDC. Henri Proglio accepte de jouer les entremetteurs. Le symbole est fort : un P-DG du Cac 40 qui introduit un personnage controversé au sommet du pouvoir régalien, l'affaire ne passe pas inaperçue. Il faudra plusieurs interventions auprès de Nicolas Sarkozy pour que Djouhri renonce : « La Caisse, tu n'y touches pas », lui dit le Président. Et le reste ?

Voilà donc la nouvelle oligarchie française : on finira à ce compte par regretter l'Ancien Régime ! « Djouhri ? Je l'ai rencontré pour la première fois au début des années quatre-vingt, se souvient Jean-François Probst[1], cheville ouvrière du RPR de la grande époque, qui a été le conseiller de Jacques Chirac, et a écrit sur l'ancien Président un livre aussi édifiant que désopilant[2]. À l'époque, il n'était pas encore habillé chez Savile Row mais plutôt à La Belle Jardinière. C'est un Africain analphabète, très intelligent, qui me l'a présenté. Il faisait la plonge au Plaza Athénée et Djouhri traînait dans le hall et au bar. Je pense qu'il commençait à pratiquer un de ses exercices favoris : présenter de jolies filles à des personnages importants. »

Un conseiller d'influence, un diplomate de haut rang ont ainsi découvert une autre vision de la vie grâce à de charmantes créatures. Le cénacle autrefois très fermé de l'élite s'est donc ouvert au fil du temps. Des femmes entreprenantes ont été acceptées au cœur du système. Elles se sont distinguées par leur style, leur entregent, quitte à provoquer parfois de vives tensions. L'une d'elles, Amanda Galsworthy, proche d'un grand

---

1. Entretien le 3 août 2011.
2. Jean-François Probst, *Chirac, mon ami de trente ans*, Denoël, 2007.

164

ambassadeur, est même devenue, un temps, chargée de la communication du groupe Véolia. « Cela n'a pas duré très longtemps, se souvient un haut cadre qui a quitté le groupe et attribue sa disgrâce à Alexandre Djouhri. Elle n'était pas compétente pour ce job. Mais sa seule nomination était quelque chose d'inouï. » Interprète de formation, l'intéressée a pourtant une vision exigeante de ses missions : « J'ai de ce métier une conception rigoureuse, tout en attachant une grande importance à la souplesse du service que nous offrons, assure-t-elle. Un service qui doit savoir cerner les besoins du client, y répondre rapidement et avec inventivité[1]. »

Dans le livre qu'il a consacré à Djouhri[2], Pierre Péan relate le rôle de médiateur que celui-ci, alors qu'il devait se faire pardonner de venir de l'autre camp – celui de Villepin –, a joué dans la crise conjugale puis le divorce que le nouveau Président a vécu juste après son élection. Un rôle financier, puisqu'il s'est, d'après Péan, acquitté de l'indemnité de départ de l'influente épouse : « Cette affaire m'a coûté cher… 2 millions de dollars. » Pas si cher que cela pour un homme qui laisse entendre que sa fortune personnelle est immense, et qui commande du Château-Latour au Bristol comme d'autres des quarts Perrier. À l'Élysée, on s'offusque de cette histoire. Tout cela « ne repose sur rien », affirme-t-on de façon péremptoire. Si l'Élysée le dit…

C'est à cette époque, en tout cas, que ce personnage romanesque a gagné la confiance totale de Claude Guéant. Comment imaginer deux hommes en appa-

---

1. Présentation d'Amanda Galsworthy sur le site Internet de sa société, Alto.
2. Pierre Péan, *La République des mallettes*, Fayard, 2011.

rence plus dissemblables ? D'un côte le préfet sévère, de l'autre le Méditerranéen volubile, souvent au bord de l'insulte ? Mieux vaut, même quand on est à l'Élysée, être dans les petits papiers de l'étrange homme d'affaires. Patrick Ouart, qui fut longtemps le vrai ministre de la Justice, tant son influence était grande, l'a appris à ses dépens en 2009. Parce qu'il s'était mis en travers de projets de Djouhri, qui estimait avoir son mot à dire sur l'affaire de l'Angolagate, ce magistrat a été l'objet de menaces proférées devant témoins. « Avec son format, une balle ne peut pas le rater », aurait notamment lancé Djouhri (qui a démenti, naturellement). Le conseiller du Président s'en était ouvert lors d'une réunion de cabinet puis dans une note. *L'Express*, pour avoir relaté cet épisode, a été poursuivi en justice mais finalement relaxé par la 17ᵉ chambre du tribunal correctionnel de Paris, le 15 septembre 2011. Patrick Ouart avait, notamment, fourni à l'hebdomadaire une attestation écrite confirmant les faits rapportés[1].

Mais rien ne semble pouvoir ébranler Nicolas Sarkozy sur le cas de son ancien ennemi juré. Pas même Alain Minc, le conseiller surdoué, le visiteur du soir, qui a osé mettre en garde le Président contre ce personnage. « Djouhri, explique-t-il, a toujours la même stratégie : se montrer dans des lieux publics avec des personnages importants, pour laisser croire qu'il les tient. Est-ce pour montrer qu'il les domine ? Par exemple, quelques jours avant la nomination du gouvernement Fillon IV, en novembre 2010, il s'affichait avec Borloo au restaurant Ledoyen. Il avait beaucoup milité pour sa nomination à Matignon, relayé en cela par Claude Guéant. Cette fois,

---

1. Alexandre Djouhri a fait appel de ce jugement.

il a perdu. Mais il peut quand même se prévaloir de fréquenter les puissants. C'est assez nouveau, pour des politiques ou des patrons de premier plan, de s'afficher avec des personnages de cet acabit. Il y a des précédents, certes. Michel David-Weill qui allait dîner chez Traboulsi[1]. C'est une faute, à mes yeux. Quand on dirige la banque Lazard, on ne va pas dîner chez un intermédiaire de ce genre. Moi aussi, j'ai été sollicité par des gens bizarres. J'ai toujours fait très attention. Ce n'est quand même pas difficile de savoir où l'on va et où l'on ne va pas[2] ! » C'est un connaisseur qui parle.

La croisière s'amuse

L'arrivée des intermédiaires au cœur du pouvoir a fini par provoquer des tensions qui se sont récemment transformées en désastres. Car des luttes aussi féroces que souterraines opposent ces pirates sans foi ni loi. La vie politique française se déroule ainsi depuis quelques années avec, en toile de fond, la guerre acharnée que se livrent le Libanais Takieddine et... Djouhri. Le premier opérait pour les balladuriens, et le second pour les chiraquiens. Une rivalité qui va assurément très loin. Ces deux intermédiaires se sont notamment combattus sur un contrat gigantesque pour la protection des frontières saoudiennes, baptisé « Miksa ». Le résultat a été particulièrement éblouissant : pas un centime pour la

---

1. Samir Traboulsi a été l'intermédiaire de plusieurs contrats internationaux pour le compte de Matra ou de Thomson, notamment au Moyen-Orient. Il a été condamné pour délit d'initié dans l'affaire Pechiney-Triangle.
2. Entretien le 12 septembre 2011.

France. Ce qui n'empêche pas ceux qui soutiennent Djouhri – Claude Guéant en tête – de le répéter : cet homme travaille pour le drapeau, il a donc droit à toutes les indulgences. Avec des amis pareils, notre vieux pays ne manque vraiment de rien !

Mais attention. Il est nécessaire de parler de tous ces délicats personnages avec prudence et retenue. Car ils sont susceptibles, et attaquent facilement en justice les personnes ordinaires, qui ne roulent pas dans des bolides, n'ont pas de compte en Suisse, n'ont jamais vu une valise remplie de billets, et qui se permettent de faire allusion à eux. Disons donc simplement que Ziad Takieddine était l'un des intermédiaires imposés par le gouvernement Balladur, dans lequel Nicolas Sarkozy occupait le poste de ministre du Budget, au moment de la négociation finale du contrat dit « Agosta » (concernant la livraison de trois sous-marins au Pakistan). Les chiraquiens ont toujours soupçonné leurs concurrents à droite, en 1995, d'avoir trouvé là un important trésor de guerre pour financer leur campagne, entre autres. Jacques Chirac, après sa victoire de 1995, a aussitôt – il n'y avait pas d'autres urgences dans le pays ! – fait suspendre le versement des reliquats de commissions. En 2002, un attentat à la voiture piégée, à Karachi, coûtait la vie à quatorze Français, employés des chantiers navals. Les familles des victimes, représentées par un avocat courageux, Me Olivier Morice, soupçonnent fortement qu'un lien existe entre l'arrêt du versement des commissions et l'assassinat de leurs proches. L'opiniâtre Marc Trévidic, chargé de l'enquête, a établi qu'une partie des 83 millions d'euros de commissions convenues dans le cadre du contrat était en effet revenue vers la France. Sans cette tragique histoire, le nom de Ziad Takieddine n'aurait jamais dépassé le cercle des initiés, marchands d'armes et décideurs politiques.

C'est finalement Nicolas Sarkozy, ministre de l'Intérieur, qui organisera la paix des braves entre Takieddine et Djouhri. C'est son directeur de cabinet au ministère de l'Intérieur – Claude Guéant ! – qui a monté un déjeuner entre les deux hommes, en 2006, déjeuner qui a consacré l'entrée de Djouhri dans l'entourage immédiat du président de la République.

Et c'est Jean-François Copé qui a pris en main le rapatriement sanitaire de Ziad Takieddine quand il était plongé dans le coma, dans un hôpital de l'île Moustique, après un étrange accident où la victime avait cru voir la main de ses ennemis. Ces responsables politiques sont éclectiques. Sur le devant de la scène, ils se montrent avec des Prix Nobel, des intellectuels, des défenseurs des grandes causes. Mais ils apprécient aussi la compagnie de personnages plus sulfureux. C'est ce que montrent les photos choc publiées en cet été 2011 par le journal en ligne Mediapart[1]. On y voit Brice Hortefeux posant à côté du marchand d'armes adossé au bastingage de ce qui ressemble à un yacht. Sûrement *La Diva*, le luxueux bateau de ce riche Libanais, résident fiscal en France où il ne paie pas d'impôts, en toute légalité.

Devant *La Diva*, debout sur le quai sous le soleil de la Côte d'Azur, sont alignés, comme pour une photo souvenir, Ziad Takieddine, Brice Hortefeux, Jean-François Copé et leurs épouses. L'ambiance est très détendue. Les messieurs portent des bermudas, les dames des tenues de plage. Nous sommes en août 2003.

---

1. Mediapart, « Les documents Takieddine, le financier qui met en danger le clan Sarkozy », 10 juillet 2011.

Jean-François Copé est ministre des Relations avec le Parlement et porte-parole du gouvernement français. Brice Hortefeux, conseiller de Nicolas Sarkozy au ministère de l'Intérieur. C'est encore Jean-François Copé que l'on reconnaît barbotant dans une piscine, celle de la villa que l'intermédiaire possède au Cap d'Antibes.

Le futur patron de l'UMP et le marchand d'armes posent tous les deux au milieu des ruines de Baalbeck, au Liban, en octobre 2003. Jean-François Copé porte une casquette et un sac à dos d'explorateur. Il a l'air content. Mais la visite a aussi un caractère semi-officiel puisque les mêmes, accompagnés de leurs épouses, sont reçus à la résidence de l'ambassadeur de France à Beyrouth. La femme de Jean-François Copé porte un sympathique tee-shirt moulant qui affiche la couleur : « J'adore Dior » !

Le couple Copé a aussi eu le plaisir de voyager à Londres et à Venise aux frais de Ziad Takieddine. « Des relations strictement amicales », précise le secrétaire général de l'UMP à Mediapart, sans aucun lien « avec des activités électives ou ministérielles ».

Est-il raisonnable, pour des responsables politiques de ce niveau, de frayer avec des personnages dont les activités sont si éloignées de l'intérêt général ? Et d'être assez décomplexé pour poser en photo avec un marchand d'armes dans une ambiance manifeste d'intense camaraderie ? Est-il défendable pour un secrétaire général de l'Élysée, pour un ministre de l'Intérieur, d'entretenir avec ces hommes d'influence une relation d'amitié, de complicité, qui mélange vie privée, affaires d'argent et secrets d'État ? Dans le monde d'hier, la réponse était claire, tellement claire que la question ne se posait même pas.

Mais aujourd'hui ? « Alexandre Djouhri, dit un très haut fonctionnaire qui l'a vu à l'œuvre et demande l'anonymat, a réussi son coup. Personne ne veut être fâché avec lui. » Voilà qui donne une idée de l'état d'esprit qui règne aujourd'hui dans l'oligarchie.

L'époque n'est vraiment pas rassurante.

TROISIÈME PARTIE

L'IMPUNITÉ

14

Ils ne veulent pas de réformes !

Quelques semaines après la victoire de François Mitterrand, son Premier ministre, Pierre Mauroy, reçoit un jeune inspecteur des Finances qui présente une particularité rare : il est de gauche ! À cette époque, Alain Minc, donc, est de gauche. Le chef du gouvernement, pour qui l'ENA est un élevage de réactionnaires et les grands corps, des places fortes réservées aux héritiers, s'ouvre à son interlocuteur de son grand projet : il veut supprimer l'inspection des Finances. Une petite révolution.

Le jeune membre de ce corps prestigieux ne prend même pas le temps de réfléchir avant de lui répondre : « Si vous voulez supprimer l'inspection, faites-le pendant l'été, prenez tout le monde par surprise. Si vous attendez, le corps saura se défendre, et vous perdrez. »

Le vieux socialiste du Nord écarquille les yeux : « Mais nous avons pour nous la légitimité politique, celle de l'élection. Je ne vois pas qui peut résister à cela. »

Alain Minc avait raison. Pierre Mauroy était trop sûr de lui, de la puissance du pouvoir politique et de la force du changement. Il n'a rien pu faire contre l'inspection des Finances. Et lorsqu'il a nationalisé les banques, il a bien été obligé de nommer à leur tête des membres de la caste !

Barricades au Conseil d'État

En 2007 tout change : un autodidacte (selon les critères de l'oligarchie) est élu à la présidence. Assez vite, le nouveau maître veut marquer les esprits. Il se fait fort d'en finir avec une vieille lune qui a résisté à toutes les velléités de réforme : le sacro-saint classement de l'ENA. Celui-ci détermine, à vie, en fonction des résultats obtenus pendant deux ans de scolarité, qui appartiendra à la caste des brahmanes, qui regroupe les membres de grands corps – l'inspection des Finances, le Conseil d'État et la Cour des comptes – et qui sera relégué dans le réduit des intouchables, ces ministères techniques où l'on se fait mépriser de tous et de surcroît victimiser par Bercy ! « Un concours passé à 25 ans oriente toute une vie professionnelle », déplore à juste titre Nicolas Sarkozy début 2008. Il confie donc une mission à un haut fonctionnaire. Las ! Plus de trois ans après, le classement est toujours en place. On a annoncé un temps que cette mesure drastique serait imposée... en 2012. Mais, en réalité, la loi qui le permettrait est toujours en panne. Et il ne se passera rien.

En embuscade, alors que plusieurs promotions de l'ENA ont souhaité publiquement en finir avec cet archaïsme, les grands corps veillent donc à maintenir intacts leurs privilèges. Il y va, pensent-ils, de leur prestige. La guerre de tranchée aura duré quatre ans, pas moins. Avec, au bout, une cuisante défaite pour l'Élysée.

En septembre 2008, l'offensive commence avec Laurent Wauquiez, membre du gouvernement, sorti major de sa promotion à l'ENA : il lance une opération de « sensibilisation ». Lui qui est au Conseil d'État assure dans les colonnes de *L'Express*[1] que le classement de l'ENA est une aberration. Si même les meilleurs le disent !

Six mois plus tard, le 25 mars 2008, Éric Woerth, ministre du Budget, des Comptes publics et de la Fonction publique, ainsi que son secrétaire d'État, André Santini, présentent, en Conseil des ministres, leur projet de réforme de l'ENA, qui prévoit la suppression du classement de sortie. À la place, un système complexe, mais qui a été étudié de près, est proposé : les élèves pourront se porter candidats à tous les postes. Et l'école donnera aux administrations des dossiers d'aptitude, individuels et anonymes, comportant des notes et des appréciations. Enfin, des entretiens personnalisés permettront de finaliser les embauches.

Le dossier s'ensable pourtant. Le 23 juin, Woerth et Santini annoncent l'installation d'un « comité de mise en œuvre de la réforme de l'ENA » présidé par Jean-Pierre Jouyet. On ne sait pas, à cette occasion, ce qu'est devenu le « comité ad hoc pour veiller à la bonne marche de la réforme de l'ENA » mis en place trois mois plus tôt et présidé par Jean-Cyril Spinetta, qui avait « la charge de valider les processus mis en place par les employeurs d'ici à la fin 2009 ». Les deux ministres considèrent néanmoins comme acquise « la suppression du classement de l'ENA, désormais remplacé par une véritable procédure de recrutement ».

Fin 2009, il ne s'est toujours rien passé. Ah si ! Le Conseil d'État a mobilisé toutes ses défenses immunitaires. Un projet de décret a été préparé et soumis au conseil d'administration de l'ENA. Accepté ! Les élèves

---

1. *L'Express*, 25 septembre 2008.

en cours de scolarité l'ont aussi approuvé à l'unanimité. Alors ? Le Conseil d'État l'a validé dans ses grandes lignes. Il a juste demandé incidemment que soit corrigé au préalable, par voie législative, un article du code de la justice administrative. Officiellement, pour éviter le risque de contentieux futur. Le piège est en place : quel admirable exercice de corporatisme bien camouflé ! Ce grand corps veut protéger le gouvernement, s'assurer que cette belle réforme ne sera pas fragilisée, à l'avenir, par une avalanche de contentieux. Remarquable d'abnégation. Résultat : il faut tout reprendre de zéro.

Pendant un an, c'est le calme plat. En octobre, Jean-Pierre Jouyet publie dans *Le Monde* une tribune intitulée : « Tendons vers une affectation plus juste des cadres supérieurs de la fonction publique[1] ». Il s'agit d'un long plaidoyer dans lequel cet inspecteur des Finances explique combien il était attaché au classement de sortie et à quel point il a changé d'avis, au profit d'un processus d'« affectation plus juste et plus rationnel ». « En réalité, comment fonctionne le classement actuel ? interroge-t-il. D'un côté, des employeurs se livrent à un concours de beauté pour attirer les élèves les mieux placés, sans considération pour la sincérité de leur vocation, la logique de leur parcours ou leur vrai potentiel. De l'autre, des élèves séduits par la hiérarchie implicite des corps choisissent d'abord leur affectation à l'aune de ce critère, au mépris parfois de leur projet professionnel initial, de leurs dispositions naturelles, voire de leur appétence pour telle ou telle filière. »

En vérité, Jean-Pierre Jouyet veut peser de tout son poids – celui d'un ancien chef du corps de l'inspection

---

1. *Le Monde*, 12 octobre 2010.

des Finances – pour rassurer les sénateurs, qui s'apprêtent à voter, quelques semaines plus tard, la disposition demandée par le Conseil d'État. C'est chose faite en décembre. Et le 14 avril 2011, le texte est définitivement adopté par le Parlement.

Fin de l'histoire ? Que nenni. Le Conseil constitutionnel est saisi par plusieurs députés socialistes qui, de façon très contestable, voient dans cette suppression un retour au népotisme et au copinage politique. La haute juridiction censure l'amendement gouvernemental. Pas du tout pour les motifs invoqués par les élus socialistes, mais pour une raison technique : le texte était perdu dans un ensemble de dispositions avec lesquelles il n'avait rien à voir.

Plusieurs membres ou anciens membres, et non des moindres, du Conseil d'État et de la Cour des comptes siègent au Conseil constitutionnel. Mais ceci n'a sûrement rien à voir avec cela...

Démission impossible

La fonction publique obéit à des règles particulières qui feraient rêver n'importe quel salarié du secteur privé. Un fonctionnaire peut par exemple, à sa convenance, bénéficier de trois ans de disponibilité renouvelables une fois. Au bout de six ans, libre à lui de revenir ou de partir définitivement vers d'autres cieux. « Parmi les positions des fonctionnaires, la disponibilité représente en quelque sorte le degré maximum d'éloignement par rapport au corps d'origine, explique une note de l'association des anciens élèves de l'ENA. Mais elle offre précisément l'appréciable avantage de permettre à l'agent, en fonction des circonstances de sa vie personnelle, familiale ou professionnelle, de s'éloigner temporairement de ses attaches administratives permanentes sans pour autant couper tous les liens. » Voilà une position de rêve qui concerne plus volontiers les énarques de Bercy en partance pour une banque que le sous-chef de bureau au ministère de l'Agriculture. La consultation de l'annuaire de l'inspection des Finances est, de ce vue point de vue, très instructive. Si une petite cinquantaine de ces hauts fonctionnaires que le monde entier nous envie a bien démissionné du corps et n'y remettra plus jamais les pieds, les inspecteurs « en disponibilité » sont légion. Pour quoi faire ? Pas pour aller créer des start-up ou pour tenter de redresser des entreprises en difficulté.

Ils ont trouvé refuge dans presque tous les groupes du Cac 40. Chez France Télécom, Publicis, Europe 1, Lagardère, Vinci, Casino, etc. Et il n'a pas échappé à la plupart d'entre eux que c'était dans les banques que les salaires étaient les plus attrayants. Chez Lazard et Rothschild, bien sûr (un inspecteur en disponibilité dans chacune des deux banques d'affaires). Mais aussi à la BNP (5 inspecteurs en disponibilité), ou à la Caisse d'épargne (3 inspecteurs en disponibilité). Quant aux seniors de ce corps si prestigieux, cela fait longtemps qu'ils montrent le chemin aux plus jeunes. Parmi les inspecteurs « généraux » – le grade le plus élevé au sein du corps –, on en compte 23 en disponibilité. La leçon a bien été retenue par les juniors : 44 d'entre eux sont partis prendre l'air avec ce parachute en or qui leur permet de revenir à tout moment dans la maison, pendant que 56 de leurs camarades continuent à servir l'État.

Pour garder de tels privilèges, les oligarques de la fonction publique sont bien obligés de se montrer très timorés à propos de toute réforme un peu audacieuse du statut des fonctionnaires. Voilà pourquoi il existe toujours 800 corps différents dans l'administration française, ce qui rend à peu près impossible la moindre flexibilité. Voilà pourquoi, aussi, la réforme des régimes spéciaux de retraite a été amorcée beaucoup trop tard, au prix fort, et en maintenant des injustices entre les salariés exposés à la concurrence et à la précarité, et les fonctionnaires qui, eux, ne connaissent pas le stress du chômage. Comment revenir sur les privilèges des cheminots ou des conducteurs de métro si l'on est incapable, au sommet, de renoncer à ses propres avantages, bien plus considérables au demeurant ?

Les énarques sont payés pendant leur formation. Ils doivent, de ce fait, plusieurs années de travail à l'État. Et quand ils partent pantoufler plus tôt ? Eh bien, ça se négocie. Comme tout le reste. Sébastien Proto, quand il est devenu directeur de cabinet d'Éric Woerth, n'avait pas fini ce qu'on appelle sa « tournée » à l'inspection des Finances : une sorte de bizutage bien utile, puisque les jeunes recrues vont contrôler la comptabilité (la « liasse », dans le jargon) de la moindre perception perdue au fin fond de nos régions. Il avait promis de venir la terminer après. Las ! Il a préféré filer chez Rothschild quand son ministre a été débarqué, puis revenir comme directeur de cabinet de Valérie Pécresse quand elle a été nommée au Budget. La « liasse » attendra... pour l'éternité.

Éducation prioritaire

La difficulté de réformer est, chez nous, réelle. Mais la classe politique en est-elle seulement capable ? L'enseignement est, de ce point de vue, riche de tentatives qui ont mal tourné.

Quand elle est arrivée au pouvoir, en 1981, la gauche a ainsi inventé les zones d'éducation prioritaire (ZEP). L'idée était simple : donner plus de moyens à ceux qui ont, socialement, le moins de chances de s'en sortir. Trente ans après, personne ne nie que les ZEP soient un échec. Les ministres qui se succèdent continuent néanmoins de faire à peu près la même chose en rebaptisant le dispositif : après les « réseaux ambition réussite », voici venu le temps des programmes « éclair » pour « écoles, collèges et lycées pour l'ambition, l'innovation et la réussite » !

Pendant ce temps, les inégalités ne cessent de se creuser, tandis que le ministère s'évertue à cacher l'ampleur du désastre, en maquillant, entre autres, les statistiques concernant l'illettrisme. Les candidats à la magistrature suprême semblent s'y résigner. Nicolas Sarkozy avait déjà promis monts et merveilles en 2007, avant de lâcher son ministre Xavier Darcos à la première difficulté. François Hollande a lancé une idée brillante : supprimer le redoublement pour faire des économies. Pas très rassurant ! Quant à François Bayrou, il a été ministre de l'Éducation nationale pendant plus de quatre ans sans que le vent de la réforme ait bouleversé quoi que ce soit.

L'oligarchie s'accommode de cette situation parce que ses enfants sont épargnés par le désastre. Les filières de sauvetage sont désormais institutionnalisées : l'enseignement privé, bien entendu, mais surtout les délits d'initiés en tous genres. Le bureau du cabinet du ministre relaie les interventions, celui du recteur de Paris exécute, et deux lycées parisiens d'excellence échappent à la procédure d'admission en seconde, théoriquement valable pour tous. Louis-le-Grand et Henri-IV bénéficient en effet d'un régime dérogatoire, qui leur permet de choisir eux-mêmes leurs élèves.

Encore faut-il le savoir ! Car cette filière d'exception ne fait l'objet d'aucune publicité. Les familles doivent envoyer un dossier entre février et avril, pour recueillir un avis favorable du proviseur. Si elles ne l'obtiennent pas, inutile de postuler, par la voie normale, à ces établissements : les chances de succès sont égales à zéro.

Interrogé sur cette rupture d'égalité choquante, un ancien conseiller de Xavier Darcos au ministère de l'Éducation, lui-même surdiplômé, répond d'un sourire : « Grâce au ciel, cela permet de préserver quelques lieux d'excellence. » Et d'éviter de prendre le risque d'une véritable réforme profitable au plus grand nombre !

Surtout ne rien changer !

Du temps de Jacques Chirac, l'Élysée avait envisagé de créer un poste de DRH de la République pour tenter de mettre fin aux absurdités du système. Son titulaire aurait géré les carrières des très hauts fonctionnaires, de la même manière que les cadres dirigeants et très supérieurs sont pilotés et suivis dans tous les grands groupes du secteur privé. Il était question également de revaloriser certains ministères stratégiques comme celui de l'Éducation nationale, déserté par les énarques parce que peu prestigieux. L'incitation aurait aussi été financière : le DRH aurait redistribué les enveloppes et les primes selon des critères modernisés. Évidemment, pour avoir une autorité suffisante, ce haut fonctionnaire aurait eu un statut comparable à celui du secrétaire général du gouvernement.

Au départ, l'affaire se présente mieux que prévu puisqu'un décret est rédigé rapidement. Mais les candidats sont rares... et pas enthousiasmants. Beaucoup de ministres protestent, actionnés par leur cabinet. Il n'en faut pas plus pour enterrer cette innovation.

Le décret date de 2006. Cinq ans après, ce poste fantôme de DRH de l'État n'existe toujours pas. Placés en embuscade, les grands corps ont beaucoup contribué à faire capoter l'initiative. Comment ? En distillant des menaces voilées et en souhaitant bonne chance, vraiment bonne chance, à celui qui voudrait occuper un poste pareil. La gestion des places, ce sont eux qui en décident. Et personne d'autre.

Durant le même quinquennat, l'explosion de la dette a été traitée avec une étonnante désinvolture.

Un jour de 2003, le ministre des Finances, Francis Mer, est informé par son cabinet d'un danger : le surendettement de l'État. Ancien patron de la sidérurgie, il est saisi par l'ampleur des chiffres figurant dans la note qui lui est remise. Il demande aussitôt audience, en tête à tête, avec le président de la République. Il précise que c'est important, qu'il s'agit d'un sujet grave. Le jour venu, il expose à Jacques Chirac les grandes lignes de son constat terrifiant. Le message est clair : si l'on ne fait rien, dans dix ans, la France sera en faillite. Quelle est la réaction du Président ? Décide-t-il de convoquer une réunion de crise ? De demander des précisions supplémentaires à Bercy ? De s'informer sur la situation des autres pays européens ? Nomme-t-il une personnalité pour prendre en charge ce dossier ? Non. Il regarde Francis Mer dans les yeux et lui répond tranquillement : « Écoutez, Mer, ça fait trente ans qu'on se débrouille comme ça. Alors on peut bien continuer un peu, non ? »

Vous avez dit oligarchie des incapables ?

15

La bande à Henri

Fils d'immigrés italiens, modestes maraîchers, il a gravi toutes les marches de la société française. Aujourd'hui il est un proche parmi les proches du Président.

Produit de la méritocratie, ce jeune ambitieux, diplômé d'HEC, s'est fait embaucher comme cadre dans une filiale de la Générale des eaux où il a réalisé une carrière exemplaire. Quand Jean-Marie Messier, arrogant flambeur sorti de l'inspection des Finances, a laissé le groupe Vivendi au bord de la faillite, il en a ramassé les morceaux. Et les a fait prospérer. Longtemps en excellents termes avec Chirac, il a réussi le pari difficile de séduire son successeur à l'Élysée, qui a dit de lui : « C'est le meilleur. » Voilà, en version comtesse de Ségur, l'itinéraire d'Henri Proglio, l'actuel président d'EDF.

L'autre récit que l'on peut en faire est plus long et plus contrasté.

« Si je puis vous être utile... »

En décembre 2010, le *Journal du Dimanche* publie un compte rendu d'écoutes téléphoniques judiciaires.

185

Henri Proglio a appelé un certain « A.G. », au mois de mai 2009, pour se plaindre du président de la région Provence-Alpes-Côte d'Azur, le socialiste Michel Vauzelle. Puis son interlocuteur lui parle en langage codé. Voici un extrait de cette conversation digne des *Tontons flingueurs* :

A. G. : – Ouais, ouais. Dites-moi, je vais vous écrire un mot ce week-end, comme ça vous le recevrez chez vous, et je vous expliquerai tout ce que, heu, tout ce que j'ai eu, là, comme petits soucis, là, et...

H. P. : – Écoutez-moi, Alexandre, quoi qu'il arrive, si je peux vous être de quelque utilité que ce soit dans quelque domaine que ce soit, je suis à vos côtés, hein ?

A. G. : – C'est gentil, mais simplement que vous soyez informé, parce que c'est bien d'avoir toutes les infos et de savoir...

H. P. : – Bien sûr [...] sinon on est le roi des cons.

A. G. : – Voilà, et savoir, nos cousins, nos cousins, de quel bois ils se chauffent, vous voyez ?

H. P. : – Oh ben, c'est des salopards définitifs.

A. G. : – Non, mais je vous expliquerai mieux, vous allez tomber le cul par terre.

H. P. : – Oh, je tomberai plus, parce qu'ils m'ont tout fait, il n'y a plus que le proxénétisme dont je ne sois pas accusé, tout le reste y passe...

A. G. : – Ah, écoutez Henri, je vous embrasse, merci de m'avoir rappelé.

Le P-DG de Véolia explique donc avec empressement à son correspondant que « quoi qu'il arrive, s'[il] peut être de quelque utilité que ce soit, dans quelque domaine que ce soit... ». De quel domaine s'agit-il ?

« A. G. », c'est Alexandre Guérini, administrateur de – nombreuses – sociétés spécialisées dans les services aux collectivités locales et frère cadet de Jean-Noël, président du conseil général des Bouches-du-Rhône et patron de la fédération PS de ce département. Ses « petits soucis », comme il dit, sont d'ordre judiciaire. Quelques mois plus tôt[1], le procureur de la République de Marseille, Jacques Dallest, a reçu une lettre anonyme étonnante. Celle-ci raconte très précisément différents délits dont Alexandre Guérini se rendrait coupable, allant du port d'armes prohibé à la corruption en passant par le trafic d'influence et l'escroquerie en bande organisée. Après vérification par la section de recherches de la gendarmerie de Marseille, une information judiciaire est ouverte. Alexandre Guérini est mis en examen par l'opiniâtre juge Duchaine pour abus de biens sociaux, détournement de fonds publics, recel et blanchiment en bande organisée, ce qui lui vaut de passer près de six mois en détention provisoire[2].

Quand Alexandre (Guérini) s'ouvre de ses ennuis à Henri (Proglio), il n'en est pas encore là. Mais le P-DG

---

1. Le 9 février 2009 exactement.

2. Dans son ordonnance datée du 10 décembre 2010, le juge des libertés et de la détention écrit notamment ceci : « Dans le cadre de cette enquête préliminaire, le juge des libertés et de la détention autorisait la mise en œuvre des interceptions techniques sur la ligne téléphonique d'Alexandre Guérini. Surveillances qui mettaient en lumière les faits dénoncés dans la lettre anonyme et notamment la grande influence d'Alexandre Guérini au sein des institutions du conseil général des Bouches-du-Rhône, de la communauté Marseille-Provence-Métropole, de mairies des Bouches-du-Rhône et de la société Queyras Environnement, spécialisée dans le transport et le stockage de déchets. Investigations qui permettaient également de constater la commission d'abus de biens sociaux et de supposer l'existence de circuits de blanchiment passant par l'Espagne et le Luxembourg et impliquant les sociétés d'Alexandre Guérini. » Rappelons toutefois que l'instruction n'est pas close et qu'Alexandre Guérini, à ce stade, est présumé innocent.

de Véolia prend des risques en faisant des offres de services à un homme connu pour ses relations compliquées avec la légalité. Des propositions qui, de surcroît, risquent d'être mal interprétées. Il est en effet très proche de Rachida Dati, qui est alors garde des Sceaux. Une relation de longue date, dont la presse ne parle pas mais que les initiés se sentent autorisés à évoquer depuis le soir de la victoire de Nicolas Sarkozy. Henri (Proglio) accompagne en effet Rachida (Dati) dans la boîte de nuit où le nouveau Président, son épouse Cécilia et leurs proches vont finir la soirée, après le Fouquet's. Un cliché pris par Philippe Warin, le photographe invité pour l'occasion, montre le couple Proglio-Dati dans une pose très rapprochée. Mais avec le frère du notable socialiste de Marseille, c'est de tout autre chose qu'il s'agit...

N'est-il pas imprudent, pour un grand patron, de converser de cette façon avec un homme qui court les plus grands risques judiciaires, quand de surcroît on est si proche de la ministre de la Justice ?

Comment Proglio peut-il manifester tant d'empressement envers ce « petit frère », dont l'instruction révélera la proximité avec des personnages fichés au grand banditisme ? « Le premier métier d'Henri, c'était le traitement des déchets, raconte un de ses proches. Ce n'est pas une activité d'enfant de chœur. Sa rencontre avec Alexandre Guérini, quand il a normalisé le secteur, a donné naissance à une relation très forte entre les deux hommes. » Très forte, en effet. En 1989, la Générale des eaux, ancêtre de Véolia, rachète la première société de celui qui est encore un jeune homme, Rodillat, spécialisée, déjà, dans la propreté et l'assainissement. L'année suivante, le grand frère, Jean-Noël, est embauché comme chargé de mission dans une filiale du groupe, Sarp Industries. Décidément, Proglio aime toute la famille ! Il y restera trois ans. Puis, en 2001, c'est le gros coup. Véolia rachète Sud Marseille Assainissement (SMA) pour... 25 millions d'euros. Alexandre Guérini en possède 80 %. Il est riche et va déposer son magot en lieu sûr. Au Luxembourg.

Chez Véolia comme à Marseille, cette prodigalité fait jaser. « En tout cas, Henri Proglio a dérogé à une règle essentielle pour qui travaille avec les politiques : il est intervenu dans la politique locale, en entretenant des relations privilégiées avec ce clan, explique un haut responsable de Véolia. Michel Vauzelle lui en veut beaucoup, Jean-Claude Gaudin aussi. D'autant qu'il existe une autre société, dont personne n'a entendu parler, qui a été rachetée à Alexandre, puis revendue à celui-ci pour beaucoup moins cher et rachetée à nouveau au prix fort... La découverte de ce montage serait très embarrassante. »

La France est à eux...

2001, c'est donc l'année où Véolia achète la SMA, cette obscure société. C'est aussi celle du triomphe d'Henri Proglio. Jusqu'alors, celui-ci n'apparaît pas en pleine lumière. Il est, depuis dix ans, P-DG de la CGEA, une filiale de la Compagnie générale des eaux spécialisée dans le transport et le traitement des déchets. En 2000, il devient le patron de Vivendi Environnement, né de la séparation par Jean-Marie Messier entre les activités « nobles », regroupées dans Vivendi Universal, et le « canal historique », qui seul survivra.

Henri Proglio, quand il prend le gouvernail, pilote un navire surchargé de dettes, et menacé de prendre l'eau. Il réalise alors un « coup » qui lui vaut le respect de la place. EDF prend une participation de 34 % dans Dalkia, ce qui entraîne, comme l'annonce un communiqué officiel, « une réduction de la dette consolidée de Vivendi Environnement d'environ un milliard d'euros au 31 décembre 2000[1] ».

Ce milliard est venu indirectement des caisses de l'État, qui possède alors la totalité du capital d'EDF. L'homme qui décide de le dépenser pour sauver Proglio et lui permettre d'envisager l'avenir avec sérénité s'appelle François Roussely. Président d'EDF, cet ancien préfet a été directeur de cabinet de Pierre Joxe à l'Intérieur et à la Défense. Il connaît depuis longtemps un autre ami d'Henri Proglio, le fameux Djouhri. Depuis le temps, disent certains témoins, où le préfet Roussely était directeur général de la police nationale[2] et où cet intermédiaire était déjà bien implanté dans les milieux policiers.

« Monsieur Alexandre » joue-t-il un rôle dans cet apport miraculeux ? Impossible de le certifier. Proglio et Djouhri se connaissent depuis 1999. Ils se sont rencontrés lors d'un dîner chez Philippe Faure, un diplomate, ami de Dominique de Villepin, qui est allé faire fortune dans les assurances avant de retourner au Quai d'Orsay. C'est le coup de foudre.

Henri Proglio prend pour son nouveau « frère[3] » des initiatives et des risques inconsidérés. Les initiés connaissent l'épisode ahurissant de l'hôtel George-V, en

---

1. Communiqué de Vivendi, 3 janvier 2001.
2. Poste auquel lui a succédé Claude Guéant.
3. Nous prendrons cette expression au sens figuré. En effet, Henri Proglio, malgré des témoignages nombreux et des indices concordants, nie avec véhémence son appartenance, même passée, à la franc-maçonnerie.

décembre 2004. Ce jour-là, Djouhri est furieux qu'un homme d'affaires tunisien, Mohamed Ajroudi, ait conclu un accord avec Véolia pour monter une société commune au Moyen-Orient, Véolia Middle East. L'intermédiaire est flanqué de Laurent Obadia, un chargé de communication qui figure parmi ses fidèles, et d'Alain Marsaud, un ancien magistrat chargé des dossiers d'« intelligence économique » pour Vivendi. Ces trois-là ruminent leur colère contre le Tunisien, qui refuse de céder gratuitement 20 % de sa participation dans la société en cours de constitution. La journée se termine (mal) dans la chambre : l'homme d'affaires tunisien se fait tabasser par l'ami d'Henri, qui sera condamné pour cette agression[1].

À l'intérieur de Véolia, cet épisode mouvementé provoque un certain émoi. D'autant que Djouhri avait déjà obtenu ce qu'il voulait. « Il avait dit à Proglio qu'il ne voulait pas d'Ajroudi dans un deal au Proche-Orient, raconte un salarié de haut niveau qui a géré directement le dossier. Proglio s'était incliné, et avait convaincu Ajroudi de se retirer. Celui-ci avait réclamé un gros dédommagement, ce qui peut se comprendre. Ne me demandez pas comment nous sortions tout cet argent, je ne vous le dirai pas, confirme un ancien cadre de Véolia. Disons que c'était une somme rondelette. On avait presque fini de payer quand a eu lieu l'esclandre du George-V. »

C'est encore Henri Proglio, emporté par sa passion pour son nouvel ami, qui décide de se séparer de son plus vieux collaborateur, le directeur général adjoint du

---

1. Alexandre Djouhri a été condamné, en appel, à 400 euros d'amende pour « violence ayant entraîné une incapacité de travail inférieure à huit jours ».

groupe, Éric de Ficquelmont, le seul qui le tutoyait au sein du comité exécutif. Motif ? Il déplaisait fortement à Djouhri, tout comme Anne Méaux, qui s'occupait de la communication de Véolia depuis des années.

La France vit désormais dans un système extravagant, où l'homme qui tabasse un concurrent dans une suite du George-V est aussi celui qui prétend tirer les ficelles de l'industrie de l'eau et de l'énergie en France ! Il en a d'ailleurs les moyens, à tous points de vue. Il est au mieux non seulement avec Henri Proglio mais aussi avec le président d'EDF, François Roussely.

En 2004, quand le mandat de ce dernier arrive à expiration, l'Élysée et Matignon sont la cible d'une offensive hors du commun pour obtenir son renouvellement. Proglio appelle Chirac ou ses collaborateurs tous les jours. À Matignon, Jean-Pierre Raffarin s'étonne que son téléphone sonne autant, et que ses correspondants se montrent si insistants. Sidéré, il confie même à son ancien ministre de l'Économie et des Finances, Francis Mer, qu'il verrait bien à la tête d'EDF : « Jamais je n'aurais pensé que les francs-maçons étaient si puissants. »

Alexandre, François et Henri ont décidé de monter un groupe réunissant Véolia et EDF − il faut voir grand ! −, capable de faire la loi sur le marché de l'eau et de l'énergie, et de mettre en prime la main sur le nucléaire ! Mais l'ombrageuse Anne Lauvergeon, qui tient Areva avec poigne, risque de se trouver en travers de leur chemin. Pourtant, le plan est très avancé puisque Henri Proglio demande à son lieutenant Éric de Ficquelmont, expert en ressources humaines, de « vendre » ce rapprochement à la CGT, très puissante à EDF. Celui-ci a organisé une réunion avec d'un côté Henri Proglio, Denis Cohen et Frédéric Imbrecht, les deux hommes forts de la fédération des mines et de l'énergie à la CGT. Ils parviennent à un accord sur les conditions du rapprochement entre les deux groupes qui n'aura finalement pas lieu.

Car le grand dessein va voler en éclats. Exaspéré par les pressions, Jean-Pierre Raffarin met sa démission dans la balance : « J'ai expliqué au président de la République que reconduire François Roussely dans ces conditions s'apparenterait pour moi à un désaveu personnel, qui provoquerait ma démission. Je n'ai agi que trois fois ainsi pendant les trois ans que j'ai passés à Matignon. C'était une de ces trois fois. Et je ne le regrette pas. »

Furieux, Henri Proglio se brouille avec sa conseillère de toujours, Anne Méaux, une grande amie de Raffarin, qu'il soupçonne d'avoir poussé le président de Gaz de France, Pierre Gadonneix, à la tête d'EDF. Et il se sépare d'Éric de Ficquelmont, qui l'a mis en garde à de nombreuses reprises contre le profil un peu particulier de son ami Alexandre. Désormais ils sont devenus, pour ce duo infernal, « la pétasse et le menteur ». Une haine au long cours.

Pourquoi un garçon au sang chaud, au parcours scolaire et professionnel très atypique, a-t-il tant d'emprise sur un patron du Cac 40 ? L'hypothèse le plus souvent avancée concerne le capital de Véolia, dont Alexandre Djouhri posséderait 8 %. Jamais documentée, pas même par Pierre Péan qui a pourtant effectué une enquête approfondie sur le personnage, cette information semble avoir tout d'une rumeur. Une rumeur avantageuse qui prête à Djouhri une fortune… qu'il n'a pas.

D'autres voient là l'illustration d'une tendance à la transgression au sein de l'élite. Eh bien, pour Henri Proglio non plus, il n'y a pas de limite. Il l'a d'ailleurs montré lorsqu'il a voulu cumuler deux rémunérations, à

EDF et à Véolia, revendication appuyée avec succès à l'Élysée par Alexandre Djouhri en personne, avant que l'indignation générale n'oblige l'intéressé à y renoncer.

Cette fascination des puissants pour les mauvais garçons n'est pas nouvelle. Le tapis rouge déroulé par François Mitterrand pour accueillir Bernard Tapie au gouvernement, en avril 1992, en est une illustration. Mais enfin, Tapie est un ascète comparé à Djouhri, aperçu par des personnalités du Tout-Paris à l'heure du goûter, en train de sabler le champagne à l'hôtel Bristol en bonne compagnie. Quelle compagnie ? Oh, quelques amis : le directeur central du Renseignement intérieur, Bernard Squarcini, et Yazid Sabeg, le commissaire à la diversité et à l'égalité des chances. Il ne reste plus à Djouhri qu'à postuler au Cercle interallié ou au Jockey Club pour parfaire le tableau et améliorer encore, si c'est possible, sa réputation.

Les bandes

Alexandre, François et Henri ne se sont pas découragés pour autant ! Ils ont échoué ? Ils repartent à l'assaut. Tous à l'abri du besoin, ces bons garçons, très capables dès lors qu'il s'agit de défendre leurs intérêts, prennent leur temps. François (Roussely) s'est entre-temps reconverti dans la banque, au Crédit suisse. Du ministère de l'Intérieur à une banque helvète : voilà un parcours original pour un homme de gauche. C'est un drôle de hasard mais enfin c'est à ce proche d'Henri (Proglio) que le président de la République pense, fin 2009, pour écrire un rapport sur l'avenir de la filière nucléaire française. Qui lui a soufflé ce nom ? Claude Guéant (parmi d'autres), le secrétaire général de l'Élysée, qui entretient un commerce amical et régulier avec... Alexandre (Djouhri) ? La vie est souvent bien faite.

De façon très prévisible, la copie de François Roussely n'est pas favorable à Areva. Enfin, la copie... Sa synthèse plutôt. Car le rapport, dans son intégralité, est classé secret-défense. On apprend néanmoins que son auteur remet en cause les choix stratégiques d'Anne Lauvergeon, notamment l'EPR, et l'option d'une sécurité maximale des centrales, fût-ce au prix de surcoûts et de retards : « La seule logique raisonnable ne peut pas être une croissance continue des exigences de sûreté », ose écrire le banquier du Crédit suisse. Une assertion qui se passe de commentaire depuis la catastrophe de Fukushima.

Il préconise aussi d'ouvrir les activités minières d'Areva à des capitaux extérieurs... Et s'approche peut-être de la ligne jaune. Crédit suisse France, dont François Roussely est le vice-président, est la banque conseil de QIA, le fonds d'investissement du Qatar, qui n'a jamais caché son intérêt pour la division minière d'Areva. Si ce n'est pas une confusion des genres, cela y ressemble fort. Une société d'épargnants[1], qui regroupe 8 000 salariés actionnaires d'Areva, porte d'ailleurs plainte contre X pour prise illégale d'intérêts en février 2011, après avoir adressé des courriers aux présidents d'EDF et de Crédit suisse, afin de les interroger sur la façon dont avait été géré « le risque de conflit d'intérêts que pouvaient connaître leurs dirigeants, actuels ou passés ».

Mais François Roussely sait aussi tenir un rôle de composition. En décembre 2010, lors des quatrièmes jour-

---

1. Framépargne.

nées parlementaires sur l'énergie nucléaire, il appelle Anne Lauvergeon et Henri Proglio à cesser leurs querelles « tout à fait dommageables ». « Les controverses, les dissensions qui existent entre les dirigeants à titre personnel, poursuit-il, me paraissent contraires à l'intérêt national. »

Ah ! revoilà l'intérêt national ! Est-ce en son nom que Claude Guéant a envoyé un message à Anne Lauvergeon, courant 2010, pour lui expliquer que c'est EDF qui doit s'occuper de tout concernant les négociations avec l'Afrique du Sud pour la vente de réacteurs nucléaires ? Un marché important ? Avec un pays africain ? Voilà un secteur dans lequel Djouhri a des références.

Tous ces comportements apportent quelque crédit à ceux qui, à Paris, craignent que l'amour du drapeau et les impératifs industriels soient des alibis bien commodes pour justifier autant d'obstination, et que le véritable enjeu, ce soient les rétrocommissions, parfois versées à l'occasion de la signature de ces grands contrats. Des sommes d'argent qui enrichissent les intermédiaires et facilitent agréablement la vie des responsables politiques qui en bénéficient.

Pendant des années, les grandes commandes internationales dans les secteurs du BTP et de l'armement ont permis de remplir les caisses. Cette époque est – presque – révolue. Le nucléaire représente, de ce point de vue, un nouveau gisement, largement inexploité. Anne Lauvergeon, elle, a toujours refusé ce système. En juin 2011, elle n'a pas été reconduite à la tête d'Areva.

Henri Proglio, lui, est plus libre que jamais de réaliser son rêve : devenir « le chef de file de la filière nucléaire française ». Pour y parvenir, il a pu compter sur l'aide de ses amis Alexandre et François. Prévenant, à peine arrivé à EDF, il a signé un contrat avec i2F, la société d'Hervé Séveno. Cet ancien policier de la brigade financière a quitté la fonction publique en 1999 sans que ses supérieurs ni certains de ses collègues le regrettent exagérément.

Il se trouve qu'Hervé Séveno, souvent considéré comme franc-maçon, ce qu'il nie vivement, est un peu le porte-parole officieux de Djouhri, celui qui le défend envers et contre tout. Il s'est aussi lancé en politique de manière fugace, aux côtés de Dominique de Villepin : devenu secrétaire général adjoint de son mouvement République solidaire, en juillet 2011, il en a démissionné en septembre. Pas de quoi marquer le mouvement de l'ancien Premier ministre !

Il était monté à l'assaut, quelques semaines auparavant, pour tenter d'arrêter un article du *Monde* : « Je ne laisserai pas le Tout-Paris s'agiter sur Alexandre[1] », avait-il déclaré à la journaliste Raphaëlle Bacqué, qui enquêtait sur la censure, dans *Paris Match,* d'un article relatant justement l'enquête de Péan sur Djouhri. « Les deux journalistes de *Paris Match* avaient donc sollicité MM. de Villepin, Proglio, Squarcini et Guéant au sujet de leurs relations avec l'homme d'affaires, écrit la journaliste du *Monde.* Le patron de la DCRI et le ministre de l'Intérieur ont demandé que les questions leur soient posées par écrit [...]. Les réponses ne sont jamais arrivées. En vingt-quatre heures, leur article a été purement et simplement annulé. En guise d'explication, il leur a été dit que Ramzi Khiroun, communicant venu d'Euro RSCG, conseiller de Dominique Strauss-Kahn mais aussi porte-parole d'Arnaud Lagardère et membre du comité exé-

---

1. *Le Monde,* 27 avril 2011.

cutif du groupe Lagardère dont la filiale, Hachette Filipacchi Médias, possède l'hebdomadaire, était intervenu pour empêcher la publication de l'article. »

Le monde est vraiment tout petit. Et c'est ce monde-là qui gouverne, à sa façon, la France.

16

Les paranoïaques

Depuis quelques années, la guerre économique s'est amplifiée. Il faut être le plus innovant possible, prendre garde à ce que la concurrence ne s'empare pas de la dernière percée technologique, conquérir de nouveaux marchés dans des pays difficiles et, surtout, les garder. Dans cette ambiance de plus en plus tendue, certains patrons, grisés par les flatteries incessantes de leurs collaborateurs et célébrés par les médias comme les conquérants des temps modernes, deviennent incapables d'évaluer les risques à prendre. Jusqu'à mettre en péril l'empire qui leur a été confié.

Les zozos de la Régie

Au départ, Renault c'est l'entreprise nationale par excellence. À sa tête Carlos Ghosn, un chef incontesté parce qu'il a réussi l'impossible, sauver Nissan, au bord du gouffre. On raconte souvent qu'au Japon, il est considéré comme un demi-dieu. En France aussi. Polytechnicien, ingénieur au corps des Mines, polyglotte, il est traité comme un trésor vivant.

Le 4 janvier 2011, trois cadres de haut niveau sont mis à pied brutalement. Ils sont tout simplement accusés d'espionnage ! Ils auraient vendu à la Chine des secrets de fabrication de la voiture électrique. La direction n'emploie même pas le conditionnel : c'est sûr et certain. Des responsables se partagent le sale boulot, celui qui consiste à annoncer leur répudiation aux trois « coupables ».

Le directeur général, Patrick Pélata, fanfaronne dans *Le Monde*, quelques jours plus tard : « Une alerte a été déclenchée, fin août, dans le cadre de la procédure déontologique que nous avons mise en place en 2007, dit-il. Elle a donné lieu à des investigations qui se sont poursuivies pendant quatre mois. Notre système a donc fonctionné correctement. Nous avons poussé nos investigations afin d'être sûrs d'identifier l'ensemble des personnes concernées au sein de l'entreprise, et ce en mettant dans la confidence un nombre extrêmement limité de personnes. C'est ce qui nous a amenés, quand ces faits ont été clairs, à prendre des sanctions[1]. »

« Notre système a fonctionné correctement », « Nous avons poussé nos investigations », « quand ces faits ont été clairs » : voilà des morceaux de phrases dont il faut se souvenir. Comme il faut garder en mémoire l'intervention de Carlos Ghosn au journal de TF1, le 22 janvier, dans laquelle il déclare : « Nous avons des certitudes. Si on n'avait pas de certitudes, on n'en serait pas là. Il faut savoir comment ça se passe dans une entreprise comme Renault. » Il faut surtout une certaine dose de morgue pour faire ainsi la leçon à des millions de téléspectateurs. Car, moins de deux mois

---

1. Dans une interview publiée le 9 janvier 2011.

plus tard, le président de Renault est de retour sur le même plateau, pour présenter ses excuses personnelles aux trois cadres injustement mis en cause, auxquels il propose une réintégration et des dommages et intérêts.

« Il faut savoir comment ça se passe dans une entreprise comme Renault », dit donc son président. En effet, c'est intéressant. *L'Express* a fait œuvre de salubrité en rendant public, fin mars 2011, l'enregistrement d'une réunion qui se tient dans le bureau du directeur juridique, Christian Husson. Il y a là le trio en charge de la sécurité de l'entreprise, trois anciens des « services », comme on dit avec un délicieux frisson dans le dos. Parmi eux : Dominique Gevrey, l'homme qui a le contact avec une « source » miraculeuse. C'est prétendument cette « source » qui est à l'origine de toute l'affaire de « fausse » corruption chinoise. Dominique Gevrey a par ailleurs toute la confiance de Patrick Pélata, auquel il a rendu de nombreux services très personnels. Husson voudrait obtenir de Gevrey le nom de son informateur magique, parce que la justice commence à tordre le nez : les autorités suisses ne trouvent pas trace des comptes et des virements qui, soi-disant, constituaient le dossier en béton. Le directeur juridique, un être raffiné, redoute « la fin des haricots pour Ghosn, pour tout le monde, ça part en couilles, mais grave ! C'est la bombe atomique ». Puis il fait un cauchemar éveillé : et s'il fallait réintégrer les trois pestiférés ? « Là, ça m'arrache le cul. »

La débâcle, pour les dirigeants de Renault, est accélérée par l'entrée en scène de Philippe Clogenson. Ce quinquagénaire ressemble autant à un corrompu que Carlos Ghosn à un humaniste. Un peu cérémonieux, un peu raide, il a tout du « bon élément ». Il a pourtant vécu l'enfer, chez Renault, à cause de la même fine équipe composée de dirigeants paranos et d'espions au rabais venus chercher une préretraite dorée.

Sur la base d'une résidence en Espagne et à partir d'un règlement de compte interne, ce haut cadre de Renault va être accusé de corruption. Les faits ? Il n'y en a pas. Le dossier ? Un rapport grotesque et un tableau retraçant des versements imaginaires à l'étranger. Résultat ? Il est expulsé de son poste à la direction relations clients.

Débarqué de Renault dans des conditions indignes, Philippe Clogenson attaque en justice mais ne retrouve pas de travail. Il a donc tout le loisir de réfléchir sur ce qui a provoqué sa chute. Chez Renault, le marketing digital prend une place croissante. Pourtant au moment où le groupe veut s'impliquer dans cette nouvelle activité, son partenaire habituel, Publicis, n'est pas au point sur ce secteur en devenir. C'est donc une petite agence qui remporte le marché. Au fil des mois, Publicis n'apprécie guère la montée en puissance de cette start-up. Maurice Lévy, son tout-puissant président, s'en plaint au patron de la publicité et du marketing, Steve Norman. Justement, cet homme, unanimement décrit comme brutal, n'apprécie pas Clogenson. Il dit de lui un jour, en pleine réunion, à l'un de ses voisins : « Regarde-le, on dirait qu'il est déjà mort. »

Au fil de l'instruction judiciaire, deux certitudes commencent à poindre : le rapport[1] sur la soi-disant « corruption » de Clogenson a été fabriqué de toutes pièces par un fantaisiste sans le moindre souci de vraisemblance ; et sa mésaventure a donné des idées aux caricatures d'agents secrets employés – au prix fort – par Renault.

Le 8 mars 2011, coup de théâtre : il faut réintégrer

---

1. Que les auteurs ont pu consulter.

d'urgence ce cadre supérieur, car un conseil d'administration se tient dans trois jours, et il faut absolument faire une annonce ! Sinon... Carlos Ghosn pourrait bien sauter. Avec son avocate, Claire Lavergne, Philippe Clogenson demande sa réintégration, juste pour rire et pour faire monter les enchères... À sa grande surprise, il l'obtient. Les dirigeants de Renault sont aux abois. En novembre 2011, Dominique Gevrey était toujours en détention provisoire, la chambre de l'instruction de la cour d'appel de Paris ayant refusé à deux reprises sa remise en liberté. Fait exceptionnel, dans leur arrêt, les magistrats soulignaient, pour justifier leur décision, la nécessité « d'empêcher [...] une concertation frauduleuse entre personnes mises en examen et complices voire avec la partie civile Renault ». Dominique Gevrey est en prison. Les autres responsables de cette chasse à l'homme n'ont pas eu à se plaindre. Carlos Ghosn a gardé son travail. Patrick Pélata, le numéro deux, n'a pas été totalement sacrifié : en avril 2011, à l'issue du fameux conseil d'administration, Renault publiait un communiqué assurant que « les compétences de Patrick Pélata restent précieuses et constituent un atout pour le groupe » et annonçant que celui-ci « se verra proposer d'autres fonctions » au sein de l'alliance Renault-Nissan. Christian Husson, le directeur juridique, a rejoint un grand cabinet d'avocats. Les incapables s'en sortent bien.

Le mélange de paranoïa, de suffisance, d'incompétence et, pour tout dire, de mépris pour son prochain qui règne dans le groupe depuis quelques années n'est pas spécifique au groupe automobile. Des barbouzes mal léchés règnent ailleurs sur l'oligarchie des affaires, prétendant régner sur la « sécurité » d'entreprises qui se vivent comme des forteresses assiégées. Leurs patrons sont devenus les otages de demi-soldes auxquels, dans une autre vie, ils n'auraient même pas accordé un regard. Surpayés, obsédés par leur survie, convaincus de leur importance, ils détournent une part de leur savoir-faire des vrais enjeux de l'entreprise, pour les concentrer sur des complots imaginaires ou des combines inavouables.

En France ou dans le vaste monde.

L'Oréal et la nouvelle Russie

Le 25 janvier 2007, dans les locaux de la DNIF, la Division nationale des investigations financières, à Paris, le policier interroge un ancien cadre supérieur de L'Oréal, le géant français des cosmétiques. Celui-ci raconte son beau parcours, ses missions d'expatrié à Dubaï et en Argentine, son salaire de directeur financier de la plus grosse division de L'Oréal (550 000 euros par an), et puis son licenciement en 2006. L'enquêtrice tente de comprendre pourquoi Olivier Carrobourg, qui a, depuis, créé son entreprise, a tenu à enregistrer une cassette audio. Une cassette dans laquelle il détaille l'organisation des ventes de L'Oréal en Russie. Est-ce la peur ? La volonté de ne rien oublier ? Le souci de se protéger ? L'intéressé ne s'étend pas. Il se contente de répondre :

« J'ai enregistré cette cassette en 2002, à la demande de mon épouse. »

Le contenu de la cassette et la déposition[1] sont, en revanche, sans ambiguïté. L'homme y expose dans les

---

1. Auxquels les auteurs ont eu accès.

moindres détails une histoire incroyable : l'une des plus prestigieuses entreprises du Cac 40 a écoulé ses produits par l'intermédiaire de distributeurs liés au crime organisé russe.

S'ils le savaient, comment les dirigeants d'un groupe de renommée mondiale, très attaché à son image, ont-ils pu se laisser aller à de telles extrémités ? Ils n'ont pas besoin de franchir les lignes jaunes pour faire du profit, et en rajoutent depuis des années sur leur « mission citoyenne », dont les préceptes sont récapitulés dans une charte baptisée « L'éthique au quotidien »[1].

Et si la clé de l'énigme se résumait en deux mots : toujours plus ?

Tout commence au milieu des années quatre-vingt-dix. À cette époque, L'Oréal a un agent officiel en Russie depuis une vingtaine d'années. C'est un Slovène installé en Suisse pour qui les caciques du parti communiste n'ont aucun secret. Sous Brejnev comme sous Andropov, Janez Mercun et sa société Temtrade faisaient un carton. Ils étaient les seuls à pouvoir vendre les crèmes et les shampooings de l'entreprise française aux privilégiés du régime, qui en raffolaient.

Au siège du groupe, à Paris, ces efforts semblent insuffisants. Après la chute du mur de Berlin, il faut profiter au plus vite de la grande révolution libérale qui survient à Moscou. Les vieux réseaux de Janez Mercun

---

1. Ce document de 40 pages, traduit en 22 langues, donne notamment cette directive à l'ensemble des salariés : « Chaque fois que vous pensez être confronté à une problématique éthique, posez-vous les questions suivantes : 1. Est-ce conforme à l'ESPRIT L'ORÉAL et à l'ÉTHIQUE AU QUOTIDIEN ? 2. Est-ce légal ? 3. Quel est l'impact de mes actions sur nos différentes parties prenantes et comment réagiraient-elles si elles venaient à les connaître ? 4. En cas de doute, ai-je sollicité de l'aide ? »

ne seraient-ils pas dépassés ? Certes, les marges sont correctes ; l'argent rentre. Mais le Russe de la rue, lui, n'entre pas dans ses boutiques de luxe. Pour l'atteindre, il faut sortir des circuits traditionnels. Le plus vite possible.

Dans son audition devant les enquêteurs de la DNIF, Olivier Carrobourg, à l'époque directeur financier de la division PBI[1], centrée sur l'exportation, raconte : « Fin 1996, les dirigeants étaient très inquiets sur le bouclage de l'année » et le mot d'ordre de l'époque était le développement à tout prix du marché russe. Il fallait, disait-on, « faire feu de tout bois »...

Les équipes ont carte blanche pour contourner Mercun, l'agent officiel de L'Oréal qui a l'exclusivité commerciale sur la zone. Elles font appel à la famille Chalhoub, installée à Dubaï, qui, elle, est connectée avec les représentants de la « nouvelle Russie », celle de la zone grise. Une partie des produits initialement destinés au Moyen-Orient sera réexportée vers la Russie en toute discrétion.

L'agent officiel n'est ni aveugle ni sourd. Il se rend vite compte, lors de ses séjours en Russie, que les produits sont écoulés dans de drôles de gargotes. Il réclame une compensation à L'Oréal. Et l'obtient : 20 millions de francs en 2000 pour rupture de contrat. Mais l'accord stipule que le marché parallèle doit cesser. Ce n'est pas le cas. Janez Mercun déclare alors la guerre au premier groupe mondial de cosmétiques. Il a déposé une série de plaintes pour blanchiment, détournements de fonds, abus de bien social, qui n'ont, à ce jour, pas convaincu la justice.

Les investigations policières mettent pourtant au jour

---

1. Parfums et beauté international.

un étonnant système. Ceux qui vont écouler ces produits à partir de 1995 dans l'ex-URSS sont des « biznessmen », comme on dit en Russie. Autrement dit, des affairistes liés au crime organisé. Vladimir Nekrassov, le patron d'Arbat Prestige, la nouvelle enseigne qui distribue à la sauvette les produits L'Oréal venus de Dubaï, est en effet associé à Semion Mogilevich, l'une des personnalités les plus marquantes de la mafia russe. Même s'il se défend d'avoir commis le moindre acte délictueux, ce dernier a un CV impressionnant ! Il a passé deux ans dans les geôles soviétiques dans les années soixante-dix, puis il a tout compris à la « nouvelle Russie ». Après la chute du Mur, il a même racheté une banque, Inkombank[1]. Il investit aussi dans le gaz, dans les pompes funèbres et dans une usine d'armement en Hongrie. Mais c'est une gigantesque escroquerie aux États-Unis, dans la région de Philadelphie, qui le hisse en haut de l'affiche. Montant du préjudice : 150 millions de dollars ! Cet exploit lui a valu d'entrer dans le classement des dix personnages les plus recherchés par le FBI, qui offre 100 000 dollars pour toute information conduisant à son arrestation. Il est aussi interdit de séjour dans l'espace Schengen...

Les cosmétiques constituent son autre « passion », destinée à occuper les femmes de sa vie. Il a offert 40 % d'Arbat à l'une de ses anciennes épouses, tandis qu'une autre est devenue la directrice juridique de l'entreprise.

Lorsqu'il introduit Nekrassov dans la galaxie L'Oréal, Patrick Chalhoub, l'agent officiel du groupe de cosmétiques au Moyen-Orient[2], ne cache rien aux dirigeants de L'Oréal. Non sans humour, il l'a, un jour, présenté

---

1. Elle a fait faillite en 1998.
2. Les Chalhoub et L'Oréal ont ensemble plusieurs sociétés.

à Olivier Carrobourg en ces termes : « C'est un homme dangereux à tous points de vue. » Plusieurs rapports et comptes rendus de réunions internes évoquent aussi Nekrassov en des termes similaires.

En somme, selon Carrobourg, les dirigeants de L'Oréal ont fait un choix : la conquête du marché russe vaut bien quelques sérieuses compromissions... à condition que rien ne s'ébruite. Là où d'ordinaire on claironne les beaux succès, c'est donc l'omertà sur le dossier russe. Plusieurs cadres, chargés de la lutte contre les contrefaçons ou de l'audit, multiplient les alertes et les rapports à leur direction. En charge de la « protection des marques » chez L'Oréal, Gilles Sanchez raconte ainsi aux enquêteurs de la DNIF[1] qu'il a constaté des « mouvements anormaux » sur la Russie dès 1995. Il a alors déclenché plusieurs enquêtes. Et découvert la filière Paris-Dubaï-Moscou. Mais son rapport d'enquête remis aux cadres dirigeants du groupe n'a intéressé personne. « Il a été accueilli dans la plus parfaite indifférence, personne ne m'en a jamais parlé », raconte-t-il aux enquêteurs. Quand il a souhaité continuer son enquête, il lui a été répondu : « C'est inutile »... Il n'a pas eu le temps de s'obstiner : un an après avoir rendu son rapport, il a été licencié.

La même mésaventure est arrivée à Olivier Loustalan, le directeur des « pays de l'Est ». Il a longuement raconté aux enquêteurs de la DNIF[2] que c'est en tombant par hasard sur une facture « troublante » qu'il a été alerté. « Au vu de cette facture, j'ai compris qu'il y avait un trafic organisé de marchandises dans lequel était impliquée L'Oréal », confie-t-il aux enquêteurs. Attitude de ses supérieurs ? « Ils ne m'ont pas répondu.

---

1. Procès-verbal du 1ᵉʳ décembre 2006.
2. Procès-verbal du 13 décembre 2006.

Ils ne m'ont fourni aucune réponse. » Et son licenciement, en 1997 ? « Je ne pouvais plus parler avec mon
chef. Je savais qu'il me mentait. » Encore une coïncidence ?

Entendu lui aussi par les policiers de la DNIF, Serge
Guisset, un des dirigeants de L'Oréal, reconnaît qu'à la
vue des rapports dont il a obtenu une copie, il ne s'est
pas senti très fier : « Je ne tombais pas des nues. Tout
cela était un peu hypocrite. J'étais content pour le
groupe et content pour mes budgets. Tout en ayant
conscience que cela n'entre pas dans des pratiques normales. Donc j'étais content et gêné à la fois[1] »...

Les cadres qui n'ont pas été débarqués se montrent
beaucoup moins bavards. Selon eux, ce trafic n'aurait
duré que cinq ans. L'histoire officielle prétend que
toutes les relations se seraient achevées lorsque le grand
patron, Lindsay Owen-Jones lui-même, aurait découvert
la situation, lors d'un séminaire de cadres en janvier
1999. Carrobourg raconte ainsi la scène surréaliste à
laquelle il a assisté et qui semblait avoir été répétée en
coulisse : « OJ », le surnom de Lindsay Owen-Jones en
interne, passe publiquement un savon à son numéro
deux. « Il baissait les yeux », raconte Carrobourg pendant qu'OJ expliquait, en faisant une grande leçon sur
l'éthique maison, que « le groupe n'a pas besoin de
ça »... Mais depuis, à en croire sa déposition devant les
enquêteurs de la DNIF, le patron de L'Oréal a tout
oublié.

Face aux policiers[2], Lindsay Owen-Jones a simplement
expliqué que « ce courant d'affaires vers la Russie était
subi » et qu'il ne connaissait pas M. Nekrassov. Seule

---

1. Procès-verbal du 26 décembre 2007.
2. Procès-verbal du 21 février 2007.

concession : «Je connais l'existence du groupe Arbat. C'est l'un des grands leaders des chaînes de distribution en Russie. » Et pour cause. Car en réalité, une fois Mercun indemnisé, ce dernier a perdu « l'exclusivité » de la distribution des produits L'Oréal en Russie. La firme française a alors repris en direct le commerce dans ce pays. Tout en continuant à travailler, entre autres, avec le groupe Arbat... jusqu'à sa faillite. Car la vista de Vladimir Nekrassov et de Semion Mogilevich dans les cosmétiques n'a eu qu'un temps. En 2008, les deux hommes ont été arrêtés pour fraude fiscale[1] et leur chaîne, Arbat, a fait faillite en 2009. Ainsi va la vie des affaires dans la « nouvelle Russie ».

Un modèle dont certains hauts managers ont appris à s'inspirer. La seule loi qu'ils respectent ? La loi du silence.

---

1. Ils ont été libérés en avril 2011 et aucune charge n'a finalement été retenue contre eux.

17

La justice, c'est pour les autres

« La corruption, ça n'existe pas... » Qui le dit ? Le juge Renaud Van Ruymbeke[1], devant un vaste auditoire réuni au tribunal des Sables-d'Olonne, pour les Causeries du Palais qui se tiennent, chaque année au mois de juin, dans le cadre du festival Simenon. L'édition de 2011 est consacrée à la corruption. Évidemment, il surprend son public. Tous les orateurs, depuis le début de la matinée, racontent comment les enquêtes politico-financières sont court-circuitées en haut lieu avec une grossièreté croissante. Et lui, qui est en charge des dossiers les plus explosifs, comme les frégates de Taïwan ou le volet financier de l'attentat de Karachi, commence ainsi son exposé : « La corruption, ça n'existe pas... »

« D'ailleurs, poursuit-il, on va supprimer les juges d'instruction, comme cela, ils arrêteront enfin de chercher des choses qui n'existent pas. D'ailleurs, j'ai lu dans un journal l'interview d'un garde des Sceaux qui déclarait en substance : "Dans les affaires d'armement, de deux choses l'une : ou l'entreprise n'obtient pas le marché et il ne se passe rien ; ou elle l'obtient, et le

---

1. Le samedi 18 juin 2011.

211

secret-défense s'applique." Voilà, c'est tout simple. Et pourquoi cela se passe ainsi ? "Pour défendre les intérêts fondamentaux de la nation." Les intérêts fondamentaux de la nation, dans l'affaire des frégates, vont coûter près de 500 millions d'euros que l'État, autrement dit les contribuables français, devront payer à Taïwan pour compenser le trop-perçu que représente l'argent de la corruption, dont les bénéficiaires n'ont pas pu être retrouvés. C'est normal, puisque la corruption n'existe pas. »

Le juge Van Ruymbeke veut souligner par un trait d'humour une exception française dont on se passerait bien, et qui ne cesse de prospérer depuis une vingtaine d'années : l'impossibilité qu'il y a, en France, à juger de la même manière les humbles et les puissants. Pour l'avoir souligné, un de ses collègues a été démis de ses fonctions.

Jean de Maillard était, jusque fin 2010, président du tribunal correctionnel d'Orléans. Sa hiérarchie ne voulait plus de lui, mais elle n'avait pas le pouvoir de le muter ailleurs[1]. Alors, cet expert de la délinquance financière internationale[2], spécialisé dans les affaires pénales, a été nommé, dans le même palais de justice, au tribunal de la Sécurité sociale. Il a protesté ? Le ministère de la Justice, bon prince, lui a proposé de rejoindre le tribunal de Paris. Là, il s'occupe des dossiers civils de baux commerciaux, autre secteur pour

---

1. C'est le principe d'inamovibilité des magistrats du siège, censée garantir leur indépendance.
2. Il est notamment l'auteur de *Un monde sans loi. La criminalité financière en images*, Stock, 1999 et de *L'Arnaque, la finance au-dessus des lois et des règles*, Gallimard, 2010.

lequel il n'exprime ni goût ni compétence particulière. Mais au moins, il n'embête plus personne.

Ses supérieurs, lorsqu'il était à Orléans, ont d'abord essayé de le coincer pour faute lourde. Après tout, il donne des conférences sur les dangers de la mondialisation au lieu d'être posté à heures fixes devant la machine à café. En vain : il faisait le travail pour lequel il était payé. Alors, ils se sont rabattus sur le tribunal de la Sécurité sociale.

Ce qu'ils lui reprochaient ? De faire sa mauvaise tête. « Orléans est une ville laboratoire de la tolérance zéro en matière judiciaire. Quand on arrête un délinquant, on le fait comparaître tout de suite, raconte-t-il. Le résultat, c'est que la ville n'est pas plus sûre qu'avant, peut-être moins, à part en centre-ville. Parce qu'au lieu de faire des enquêtes pour prendre le mal à la racine, on fait du chiffre. On n'attrape jamais de gros poissons puisqu'on ne remonte jamais les filières, mais on condamne des lampistes à la va-vite[1]. »

Le magistrat raconte comment, lorsqu'on arrête un trafiquant avec cinq kilos d'héroïne, il passe en comparution immédiate et l'affaire est classée. « Au début, je le disais gentiment, poursuit Jean de Maillard, et puis je l'ai fait remarquer à l'audience... Cela n'a pas plu. »

Ces délits qui n'existent pas

Apparemment, la corruption a épargné la France comme le nuage de Tchernobyl au lendemain de l'explosion de la centrale nucléaire ukrainienne, en 1986. La

---

1. Entretien le 5 juillet 2011.

convention de l'OCDE sur la lutte contre la corruption internationale a été intégrée au droit français en 2000. Depuis cette date, en plus de dix ans, et alors que la France compte de nombreux groupes exportateurs, seules deux condamnations mineures ont été prononcées par les juridictions françaises, comme l'indique un rapport de Transparence internationale[1]. Une attitude exemplaire qui n'a pas manqué de frapper le Groupe d'États contre la corruption (Greco) au sein du Conseil de l'Europe : « Malgré l'importance économique de la France et de ses relations historiques et privilégiées avec certaines régions du monde considérées comme fortement affectées par la corruption, elle n'a encore prononcé aucune sanction pour corruption d'agent public étranger[2]. »

L'Allemagne, dans le même temps, a prononcé 42 condamnations, les États-Unis 88 et... l'Italie 39 ! Quant au pôle financier du tribunal de Paris, chargé des affaires de délinquance en col blanc, il enregistre de moins en moins d'affaires chaque année depuis 2006. Il est vrai qu'un rapport parlementaire consacré à la justice pénale note que « le nombre de dossiers soumis à l'instruction – concernant donc les délits les plus graves – est passé de 8 % en 1990 à moins de 4 % aujourd'hui[3] ». D'ailleurs, les plaintes avec constitution de partie civile, souvent à l'origine des dénonciations contre la délinquance haut de gamme, baissent elles aussi.

---

1. Transparence internationale France, « État de droit menacé : l'indispensable réforme de la justice financière », juin 2011.
2. Groupe d'États contre la corruption (Greco), Conseil de l'Europe, 19 février 2009, « Rapport d'évaluation sur la France, troisième cycle d'évaluation ».
3. Commission des Lois, « Procédure pénale : les clefs d'une réforme équilibrée, rapport d'information de MM. Jean-René Lecerf et Jean-Pierre Michel », 8 décembre 2010.

La nomenklatura, en vérité, a été prise par surprise au tournant des années quatre-vingt-dix. Des juges n'ont pas hésité à profaner des lieux longtemps considérés comme sacrés. La perquisition de Renaud Van Ruymbeke au siège du Parti socialiste dans le cadre de l'affaire Urba, par exemple, restera comme un grand moment de transgression dans la mémoire collective de la classe dirigeante. Et l'affaire Elf, comme l'élément déclencheur de catastrophes en série.

Une fois passé le premier état de sidération, la résistance s'est organisée. En la matière, l'oligarchie s'est révélée incapable de moraliser le système mais très capable, une fois encore, de protéger ses intérêts !

Plus jamais ça !

Les pouvoirs publics ont ainsi supprimé, en 2007, la plainte avec constitution de partie civile, qui oblige à ouvrir une information judiciaire. Oh ! sur le papier, une telle décision n'a que des vertus. Elle est destinée à désengorger les tribunaux, qui croulent sous les affaires sans intérêt et les plaintes abusives. Elle représente, en vérité, le premier clou enfoncé dans le cercueil des juges d'instruction. Sans elle, les plaintes simples sont traitées par le parquet, hiérarchiquement soumis au pouvoir en place, qui a la possibilité de les classer. En théorie, le plaignant peut ensuite se porter partie civile au bout de trois mois. En pratique, l'autorité du parquet freine la détermination du plus grand nombre.

L'affaire d'Outreau avait préparé l'opinion. Après ce fiasco, supprimer le juge d'instruction, indépendant, et confier les enquêtes au procureur, soumis à sa hiérarchie, ressemblait à une évidence. Nicolas Sarkozy a annoncé cette mesure en se frottant les mains. Mais la Cour européenne des Droits de l'homme a souligné qu'une telle suppression devrait s'accompagner de l'indépendance du parquet, afin de préserver la séparation des pouvoirs. Un coup dur qui a fait reculer l'exécutif.

Qu'à cela ne tienne : à défaut de supprimer les juges d'instruction, qui ont tellement effrayé nombre de grands notables ces dernières années, il suffit de ne plus leur confier de dossiers. À Paris et à Nanterre, deux ressorts où atterrissent la quasi-totalité des dossiers politico-financiers, le parquet se charge de l'enquête préliminaire, qu'il laisse gentiment traîner, sans passer par la case juge d'instruction. L'affaire Bettencourt prouve que l'astuce n'est pas infaillible. Mais il a fallu la haine réciproque du procureur Courroye et de la juge Prévost-Desprez, présidente de la chambre chargée de juger l'affaire, pour en arriver là.

Afin d'empêcher quelques têtes brûlées de faire du zèle, on leur coupe les vivres. Les effectifs de la section financière du tribunal de Paris sont passés de 46 à 39 entre 2009 et 2011. Une réduction qui a touché plus spécialement les juges d'instruction, dont le nombre a été réduit de 25 %. Policiers et gendarmes ne sont plus capables, de leur côté, de mener les investigations confiées par le parquet ou le juge d'instruction. Pourquoi ? Parce qu'ils n'y sont pas formés. Qui le dit ? Pas le Syndicat de la magistrature, mais la Direction des affaires criminelles et des grâces, la plus importante et la plus stratégique de la Chancellerie : « La quasi-totalité des parquets signalent le manque criant de services et unités d'enquête qualifiés pour diligenter les procédures pénales en matière économique et financière », dit un rapport officiel[1] selon lequel « le manque d'enquêteurs formés nuit à la détection des infractions économiques et financières, faute de curiosité des enquêteurs en ce sens ».

La cure minceur

Toutes ces restrictions sont, bien sûr, habillées des meilleures intentions du monde. Il s'agit d'« économiser » les deniers publics, de « rationaliser » la bureaucratie administrative. C'est exactement l'argument qui était opposé à Jean de Maillard quand il protestait contre les comparutions immédiates destinées à faire grimper les statistiques.

Les yeux rivés sur des considérations matérielles ou corporatistes, ou les deux, les syndicats de magistrats n'ont pas trouvé le temps de protester contre la « méthode lean ». En anglais, *lean* signifie « maigre ». Depuis 2010, la société CapGemini tente d'appliquer sa grande invention, le *lean management*, aux tribunaux français. Dans ce contexte, la justice n'est plus présentée comme une fonction régalienne de l'État, mais comme un « segment » d'activité, au même titre que la production de yaourts ou la vente à domicile de produits de beauté. Elle n'est donc pas destinée à chercher la vérité, à démasquer et juger les coupables, à s'assurer que les plus faibles seront traités de la même manière que les puissants. Non, elle doit, comme n'importe quel secteur de l'activité marchande, diminuer ses coûts et améliorer le service rendu.

Mais comment mesurer la « productivité » d'un juge d'instruction ? Surtout s'il est chargé d'enquêter sur des

---

1. Direction des affaires criminelles et des grâces, « Rapport de politique pénale », 2009.

affaires de délinquance financière ou de trafic de stupéfiants ? Le temps et l'énergie consacrés à remonter les réseaux, à mettre en lumière ce qui devait rester caché doivent-ils faire l'objet d'une comptabilité analytique pointilleuse dans une démocratie digne de ce nom ?

Ces questions désuètes appartiennent à une époque révolue, une époque où l'on n'avait pas encore inventé le TTR. TTR comme « traitement en temps réel ». Encore une bonne idée, au départ. Qui serait opposé à ce que la justice, réputée lente, accélère la cadence ? C'est là toute l'hypocrisie de la démarche. Ce qui a du sens dans les tribunaux d'instance chargés de petits contentieux perd toute signification quand il s'agit de traiter des dossiers compliqués. Compliquées, les affaires politico-financières le sont toutes, sans exception : les frégates de Taïwan, l'attentat de Karachi, les caisses noires de l'Union des industries et métiers de la métallurgie (UIMM), les fréquentations d'Éric Woerth, voilà des enquêtes qui visent directement les oligarques, et demandent donc des moyens, de l'opiniâtreté et du courage. Autant de qualités que la « méthode lean » ne connaît pas.

Et tout cela pour quoi ? Faire des économies ? Peut-être un peu. Mais il s'agit surtout de rendre illégitimes toutes les investigations longues, difficiles donc coûteuses sur l'argent gris et les compromissions inavouables. Tout parquet qui met des moyens dans cette direction sera mal noté en fin d'année : pas assez de rendement. Tout juge d'instruction qui s'attarde sur un dossier sensible sera stigmatisé : un fainéant, qui s'endort sur ses dossiers !

L'inusable secret-défense

Ce courant de réformes invisibles destinées à apaiser les oligarques inquiets s'est encore enrichi en 2009. À la fin du mois d'octobre, les juges d'instruction en charge de l'attentat de Karachi reçoivent quarante documents couverts par le secret-défense qui ont été déclassifiés, à leur demande, par le ministre Hervé Morin. La Commission consultative du secret de la Défense nationale (CCSDN)[1], qui a seulement le droit de donner son avis, était d'accord. Problème : aucun de ces quarante documents n'est antérieur à l'attentat, ce qui provoque un certain scepticisme, pour ne pas dire plus, du côté des enquêteurs. Comment, dans ces conditions, comprendre la genèse du drame qui a coûté la vie à onze salariés français de la Direction des constructions navales (DCN), sans compter les nombreux blessés ? Comme souvent, l'opération de déclassification est une farce.

Mais il y a plus grave. Quelques mois auparavant, le 29 juillet 2009 exactement, une loi est passée inaperçue. Elle met en place un système très pervers, dans lequel ce ne sont plus seulement des documents, mais des lieux, qui sont en quelque sorte « sanctuarisés » et placés hors de toute atteinte judiciaire. L'alibi est toujours le même : la sécurité avant tout ! Pas question que des informations stratégiques tombent entre les

---

1. Cette instance, présidée par un haut magistrat, a été créée en 1998 et examine chaque année une trentaine de demandes formulées par des magistrats sur des affaires sensibles, des frégates de Taïwan (communication refusée) à Clearstream (déclassification partielle).

mains de juges, puisque le secret de l'instruction est une vraie passoire. Jean-Luc Warsmann, président UMP de la commission des Lois à l'Assemblée nationale, que l'on pourrait difficilement faire passer pour un dangereux gauchiste, s'est insurgé contre ces dispositions restrictives. Il a déploré publiquement « des dispositions [qui] constituent une révolution dans le droit français », en créant « des zones où les magistrats ne pourront jamais entrer, des zones de non-droit législatives ».

Et quelles sont ces « zones de non-droit » ? Une vingtaine de lieux hautement stratégiques interdits à la visite judiciaire, à moins d'un avis contraire du ministre de la Défense, après consultation de la fameuse Commission « du secret »[1]. « Il s'agit de lieux qui comportent en eux-mêmes des secrets visuels, et je ne vois pas comment ils pourraient cacher des turpitudes intéressant la justice », justifie le président de la Commission, le conseiller d'État Jacques Belle[2]. La bonne blague ne serait pas complète si la liste elle-même n'était pas tenue secrète, donc modifiable au gré des événements. L'adage présidentiel – « Pourquoi se gêner ? » – trouve à nouveau un champ d'application.

Cette loi s'est aussi occupée des « lieux abritant des éléments couverts par le secret de la Défense nationale ». Et là, les frontières du grotesque sont enfoncées. Combien y en a-t-il ? Impossible de le dire, même si Jacques Belle évalue leur nombre entre 1 000 et 3 000. On y trouve les bureaux de la DGSE, de la DCRI – qui regroupe les anciennes directions des Renseignements

---

1. La CCSDN (cf. *supra*).
2. Entretien le 7 octobre 2009.

généraux et de la DST –, mais aussi des locaux situés dans les préfectures, au motif que s'y trouvent des éléments du plan Vigipirate. La liste de ces lieux est tout aussi secrète. Déterminée par arrêté du Premier ministre pour cinq ans, elle peut, au gré des circonstances politico-judiciaires, être complétée à l'abri des regards. « Un arrêté peut en modifier un autre », s'inquiète Marc Trévidic, juge d'instruction antiterroriste à Paris (en charge, notamment, de l'attentat de Karachi) et président de l'Association française des magistrats instructeurs (AFMI).

« Pour y effectuer une perquisition, un juge devra désormais demander par écrit au président de la CCSDN de bien vouloir l'accompagner. Ce qui implique un délai nécessaire avant de perquisitionner. Or, dans une affaire sensible, quand un témoin vous déclare à 16 heures que tel document se trouve dans tel bureau, il faut s'y rendre immédiatement, avant que toutes sortes de fuites ne puissent se produire[1] », explique le juge. Lorsqu'il était en poste dans les Hauts-de-Seine, Marc Trévidic se souvient que pour perquisitionner à la préfecture, à Nanterre, même le service de police qui l'assistait n'était pas prévenu à l'avance du lieu de destination. Alors évidemment, la demande écrite ! « Le gouvernement reste maître du jeu quoi qu'il arrive, estime Daniel Lebègue, le président de Transparence internationale France. Ce qui signifie que les entreprises d'armement, par exemple, deviennent des zones de non-droit. C'est inacceptable. D'ailleurs, nos voisins sont scandalisés. »[2]

---

1. Entretien le 13 octobre 2009.
2. En novembre 2011, le Conseil constitutionnel a annulé la plus grande partie de ces dispositions.

Monsieur Marin

Pendant plusieurs années, les juges ont souffert en silence. Mais après la volte-face sur l'affaire Clearstream, ils se sont lâchés. Certes, personne ne comprend rien à cette histoire de névrosés professionnels qui confectionnent des faux listings en montant des scénarios de série Z. Mais la contorsion à laquelle s'est livré le procureur de Paris Jean-Claude Marin les a stupéfiés. Pendant que Dominique de Villepin était Premier ministre, ce haut magistrat s'est employé à démontrer que le chef du gouvernement n'était pour rien dans ce complot de pacotille. Mais une fois Nicolas Sarkozy élu et sa fatwa lancée contre tous ceux qu'il suspendrait à un « croc de boucher », le procureur Marin s'est montré créatif. Il a même inventé, pour l'occasion, un nouveau délit. Celui de « complicité par abstention ». Villepin n'a rien fait – le procureur pouvait difficilement se déjuger –, donc il est coupable. Certes, cette brillante trouvaille a abouti à une relaxe de l'ancien Premier ministre en première instance et en appel. Mais Jean-Claude Marin y a gagné la faveur du prince, qui l'a nommé, en 2011, procureur général de la Cour de cassation, le plus haut poste du parquet.

Les puissants, il est vrai, ont rarement eu à se plaindre de lui. Il y a bien Frédéric Beigbeder, qu'il a maintenu plus de 24 heures en garde à vue pour une histoire de cocaïne consommée sur le capot d'une voiture à la sortie d'une boîte de nuit parisienne. Et encore, l'écrivain, qui avait écrit quelques pages saignantes sur son lointain tourmenteur dans son livre *Un roman français*[1]

---

1. Grasset, 2009.

a dû renoncer : au dernier moment, l'éditeur a mis au pilon les milliers d'exemplaires déjà imprimés. Inutile de déplaire au procureur général de l'oligarchie ! Celui-ci a géré de nombreuses affaires difficiles. Vivendi ? Les charges n'ont pas été assez étayées, estime le patron du parquet de Paris, au grand désespoir des policiers responsables des investigations. « Un communiqué de Messier[1] annonce, en septembre 2001, que le groupe va acquérir 33 millions de ses propres actions pour les annuler (une pratique courante qui permet de faire grimper le prix du titre). Mais, finalement, Vivendi renonce à cette opération, sans pour autant en informer les marchés, alors qu'il aurait dû le faire, raconte Laurent Léger dans *Charlie Hebdo*[2]. Et ça ne gêne pas le procureur... Alors que Messier a déjà été condamné par l'AMF, le gendarme de la Bourse, pour diffusion de fausse information. »

L'affaire « pétrole contre nourriture » ? Pendant l'embargo contre l'Irak, un certain nombre de personnalités et d'entreprises françaises ont, semble-t-il, enfreint les règles fixées par l'ONU pour leur plus grand profit. Du marché noir avec un pays en guerre ? Cela pouvait aller chercher loin. L'enquête visait notamment Charles Pasqua et quelques-uns de ses proches, une poignée de hauts diplomates, ainsi que Total. Les services du parquet avaient décidé de demander le renvoi des 22 prévenus en correctionnelle. Jean-Claude Marin a préféré réclamer un non-lieu général.

Les poursuites contre François Pérol, le patron de la

---

1. Le P-DG de Vivendi concerné par les poursuites, avec plusieurs dirigeants du groupe de communication au bord de la faillite.
2. Le 23 septembre 2009.

Banque populaire-Caisse d'épargne (BPCE) qui nage en plein conflit d'intérêts ? Affaire classée sans suite.

Mais Jean-Claude Marin sait faire preuve d'œcuménisme politique. Il a su manifester de la mansuétude envers Julien Dray, qui confondait son compte personnel avec ceux de ses collaborateurs et surtout ceux d'associations à but non lucratif. C'est Tracfin, l'organisme créé en 1990 pour détecter le blanchiment d'argent, qui lui a signalé des anomalies sur le compte chèque du député socialiste de l'Essonne. Les policiers, là encore, étaient fiers de leur travail. Ils tenaient, à coup sûr, un renvoi en correctionnelle. Mais non. Jean-Claude Marin n'a jamais ouvert d'information judiciaire et il a même procédé à une innovation juridique, en proposant aux avocats de Julien Dray de leur communiquer le rapport d'enquête préliminaire, pour que leur client puisse faire part de ses observations au parquet. Le procureur fait-il preuve de la même clémence lorsqu'un chef d'entreprise anonyme est inquiété pour une comptabilité mal tenue, ou quand un jeune de banlieue fait l'objet de soupçons mal étayés ? Julien Dray, en tout cas, a dû remettre des observations pertinentes, puisqu'il a écopé d'un simple « rappel à la loi ».

Les « biens mal acquis » par quelques dictateurs africains amis du régime ? « Le parquet est intervenu à chaque fois que cela était possible pour s'opposer à l'ouverture d'une information judiciaire, explique Transparence internationale France, partie civile dans cette procédure. À l'issue de l'enquête préliminaire, et alors que les policiers avaient permis d'identifier un patrimoine considérable appartenant aux trois chefs d'État mis en cause et difficilement explicable par leurs émoluments officiels, le ministère public avait considéré que l'infraction de recel et de détournement de biens publics était "insuffisamment caractérisée". L'association a déposé, en décembre 2008, une plainte avec constitution de partie civile afin de demander l'ouverture d'une instruction, seul moyen de rechercher l'origine des fonds utilisés pour acquérir les patrimoines identifiés. Le parquet s'est opposé à cette plainte au motif qu'elle ne justifiait pas d'un "préjudice personnel et direct". Après deux ans de procédure, les magistrats indépendants de la Cour de cassation ont finalement reconnu, le 9 novembre 2010, l'intérêt à agir de l'association, ouvrant la voie à une information judiciaire[1]. »

Mais l'exemple qui a le plus surpris les policiers chargés des affaires financières, c'est celui de la caisse noire de l'Union des industries et métiers de la métallurgie (UIMM), ce puissant syndicat patronal qui a distribué plus de 20 millions d'euros en liquide : « Il y a eu un accord pour que Gautier-Sauvagnac, le délégué général, rentre tranquillement chez lui à la fin de sa garde à vue sans qu'il y ait la moindre perquisition et sans qu'il soit déféré au parquet. C'est un traitement de faveur surréaliste. Il est vrai que la Chancellerie avait été jusqu'à demander, quelques jours avant, qu'il n'y ait pas de garde à vue pour ce monsieur. » Mais Marin n'a pas osé nous notifier une instruction pareille !

Cette garde à vue pour de rire reste un souvenir pénible pour les enquêteurs : « Sachant qu'il va tranquillement rentrer chez lui, le type est arrogant et il n'ouvre pas la bouche. Il sait que c'est juste un mauvais moment à passer, et qu'il a des garanties en haut lieu. Pourquoi coopérer ? » Jean-Claude Marin, lui, se fend d'un com-

---

1. Transparence internationale France, « État de droit menacé : l'indispensable réforme de la justice financière ».

muniqué alambiqué dans lequel il promet qu'une information judiciaire sera « rapidement ouverte ». Pourquoi
Denis Gautier-Sauvagnac n'a-t-il pas été déféré ? « On ne
fait pas de défèrement, à l'issue d'une garde à vue, sauf
quand on pense qu'il peut y avoir concertation entre
coauteurs et complices, ou pression sur les témoins, ou
lorsqu'on envisage un placement sous mandat de dépôt
ou un contrôle judiciaire, ce qui n'est pas le cas dans
cette affaire », explique Jean-Claude Marin dans ce communiqué avant d'ajouter : « J'ai demandé à récupérer le
dossier très rapidement pour en faire une analyse fac-
tuelle et juridique avant de pouvoir saisir un juge d'instruction d'une qualification crédible. »

C'est donc si difficile de trouver une « qualification
crédible » à propos d'enveloppes contenant plus de
20 millions d'euros en liquide ? Au tribunal de Bobigny, certains juges d'instruction, qui avaient envoyé en
prison de petits entrepreneurs qui avaient décaissé
trois ou quatre millions d'euros – ce qui n'est déjà pas
mal –, ne sont toujours pas revenus d'une telle déclaration, qui semble n'avoir qu'un seul objectif : préparer les médias et l'opinion à un non-lieu. Jean-Claude
Marin termine sa déclaration en se faisant presque le
porte-parole du patron de l'UIMM : « M. Gautier-
Sauvagnac dénie tout caractère pénal aux faits qui lui
sont reprochés. Il conteste avoir commis des actes de
corruption, affirme avoir respecté l'objet social de
l'UIMM et avoir contribué à un bon climat social[1]. »
Le procureur a tout de même fini par trouver une
qualification crédible. Le 15 janvier 2008, Denis Gautier-
Sauvagnac a été mis en examen pour « abus de

---

1. Dépêche AFP du 29 novembre 2007.

confiance, recel d'abus de confiance et travail dissi-
mulé ». Depuis, il ne s'est rien passé. « Rien de rien »,
dit la chanson.

Si les pratiques extravagantes sont illustrées par le
traitement judiciaire de la caisse noire de l'UIMM, le
ridicule judiciaire est atteint avec l'espionnage d'un
journaliste du *Monde*, durant l'été 2010. Le 18 juillet,
Gérard Davet détaille, dans un article très bien informé,
les déclarations que Patrice de Maistre, le gestionnaire
de la fortune de Liliane Bettencourt, a faites pendant
sa garde à vue et qui mettent en cause le ministre des
Affaires sociales Éric Woerth. La direction du renseignement, la DCRI, réclame à Orange les factures détaillées
(« fadettes ») du journaliste, afin de découvrir qui
l'informe. Une double faute : d'une part, les journalistes
se doivent de respecter le secret des sources, et sont à
ce titre protégés par la loi ; d'autre part, l'examen des
factures détaillées, comme les écoutes téléphoniques,
sont encadrés en France par des règles très précises.

Gérard Davet et *Le Monde* portent plainte pour viola-
tion du secret des sources en septembre 2010. Pendant
l'enquête préliminaire suivant ces plaintes, le parquet
de Paris ne juge pas utile de demander à Orange les
réquisitions adressées en juillet 2010 à l'opérateur par
la DCRI pour obtenir les « fadettes ». On se demande
en quoi, à part cela, l'enquête préliminaire a bien pu
consister. Début 2011, les services de Jean-Claude Marin
classent sans suite les deux plaintes. *Le Monde* et son
journaliste en déposent deux nouvelles avec constitution de partie civile. Le 13 mai, une information judiciaire est ouverte – bien obligé ! – pour « atteinte au
secret des correspondances par personne dépositaire de
l'autorité publique dans l'exercice de ses fonctions ».
En octobre, le patron de la DCRI, Bernard Squarcini,

est mis en examen par la juge Sylvia Zimmermann. Mais, comme en haute oligarchie il y a une morale, l'incontournable Jean-Claude Marin, lui, a été promu !

Casser le thermomètre

Ces petits câlins judiciaires ne sont pas toujours suffisants. Il arrive, comme dans le cas de l'enquête abusive de la DCRI, que les dossiers embarrassants ne soient pas enterrés. Toutefois, des protocoles VIP comme ceux dont ont bénéficié Julien Dray ou Denis Gautier-Sauvagnac découragent non seulement les policiers chargés des enquêtes sensibles, mais aussi ces vigies que sont la Cour des comptes ou Tracfin. Ce dernier organisme a transmis au parquet de Paris les dossiers concernant Julien Dray et l'UIMM. Pour quel résultat ? Des ennuis, des regards de travers, des remontrances. Un signal, parmi d'autres : Hervé Robert, le magistrat chargé, à Tracfin, d'assurer la liaison avec la justice, a été rappelé au tribunal de Paris. « Dans le doute sur l'accueil qui leur sera réservé, beaucoup de fonctionnaires, quand ils constatent des irrégularités, préfèrent se taire, explique un magistrat. Parler, dénoncer, transmettre, ce n'est pas bon pour la carrière. » Cette défiance généralisée se traduit dans les faits. Alors que les transmissions au parquet de faits susceptibles de constituer une infraction pénale se chiffraient à une trentaine au début de l'année 2000, elles n'étaient plus que 23 en 2008.

Il ne fallait pas pousser les juges pour que beaucoup d'entre eux se calfeutrent dans une attitude où la réserve le dispute au carriérisme. Tout est fait, depuis des années, pour les confiner dans cette posture. Il suffit, désormais, de « faire du chiffre » pour être bien noté. La « rentabilité », en matière judiciaire, amène à négliger les dossiers les plus complexes. Comme le hasard fait bien les choses, ce sont justement ceux qui fâchent les puissants. Cette inégalité devant la loi creuse le fossé entre la nomenklatura et le peuple. Avec elle, c'est le socle même de l'État de droit qui vacille.

18

Le droit à l'incompétence

Dov Zerah appartient au sérail de la fonction publique. Énarque de la promotion Voltaire (celle de François Hollande, de Dominique de Villepin et de plusieurs anciens ministres), c'est un homme de la prestigieuse direction du Trésor. Il y a, un temps, piloté la réglementation bancaire. Il a aussi, dans la décennie quatre-vingt, représenté quelques années la France à Bruxelles. Il a dirigé le cabinet de Corinne Lepage à l'Environnement et celui de Michel Roussin, l'ancien « gendarme » de Chirac, à la Coopération.

En remerciement de ces bons et loyaux services, l'État n'a jamais été mesquin avec lui. Lorsqu'il a fallu lui trouver un point de chute en 2002, tout le monde, à commencer par lui, a trouvé très chic qu'il soit nommé patron de la Direction des monnaies et médailles au ministère des Finances. Un titre désuet pour un poste agréable, qui garantit l'occupation et la jouissance d'un des plus beaux hôtels particuliers parisiens, situé quai Conti, face au Louvre. Nicolas Sarkozy a suivi le mouvement : sur les conseils insistants de Robert Bourgi[1],

---

1. Assemblée nationale, commission des Affaires étrangères, séance du 25 mai 2010. Devant les députés de cette commission

celui qui a confessé avoir porté des valises de billets à Chirac et Villepin, il a bombardé Zerah à la tête de l'AFD, l'Agence française de développement. Une institution qui gère 7 milliards d'euros d'engagements dans les pays en voie de développement, surtout si ce sont des amis de la France.

Pour booster son CV, Zerah a un petit secret. C'est un expert en réseaux et en renvois d'ascenseur... et surtout en flatterie. Dans tous les rouages de l'État, certains gloussent encore de la « campagne de 2006 » qu'il a menée pour décrocher un poste stratégique. À l'automne 2005, Dominique de Villepin voulait recruter un « vrai » DRH de l'administration. Il était même question d'installer ce super-directeur au même niveau, dans la hiérarchie de l'État, que le secrétaire général du gouvernement, le plus haut poste de la fonction publique. Quel fut le nom retenu pour occuper ce job ultra-sensible, puisqu'il s'agissait de faire ou de défaire la carrière des hauts fonctionnaires ? Dov Zerah. Pourquoi ? Peut-être parce qu'il a su se montrer sous son meilleur jour auprès de Jacques Chirac. En faisant dessiner et presser par les artisans de la Monnaie de Paris une stèle commémorative à la gloire de Rafic Hariri, l'ami du Président, le Premier ministre libanais, assassiné quelques mois plus tôt. Il fallait y penser : Jacques et Bernadette ont évidemment suivi de près la fabrication de l'œuvre. Et lors de sa présentation, le président de la République a fait un discours dans lequel il a pu dire « sa frater-

---

qui l'auditionnent à l'Assemblée nationale avant sa nomination, Dov Zerah joue la surprise : « À aucun moment je n'ai eu l'occasion de travailler avec M. Robert Bourgi. Je découvre qu'il a été l'un de mes soutiens. »

nité de cœur et d'âme, d'esprit aussi » avec Rafic Hariri.

Zerah n'a finalement pas eu le job. Dominique de Villepin, son copain de promotion, y a mis son veto, d'une phrase : « On ne met pas un franc-maçon à ce poste-là. » Une appartenance que dément l'intéressé : « J'ai beaucoup d'amis francs-maçons. Mais je ne le suis pas moi-même. En fait, je n'ai rien contre. Je suis un maçon sans tablier[1]. » Mais Chirac a fait ce qu'il fallait pour que son protégé entre à la Cour des comptes[2].

Le problème, c'est qu'à force de faire des médailles sur mesure, l'énarque en a un peu oublié la gestion au quotidien de la Monnaie de Paris. Lorsqu'il a quitté les lieux, en 2007, les commandes de métal destinées à la fabrication des pièces n'avaient pas été passées depuis six mois. Ce n'est pas tout. L'institution, pourtant sous la tutelle de Bercy, venait aussi d'être condamnée par le Conseil de la concurrence (la Monnaie protégeait une entreprise privée au détriment d'autres concurrents). Quant au patrimoine immobilier, sa gestion était ubuesque. En 2005, Dov Zerah avait proposé à Hervé Gaymard (son ministre de tutelle) d'occuper l'appartement de fonction d'un des directeurs de la Monnaie parti à la retraite (loyer estimé par les domaines : 7 000 euros par mois). Puis, après le refus de celui-ci – qui aurait été bien inspiré d'accepter, quand on connaît la suite de l'histoire ! –, il s'était mis à chercher, sans succès, un locataire parmi ses connaissances. Quant

---

1. Lors de l'entretien qu'il nous a accordé le 25 novembre 2011.
2. Outre la cérémonie en mémoire de Rafic Hariri, Dov Zerah avait aussi en janvier 1995, alors que Jacques Chirac était au plus bas dans les sondages, organisé un grand dîner en faveur du candidat à la présidentielle.

au bilan financier de la maison, il n'était pas des plus bénéficiaires...

Qu'importe les modestes performances du gestionnaire ! Pour trouver un bon soldat capable de mettre son talent au service de l'Agence française de développement, Nicolas Sarkozy n'a pas hésité une seconde. Il s'est tourné vers celui qui siège depuis 2008 sur les bancs de l'UMP au conseil municipal de Neuilly[1]. Première mission de Zerah : financer, par un prêt de 200 millions d'euros, les débuts de la ligne de TGV Tanger-Casablanca, un projet qui profite d'abord aux carnets de commandes des entreprises françaises du BTP ainsi qu'à Alstom. Et que beaucoup d'experts jugent pourtant ahurissant, la région ayant d'autres besoins à couvrir avant de rouler à grande vitesse. Dov Zerah, lui, a fait le chèque. Mais pas seulement. Il a rendu bien des services.

À la Monnaie de Paris, il avait fait appel au journaliste David Abiker comme... DRH. À l'AFD, il fait les choses en grand : Caroline Cornu, l'ancienne collaboratrice du conseiller du Président, Henri Guaino, lors du lancement de l'Union pour la Méditerranée, a été nommée directrice exécutive des relations extérieures et des partenariats. Un poste occupé avant elle, pendant cinq petits mois, par Jérôme Peyrat, un ex-conseiller de l'Élysée, comme le révélera le journaliste de *Libération* Christian Losson[2]. Ce qui a franchement agacé les syndicats de la maison. Mais qu'on se rassure, pour

---

1. Dov Zerah et Nicolas Sarkozy se connaissent depuis 2004. Le premier a même offert à celui qui était son ministre de tutelle des boutons de manchette fabriqués par la Monnaie de Paris. Nicolas Sarkozy a remis la Légion d'honneur à Dov Zerah.
2. *Libération*, 11 mars 2011.

soigner sa communication personnelle, Dov Zerah n'a pas choisi n'importe qui : l'une de ses premières décisions en arrivant à la tête de l'AFD a été de signer un contrat avec Michel Calzaroni, expert ès médias qui conseille Vincent Bolloré et Bernard Arnault. Il faut ce qu'il faut...

Quand les erreurs payent...

Ce qu'il y a de formidable au sein de la nomenklatura, c'est que l'incompétence n'est jamais sanctionnée. Elle peut même être un accélérateur de carrière. Le paradoxe ? Des gens, parfois très avisés, nomment de parfaits incapables à des postes clés. En général en connaissance de cause.

En 2001, Pierre Blayau a quitté Moulinex avec un chèque de départ de 2 millions d'euros quelques mois avant le dépôt de bilan. Il est aujourd'hui un des pontes de la SNCF où il dirige le secteur du fret. Noël Forgeard est parti d'Airbus en 2006 avec 8,4 millions d'euros ; il exerce aujourd'hui la profession de banquier d'affaires. Gérard Le Fur, qui n'a tenu que dix-huit mois à la tête de Sanofi-Aventis en 2007-2008, a reçu, lui, un peu plus de 3 millions d'euros et a pu conserver un poste dans la maison comme « conseiller du président ». Même chose pour Didier Lombard, celui qui voyait « une mode des suicides » dans son entreprise, France Télécom, et qui, après sa démission, n'a pas complètement déserté : « conseiller du président », lui aussi, pendant quelques mois. Pourquoi ? Tout simplement pour qu'il garde la jouissance de ses stock-options (en cas de départ précipité, il en perdait le bénéfice). Il peut aujourd'hui profiter de ses plus-values tout en siégeant aux conseils d'administration de Thales, Technicolor et Radiall.

Les incapables, il est vrai, sont souvent malins. Poussé à la démission de son poste de patron de Rhodia après une perte de 626 millions d'euros en 2003 qui avait conduit le groupe au bord de la faillite, Jean-Pierre Tirouflet énarque proche de Jean-René Fourtou a ainsi touché une indemnité de 2,1 millions d'euros et une retraite chapeau de 5,3 millions d'euros. À... 53 ans. Il a aussi été, un temps, mis en examen pour « diffusion d'informations fausses et mensongères » par les juges parisiens chargés d'enquêter sur la communication financière de Rhodia entre 1999 et 2004[1]. Depuis, tout va bien pour lui : personne n'a eu l'idée de le chasser du conseil d'administration d'Altadis (l'ex-Seita), où il siège toujours. Mais quand *Le Figaro* dans sa colonne « décideurs[2] » lui demande de ses nouvelles en 2007, il confie qu'il ne se voit plus à la tête d'un grand groupe – « c'est trop de contraintes », dit-il, en expliquant qu'il a choisi de « laisser passer un peu de temps. Je ne suis pas un féroce stakhanoviste ». Et de détailler sa nouvelle vie à Kitzbühel, dans la montagne autrichienne, près de sa compagne, maître en feng shui – l'art chinois de gérer les influences négatives et positives des objets qui nous entourent... On se réjouit pour lui. Et tant pis pour les salariés qui, eux, n'ont pas touché de prime de départ lorsqu'ils ont perdu leur emploi (entre 2003 et 2011, le groupe est passé de 24 500 salariés à... 14 000) et pour les actionnaires dont beaucoup ont perdu jusqu'à 70 % de leur patrimoine investi en

---

1. L'affaire Rhodia a, depuis, été classée sans suite.
2. *Le Figaro*, 15 octobre 2007.

actions Rhodia. Cupidité et arrogance, tout pour plaire au système.

Mais il n'y a pas que l'argent dans la vie des grands hommes. Il y a aussi les honneurs. Et ce n'est pas négligeable. Dans ce domaine, ceux qui ont tout raté sont particulièrement bien servis. Et pour cause : il faut bien les occuper. Jean-Pierre Rodier n'a pas trop à se plaindre de la vie. Cet X-Mines, ancien du cabinet Mauroy, a jeté Pechiney dans les bras de son concurrent direct, le canadien Alcan. Il a reçu pour prix de son ralliement un joli parachute de 3 millions d'euros. Quant aux promesses que lui avaient faites les acheteurs (garder le nom Pechiney et conserver la branche emballage du groupe, pas très rentable mais qui employait plusieurs milliers de salariés en France), inutile de préciser qu'elles n'ont engagé que ceux qui les recevaient, les salariés de Pechiney qui se retrouvaient en première ligne. Ses amis chefs d'entreprise n'en ont guère voulu à Rodier : ils l'ont nommé à la tête d'Entreprise & Personnel, une association patronale qui planche sur... les ressources humaines. Quant au célèbre Michel Bon, le patron de France Télécom dont la gestion a provoqué 20 milliards d'euros de pertes au total, ses amis bienveillants lui ont confié la présidence de l'Institut de l'entreprise pendant quatre ans (2001-2004), puis celle de la Fondation nationale pour l'enseignement de la gestion des entreprises, dont la mission est de contribuer à l'amélioration de l'enseignement de la gestion des entreprises. On voudrait croire à un gag !

« Les insuffisances professionnelles de notre analyste »

Mais d'où vient cette clémence des patrons et de l'État vis-à-vis de leurs pairs qui ont failli ? De la peur de se retrouver eux-mêmes un jour dans la même situation ? De la volonté d'éviter à tout prix le scandale ? Plus certainement, de l'idée partagée, dans l'oligarchie comme au sein d'une grande famille, que ces histoires ne regardent pas les gens ordinaires... Et que l'échec de l'un d'eux rejaillit sur la légitimité de tous les autres.

Édouard Tétreau sait ce qu'il en coûte de dire ses quatre vérités à un grand patron. Aujourd'hui, il est à son compte en tant que consultant pour de grandes entreprises. Il écrit des livres[1], publie des articles et veut tourner la page après ce qui lui est arrivé en 2002[2], alors qu'il n'avait que 32 ans.

En 2002, le job de ce jeune analyste financier au Crédit lyonnais consiste à fouiller les comptes des entreprises et à scruter les choix stratégiques des patrons. Puis à recommander à ses clients, des investisseurs, d'acheter ou de vendre les actions des firmes qu'il a analysées.

En mars 2002, il publie donc une note d'une vingtaine de pages évoquant ses doutes sur la solidité financière du groupe Vivendi. Tétreau y explique que la stratégie Internet du groupe est ruineuse, que les acquisitions ont été beaucoup trop cher payées. Et surtout qu'un changement de P-DG serait une hypothèse inté-

---

1. *20 000 milliards de dollars*, Grasset, 2010 ; *Quand le dollar nous tue*, Grasset, 2011.
2. Entretien le 29 août 2011.

ressante. Elle permettrait, explique-t-il, de remettre à plat les comptes de l'entreprise. Problème pour Vivendi : plusieurs journalistes, dont celui du *Financial Times*, la bible des marchés, reprennent ses analyses dans leurs papiers.

Un incapable, Messier ? L'idée ne plaît guère à l'intéressé, peu habitué à ce genre de critique. Surtout qu'il est le seul (avec sa garde rapprochée) à savoir que depuis des mois, il ne fait plus du management mais de l'équilibrisme. Voire du poker menteur. Il passe aussitôt un coup de fil à Jean Peyrelevade, le patron de la banque, pour demander la tête de ce Tétreau en lui expliquant qu'il a mené l'enquête et que l'analyste traîne des casseroles derrière lui. Quant à Catherine Gros, la directrice de la communication de Vivendi, elle téléphone à toutes les rédactions, pour expliquer que ce mauvais esprit s'est fait renvoyer de son ancien job et qu'il ne faut pas le prendre au sérieux.

Le jeune analyste ne désarme pas. Le 6 mai 2002, il émet une seconde recommandation. Dans laquelle, cette fois, figure en toutes lettres le mot « faillite ». Immédiatement, ses supérieurs l'informent qu'il n'a plus le droit de publier la moindre ligne sur le groupe. Quant à son chef direct, il prend sa plus belle plume. Sa première lettre est destinée à Guillaume Hannezo, le directeur financier de Vivendi. Extrait : « Je regrette vivement les insuffisances professionnelles de notre analyste. Nous vous prions de bien vouloir accepter nos excuses pour cet incident. » La seconde s'adresse à son collaborateur. Extrait : « Vos méthodes [...] ont été à l'origine de tensions très vives et dommageables entre notre groupe bancaire et une grande entreprise cotée. » Pendant sept semaines, Tétreau va donc compter les trombones (il doit son salut à Jean Peyrelevade, le patron du Lyonnais, qui a refusé de céder aux injonctions de ses cadres qui voulaient le licencier). Il n'attendra pas longtemps : le 3 juillet 2002, Jean-Marie Messier est contraint de démissionner.

Pour mettre les analystes hors d'état de nuire, certains groupes préfèrent... les embaucher. Pour être sûr de ne plus avoir à subir les foudres de celui qui suivait le groupe Wendel, Ernest-Antoine Seillière et Frédéric Lemoine ont ainsi embauché, à l'été 2009, Laurent Marie, l'analyste du Crédit agricole-Cheuvreux. Celui-ci était, selon l'agence Bloomberg, le plus critique sur les performances de la maison. Et quelle mission lui ont-ils confiée ? Celle de « la relation avec les investisseurs » ! Rémi Thomas, un ancien analyste-vedette, a suivi le même chemin. En 2010, il a rejoint le groupe Alcatel-Lucent dont le cours de Bourse est en chute libre. La justification d'Hubert de Pesquidoux, directeur financier de l'entreprise, publiée sur le site Internet de celle-ci, se passe de commentaire : « Nous sommes heureux que Rémi Thomas, un des analystes financiers les plus respectés de l'industrie des télécommunications, nous rejoigne. Sa vision de notre industrie sera un atout clé pour notre société. » Pour éviter les critiques, mieux vaut acheter les talents de ceux qui les émettent. Il fallait y penser.

Nos chers banquiers

La crise financière de 2008 n'a pas seulement englouti des dizaines de milliards de dollars. Elle a fait valser quelques têtes chez les patrons de banques. Mais que leurs amis se rassurent ! Aucun de ceux qui ont mis leur établissement au bord du gouffre ne pointe à Pôle emploi.

Charles Milhaud (Caisse d'épargne, 751 millions d'euros de pertes en 2008) ? Sitôt après son départ, en octobre 2008, il a été recasé, à la demande de l'Élysée (Milhaud a rendu tant de services à des proches du Président), à la présidence du conseil de surveillance d'Océor, une filiale qui détient les participations de la banque à l'île Maurice, à Tahiti et aux Antilles (il est aujourd'hui retraité). Son directeur général, Nicolas Mérindol ? Il a obtenu un poste de « chargé de mission »[1], le temps de se retourner et de trouver un job à sa mesure chez Leonardo, une banque d'affaires. Daniel Bouton (Société générale), qui avait succombé à l'affaire Kerviel ? Il a bien cédé sa place à Frédéric Oudéa, un ancien conseiller de Nicolas Sarkozy au Budget. Mais il est resté seize mois patron du conseil d'administration avant de tirer sa révérence. Quant à Jean-Pierre Mustier, le « spécialiste » des emprunts toxiques et des produits dérivés à la Générale, il exerce aujourd'hui ses talents chez UniCredit.

La liste des incapables – ou des imprudents, mais en période de crise, c'est souvent la même chose – est infinie... Mis en cause dans la perte de 350 millions d'euros provoquée par un trader new-yorkais, Bernard Carayon (Calyon, groupe Crédit agricole) a été nommé, début 2010, directeur des fonctions de « pilotage et de contrôle » d'une filiale commune Crédit agricole-Société générale. Quant à celui qui a dirigé le Crédit agricole de 2005 à 2010, Georges Pauget (sa filiale Calyon a perdu 2,8 milliards d'euros en 2008), ses successeurs ont poussé

---

1. Selon *Capital*, mars 2009.

loin leur sens de l'amitié. Ils l'ont nommé à la tête du conseil d'administration d'Amundi, une filiale commune créée avec la Société générale. Reste Dominique Ferrero, l'ex-patron de Natixis. François Pérol n'a pas voulu s'en séparer. Mieux, il en a fait un de ses barons. Rémunération annuelle : 500 000 euros bruts. Pas si mal pour quelqu'un qui a réussi une performance exceptionnelle : diviser le cours de l'action Natixis par... 20 !

Mégalomanie et arrogance

Au mois d'octobre 2011, les Français ont appris non seulement qu'ils allaient devoir mettre la main au portefeuille et renflouer, une fois de plus, une banque, mais aussi que les folies de leurs dirigeants allaient peut-être conduire le pays à perdre son triple A, la meilleure note financière qui permet de s'endetter à bon compte sur les marchés financiers. Cette banque qui coûte cher, c'est Dexia. Et son histoire est très française.

À l'origine, là encore, il y a un homme très en cour dans les gouvernements Chirac puis Balladur. Il s'appelle Pierre Richard. Il va parvenir à convaincre l'un, puis l'autre, qu'il faut privatiser le Crédit local de France, une ancienne division raisonnablement prospère de la Caisse des dépôts, spécialisée dans le financement des collectivités locales. X-Ponts, Richard n'est pas du tout banquier. Mais il gagne son pari : en 1993, il devient patron de banque. Et très vite la folie des grandeurs le saisit. Il veut être l'égal du P-DG de la Société générale ou de la BNP. Il fusionne son petit Crédit local avec son homologue belge, le Crédit communal, et achète tout ce qui est à vendre sur les places du monde entier. Il s'aventure même aux États-Unis, où il met la main sur Financial Security Assurance (FSA), un assureur spécialisé dans les marchés financiers. Au mois d'août 2008, Pierre Richard écoute sereinement la *Tosca* de Puccini au festival Lyrique en mer, dans la citadelle Vauban de Belle-Île-en-Mer. Dexia sponsorise l'événement depuis des années et, cela tombe bien, son patron y possède une plaisante maison de vacances. Il est comblé : il touche un salaire de 1 million d'euros. Il est le leader du financement des collectivités en France. Dexia dispose d'un portefeuille de 160 milliards d'euros d'obligations. Quant aux économistes de sa banque, ils sont d'une sérénité à toute épreuve : « Les paniques bancaires à l'ancienne ont disparu grâce au dispositif d'assurance des dépôts mis en place pour permettre de les éviter », explique dans les journaux la « star maison », Anton Brender[1]. Joli bilan pour une banque qui n'existait pas quinze ans auparavant.

Le dénouement de ce (mauvais) vaudeville ? Dès octobre 2008, l'État français et l'État belge doivent déverser 6 milliards d'euros en une nuit pour éviter la faillite. Pierre Richard s'éclipse (mais, qu'on se rassure, il bénéficie d'une retraite de 600 000 euros par an et conserve ses mandats d'administrateur chez Air France et chez EDF énergies nouvelles). Il laisse Nicolas Sarkozy choisir lui-même le pompier qui va lui succéder. Celui qui est désigné pour sauver la banque s'appelle Pierre Mariani.

Cet HEC passé par l'inspection des Finances est forcément le meilleur puisque c'est l'ancien directeur de cabinet de Sarkozy à Bercy (entre 1993 et 1995),

---

1. *Challenges*, 6 mars 2008.

devenu, depuis, l'un des pontes de la BNP. Et le chef de l'État couve ce sauveur qu'il a débauché de l'équipe de Michel Pébereau. En 2010, personne ne trouve rien à redire à l'augmentation de salaire que Mariani s'accorde. Celui-ci passe de 825 000 euros à 1,2 million, plus une prime de 600 000 euros. En février 2011, le président de la République lui remet la Légion d'honneur. Et celui-ci donne le change : il rassure tout le monde. En avril 2011 encore, Mariani explique aux analystes que Dexia a « retrouvé [sa] pleine autonomie de financement, attestant de la solidité des progrès accomplis en termes de structure financière[1] ». En juillet, les stress-tests confirment que Dexia est sorti d'affaire. Incompétence ? Aveuglement ? Mariani ose même annoncer qu'en 2014, les résultats de sa banque pourraient dépasser 1,4 milliard de résultat. À un léger détail près : Dexia a conservé 100 milliards d'euros de titres « toxiques ». Mais, à l'été 2011, c'est le grand plongeon. Attaqué par les marchés, Dexia affiche 4 milliards d'euros de pertes. En quelques jours, pour limiter la casse, la France et la Belgique décident de fermer définitivement le rideau. On évoque désormais une ardoise pour les contribuables de l'ordre de... 10 milliards d'euros. La moitié du désastre que fut le Crédit lyonnais en son temps. La folie des grandeurs se paye un jour ou l'autre. L'affaire Dexia menace le triple A de la France. Qu'importe... Pierre Mariani, lui, n'a pas à s'en faire. L'impunité, chez un banquier, n'est pas seulement une seconde nature. C'est une valeur en hausse. Au point que son nom était évoqué fin 2011, dans les hautes sphères, comme remplaçant d'Augustin de

---

1. *Le Monde*, 12 octobre 2011.

L'impunité

Romanet à la tête de la Caisse des dépôts. Évincer quelqu'un dont le bilan est considéré comme globalement satisfaisant pour le remplacer par un pompier pyromane, il fallait oser y penser !

19

La déontologie pour les cancres

Le vendredi 4 février 2011, c'est inscrit au *Journal officiel*, il est mis fin aux fonctions d'un certain Jean Marimbert, directeur général de l'Agence française de sécurité sanitaire et des produits de santé (Afssaps), « à sa demande ». Ce conseiller d'État est remplacé par son ancienne adjointe, qui assure l'intérim. Que lui est-il arrivé ? Un détail : l'affaire du Mediator.

Son ministre de tutelle, Xavier Bertrand, a décidé de le sacrifier. Et ce n'est donc pas exactement « à sa demande » que ce haut fonctionnaire quitte son poste, où il est installé depuis 2004. Une durée qui lui aurait donné toute latitude pour s'intéresser à un dossier comme celui du Mediator, qui n'a été retiré du marché qu'en 2009. Car les premières alertes datent de 1999. En 2007, ce n'est pas un fanzine étudiant mais le prestigieux *New England Journal of Medicine* qui publiait un article inquiétant sur les atteintes des valves cardiaques provoquées par cette molécule, proche des amphétamines. En octobre 2009, alors que les alertes avaient été lancées depuis longtemps, l'Afssaps autorisait encore la mise sur le marché de génériques du Mediator. Non contente de laisser l'original menacer

245

des vies humaines, l'Agence souhaitait aussi la bienvenue aux copies[1].

Mais le 11 janvier 2011, Jean Marimbert y croit encore. Sur le site Le Point.fr, il donne des leçons sur la manière de traiter la crise. Et la veille de son départ, devant le personnel de l'Afssaps, il défend son bilan, déplorant les « outrances », les « amalgames injustes » et les « attaques blessantes » dont il fait l'objet. Le rapport de l'inspection générale des Affaires sociales commandé par Xavier Bertrand vient pourtant de conclure que « le retrait du Mediator aurait dû intervenir dix ans plus tôt ».

Jean Marimbert est énarque, conseiller d'État. Il est passé par plusieurs cabinets ministériels (celui de Philippe Séguin, mais aussi ceux de Lionel Stoléru et de Jean-Pierre Soisson. Il a dirigé des agences gouvernementales comme l'ANPE ou l'Établissement français du sang. Débarqué de l'Afssaps en février, le voilà de retour à un haut poste de l'administration dès le 4 mai. Cette nomination a dû être arbitrée à l'Élysée. Elle ne fait pas l'unanimité, mais pour de mauvaises raisons.

Pionnier du conflit d'intérêts

En tête de file des opposants, qui auraient bien vu Marimbert demeurer quelque temps encore au purgatoire – très relatif ! – du Conseil d'État : son ancien ministre de tutelle, Xavier Bertrand. Pourquoi tant de

---

1. Les détails de cette décision sont relatés dans le rapport des Pr Bernard Debré et Philippe Even sur le médicament, remis au président de la République en mars 2011.

haine ? Parce qu'il est un peu embarrassé par ce dossier, et veut donc se montrer intraitable.

Entre 2005 et 2007, il était ministre de la Santé dans le gouvernement Villepin. À l'époque, le Mediator était prescrit à tour de bras. En 2006, la Commission de la transparence de la Haute Autorité de Santé, saisie par le ministre, avait dû se prononcer sur l'efficacité d'une série de produits pharmaceutiques. Le rôle de cette commission ? Décider, en fonction du « service médical rendu », si un médicament doit continuer d'être pris en charge par la Sécurité sociale – un enjeu fondamental en termes commerciaux. Réponse : le Mediator ne présente « aucun intérêt de santé publique ». Et pourtant, il continuera d'être remboursé. Parce que le ministre l'a voulu ainsi ? Parce que ses conseillers l'en ont convaincu ? Depuis le début de la crise, Xavier Bertrand a dû répondre à plusieurs questions sur cette curieuse décision.

La situation se corse vraiment, pour lui, le 12 janvier 2011. Ce mercredi-là, *Le Canard enchaîné* révèle que deux membres de son cabinet, en 2006, travaillaient également pour Servier. Aïe ! Le ministre réagit très vite. Il explique dans un communiqué qu'il « n'avait pas connaissance » des liens entre ses deux conseillers et le laboratoire, lesquels n'étaient pas directement en charge de la politique du médicament. Il assure aussi que la proposition de dérembourser le Mediator ne lui a pas été soumise par la Commission de la transparence. Entre l'incompétence et la malhonnêteté, Xavier Bertrand, comme Arnaud Lagardère, a, semble-t-il, fait son choix.

Il annonce, dans le même élan, que les choses vont changer. Qu'il va demander à tous ses collaborateurs de remplir une déclaration, afin de prévenir tout conflit d'intérêts. Mieux vaut tard que jamais.

Quelques semaines plus tard, le ministère publie un communiqué qui prêterait à sourire, si l'affaire n'était pas aussi dramatique. « La directrice de cabinet de Xavier Bertrand lui a indiqué avoir constaté, au moment de remplir sa déclaration d'intérêts, qu'elle avait été administrateur de la société anonyme dirigée par sa mère du 31 mars 2000 jusqu'au 31 mars 2009. » Heureusement que l'occasion s'est présentée, pour cette dame, de recouvrer la mémoire sur une fonction qu'elle a exercée pendant neuf ans. Et en quoi tout cela intéresse-t-il le public ? « La directrice de cabinet a souhaité préciser que la société dirigée par sa mère avait eu un contrat avec les laboratoires Servier du 1ᵉʳ septembre 2000 au 30 avril 2003, ce contrat ayant eu pour objet de conseiller les laboratoires dans leur stratégie d'implantation à l'international, notamment en Roumanie. » Pour leur vendre du Mediator ? Le communiqué ne le dit pas. La directrice de cabinet précise aussi que cette fonction d'administrateur n'était pas rémunérée et qu'elle « n'était pas informée de l'identité des clients ni du contenu des contrats passés avec ces derniers ». Comme mandataire social, elle n'en savait pas plus que Xavier Bertrand, en 2006, comme ministre de la Santé. Ce dernier fait d'ailleurs preuve d'une immense sagacité : il « considère qu'au vu de l'ancienneté et de l'objet desdits contrats, dont sa directrice de cabinet n'avait pas connaissance avant de remplir sa déclaration, ces éléments ne sauraient constituer un conflit d'intérêts ».

Est-ce vraiment au ministre, juge et partie, de décider de ce qui représente ou pas un conflit d'intérêts ? La question ne semble pas l'avoir effleuré.

Pourtant, Xavier Bertrand semble particulièrement tendu dès qu'il est question, de près ou de loin, de

Servier. Il veut tenir à distance tout ce qui pourrait montrer une connivence, même lointaine, avec le laboratoire. Après la bourde inexpliquée de 2006, il a de quoi faire, il est vrai.

L'ancienne chargée de communication d'Éric Woerth à Bercy puis rue de Grenelle s'appelle Eva Quickert-Menzel. En novembre 2010, après le départ de son patron du gouvernement, cette trentenaire prometteuse cherche du travail. Elle reçoit une proposition d'Image7, la société d'Anne Méaux qui a géré la stratégie de communication sur la réforme des retraites, mais, surtout, pour le même prix piloté la gestion de l'affaire Woerth-Bettencourt. Eva Quickert-Menzel s'apprête à accepter la proposition quand elle reçoit un coup de téléphone de Xavier Bertrand en personne : « Si tu vas chez Anne Méaux, je vire ton mec. » À la ville, cette jeune femme vit en effet avec un conseiller de Xavier Bertrand. Elle refuse donc la proposition d'Image7 pour ne pas mettre son époux au chômage.

Pourquoi ce ministre qui prend des airs bonasses devant les caméras se montre-t-il tout à coup si déplaisant ? D'autant qu'il entretient plutôt de bons rapports avec Anne Méaux, ce qui n'est pas le cas de tout le monde dans l'entourage de Nicolas Sarkozy. Simplement, Image7 a accepté pendant quelques semaines, début 2011, de prendre en charge la communication de Servier. Et le ministre, si attaché à la prévention des conflits d'intérêts, ne voulait pas que l'on puisse insinuer, dans Paris, qu'il avait la moindre complaisance, même éloignée, avec ce laboratoire devenu maudit, mais dont le président fondateur a été décoré de la grand-croix de la Légion d'honneur par Nicolas Sarkozy.

Quand ils repêchent Marimbert, congédié par Xavier Bertrand, les hommes du Président ont-ils connaissance des courriels saisis lors de l'enquête judicaire contre Servier, et récemment révélés[1] ? Inquiète des conclusions d'une commission de l'Afssaps sur le Mediator, une conseillère du docteur Servier, Madeleine Dubois, envoie un mail au directeur général, le 4 juin 2007 : « Cher Jean... Je viens par ce mail te demander de nous donner une solution pour le Mediator... » « Cher Jean » s'exécute et demande un avis à une autre instance, plus coulante. Il serait piquant, si des vies humaines n'étaient pas en jeu, qu'un laboratoire pharmaceutique en peau de lapin demande à l'agence chargée de surveiller les médicaments une solution pour une des pires molécules circulant sur le marché, molécule déjà retirée de la vente dans d'autres pays !

Deux ans plus tard, Marimbert n'a toujours rien fait mais il est devenu plus prudent. Quand Madeleine Dubois lui demande à nouveau un coup de pouce, il lui répond comme le font, dans certains milieux, ceux qui ont des choses à se reprocher : « C'est un sujet délicat... Si tu souhaites l'évoquer, il faudrait que nous le fassions de vive voix... »

Jean Marimbert est désormais secrétaire général des ministères de l'Éducation nationale et de l'Enseignement supérieur. Des domaines où l'incurie des responsables ne tue pas. Du moins pas tout de suite.

Leçons d'humanisme

La déontologie, en France, est, en vérité, une science inexacte, une expression vide de sens, une astuce de

---

1. *Le Canard enchaîné*, 17 août 2011.

communication pour se dédouaner à peu de frais. Quand Martin Hirsch a publié son livre sur les conflits d'intérêts, en 2010[1], la première réaction de ses pairs a été de s'offusquer que l'un des leurs crache ainsi dans la soupe. La seconde, de créer une commission présidée par le vice-président du Conseil d'État. Celle-ci a procédé à des auditions, publié un rapport très intéressant, d'une grande qualité d'analyse et de proposition. Et puis ? Plus rien. Ou si peu.

Après la révélation des vacances tunisiennes de Michèle Alliot-Marie, les ministres ont rendu publique, en avril 2011, une déclaration d'intérêts qui montre à quel point ils ont su rester des Français tout simples : Luc Chatel a un plan d'épargne en actions au Crédit agricole et Chantal Jouanno quelques actions Pernod-Ricard.

Les grandes entreprises ont fait de cette obligation à géométrie variable une vitrine de respectabilité souvent assez éloignée des pratiques quotidiennes. Vinci publie un rapport sur le développement durable qui tirerait des larmes à l'écologiste le plus ombrageux : « Il n'y est question que de valeurs humanistes ». « La confiance, le respect, la solidarité, la primauté donnée aux hommes sur les systèmes [...] sont au cœur de notre identité de groupe[2]. » Dans le même temps, ce dernier s'associe à quelques oligarques russes dans le cadre d'un partenariat public-privé pour construire une autoroute entre Moscou et Saint-Pétersbourg dans des conditions d'exceptionnelle opacité. Le président Medvedev lui-même, selon un communiqué publié par le CEE Bankwatch Network[3], a convenu que le tracé retenu n'était

---

1. Martin Hirsch, *Pour en finir avec les confits d'intérêts, op. cit.*
2. Rapport de développement durable 2009.
3. Le 30 avril 2011.

pas la meilleure solution et qu'il avait été choisi surtout pour satisfaire des intérêts privés.

L'un des héros de la très baroque affaire du Carlton de Lille, David Roquet, haut cadre d'Eiffage, a participé aux virées nocturnes et galantes de DSK, virées qu'il est accusé d'avoir financé sur les deniers de son entreprise. Un dérapage très surprenant pour un élément prometteur qui avait suivi, en février 2011, un « séminaire éthique » organisé par son entreprise, juste deux jours avant l'une des soirées organisées pour l'ancien directeur général du FMI. Si DSK avait été élu Président, toutes les personnes impliquées dans cette joyeuse affaire se seraient-elles retrouvées à des postes enviés à l'Élysée[1] ? On imagine Dodo la Saumure aux chasses présidentielles, le commissaire Lagarde chargé de la sécurité rapprochée du Président, et Béa, l'une des « copines » intermittentes de DSK, rédigeant le décret d'application d'une nouvelle loi officialisant la réouverture des maisons closes !

La palme de l'habillage déontologique revient sans nul doute, dans un genre plus classique, à Endemol. La société, qui a créé Loft Story, Koh Lanta, L'île de la tentation et d'autres programmes distingués, a rédigé une charte beaucoup plus distrayante que ses productions. On peut y lire, en gros caractères, les expressions suivantes : « dignité et respect de la personne », « refus des images dégradantes », « garantie de la liberté d'expression », « exigence de probité » et la meilleure : « protection des œuvres de l'esprit ».

Pour veiller au respect de cette charte, Endemol à trouvé huit personnalités exemplaires qui lui servent

---

1. L'affaire est en cours et toutes les personnes mises en cause sont présumées innocentes.

bénévolement de caution. Parmi celles-ci, Christine Albanel, ancienne ministre de la Culture, Louis Schweitzer, ancien président de la Halde, la philosophe Élisabeth Badinter, qui n'a pas été reconduite pour la saison 2011-2012, ou encore Michèle Cotta, qui a démissionné après la diffusion par TF1 de Carré Viiip, qui avait suscité les hurlements du CSA. Mais, même démissionnaire, l'ancienne présidente de la Haute Autorité continue de décerner un brevet de moralité à la société de production : « Tous les éléments de la charte sont respectés, j'ai seulement dit que je n'aimais pas ce programme en particulier, précise-t-elle sur Europe 1. Je ne veux pas que toutes les fois qu'il y ait une téléréalité j'aie 100 appels pour me demander ce que j'en pense... Pour être clair, je ne pars pas du Comité parce que je suis en désaccord avec le programme, je pars car j'en ai ras-le-bol que l'on ne me parle que de ça depuis des jours. J'ai eu plus de 100 messages hier, mon téléphone est bloqué depuis deux jours, alors stop ! J'en parle avec vous pour la dernière fois, mais je veux parler d'autre chose que de téléréalité[1]. »

« De toute ma vie de déontologue »

La déontologie, ce n'est pas réservé à Endemol. Il y a même une commission administrative pour cela. Créée en 1993 par le ministre des Finances socialiste Michel Sapin, cette instance doit rendre un avis sur chaque projet de pantouflage. Son spectre est très large : de l'infirmière hospitalière qui veut passer à

---

1. Sur Europe 1, le 31 mars 2011.

l'exercice libéral jusqu'au très haut fonctionnaire en partance pour un groupe du Cac 40. Sa préoccupation est très simple, au moins en théorie : l'intéressé va-t-il, ou non, se trouver en situation de conflit d'intérêts dans ses nouvelles fonctions ? Va-t-il rejoindre une entreprise qu'il a dû contrôler ou avec laquelle il a passé des accords financiers avec sa casquette de fonctionnaire ?

Jusqu'en février 2009, les membres du Conseil d'État, de la Cour des comptes, de la Cour de cassation, ainsi que les personnalités qualifiées qui composent cette commission rendaient leurs avis dans l'indifférence générale.

C'était avant l'affaire Pérol. Inutile de rappeler les aventures de cet équivalent moderne du surintendant du roi devenu patron d'une banque dont il a lui-même dessiné les contours. Avant de le nommer, l'Élysée « omet » de consulter la commission de déontologie ? Claude Guéant, secrétaire général de l'Élysée, se contente de téléphoner au président de la commission, le conseiller d'État Olivier Fouquet, qui donne sa bénédiction sans consulter ses pairs. Une attitude qui met cette assemblée de hauts magistrats, d'ordinaire si paisibles, au bord de la mutinerie. Deux d'entre eux démissionnent, d'autres demandent des comptes à leur président. Du jamais vu !

Olivier Fouquet, pourtant, a pris des gants pour trousser sa lettre de réponse à Claude Guéant[1]. Il rappelle quelques précédents avant de conclure par cette phrase énigmatique : « Si le secrétaire général adjoint a exercé les fonctions qui lui étaient confiées dans les conditions habituelles d'exercice de leurs fonctions par les cabinets

---

1. En date du 24 février 2009.

ministériels, la jurisprudence traditionnelle de la commission lui est applicable. » Comprenne qui pourra !

Alors que la polémique enfle, Olivier Fouquet est auditionné le 12 mars 2009 par la commission des Lois de l'Assemblée nationale. La scène ressemble à du théâtre de Molière. Avec, dans le rôle de Tartuffe, le président de la commission de déontologie.

Olivier Fouquet : « À la suite de divers lapsus, auxquels je suis totalement étranger, j'ai demandé à M. Guéant de rendre publique ma lettre. Celle-ci ne posait aucun problème du point de vue du contenu ; toutefois, il ne s'agissait pas d'un texte destiné à la publication, mais d'une note rédigée par un conseiller d'État, dans le style du Conseil d'État – c'est-à-dire avec concision : il n'y a pas un mot de trop. »

Ce serviteur de l'État parle donc de lui à la troisième personne pour s'adresser d'enthousiastes félicitations. Il poursuit : « La formulation que j'ai employée est conforme à la rédaction habituelle des notes et avis du Conseil d'État [...]. Quand il y a une condition suspensive dans un contrat, il est implicite que si la condition suspensive n'est pas réalisée, le contrat ne pourra être exécuté. À la rigueur, quand une mère dit à son enfant de deux ans que s'il est sage, il pourra avoir des bonbons – sans sucre, naturellement –, elle peut être amenée à préciser : "Mais si tu n'es pas sage, tu n'y auras pas droit" ; mais c'est qu'il a deux ans, et peut-être ne connaît pas exactement la signification de la conjonction... »

Face aux élus de la nation, le conseiller d'État a décidé d'utiliser des exemples accessibles aux faibles d'esprit. Mais il ne supporte pas d'avoir été mis en cause par deux malotrus, les députés PS Arnaud Montebourg et Michel Sapin, qui ont envoyé une lettre salée à la commission de déontologie :

Olivier Fouquet : « C'est ahurissant ! Je n'ai jamais vu cela. Il n'y a que dans les pays soviétiques que de telles choses se produisent [...] ! De toute ma vie de déontologue, je n'ai jamais rien vu d'équivalent à ce qui vient de se passer. »

Quelques semaines après ces plaisants échanges, en mai 2009, la commission entendait le conseiller social de l'Élysée, Raymond Soubie, qui voulait retourner gérer ses affaires dans le secteur privé. « Il est arrivé en exaltant l'esprit de liberté, et en nous expliquant, en substance, qu'on ne peut pas tout interdire, raconte un participant à la réunion. Et comme notre président lui donnait du "cher ami", tout s'est passé très gentiment. » « Toute [une] vie de déontologue », c'est une sacrée charge, qu'Olivier Fouquet exerce à la perfection. La preuve : lors du renouvellement des membres de la commission de déontologie, en juin 2010, il a été reconduit à son poste. Un incapable de plus ? Sûrement pas : juste un homme conscient de ses responsabilités !

Le syndrome de la machine à laver

Françoise Laborde fait partie de ces journalistes appréciés. N'est-elle pas « proche des gens » ? Elle écrit des livres sans prétention sur la cinquantaine au féminin, affiche un physique de bonne copine et ne fait pas de chichis.

Promue membre du Conseil supérieur de l'audiovisuel (CSA) par Nicolas Sarkozy en janvier 2009, cette ancienne présentatrice du JT de France 2 connaît bien les règles du système. Et, comme Michel Drucker ou

Karl Lagerfeld, elle ne croit pas aux procédures normales. Même pour des questions apparemment de peu d'importance. Elle a d'ailleurs, cela tombe bien, des relations.

Ainsi n'ignore-t-elle rien du rôle que peuvent jouer les agences spécialisées dans l'influence à Paris. Et sait faire appel à elles en cas de besoin. Dans les bureaux d'Image7, l'agence d'Anne Méaux, les petites mains se souviennent encore du jour où Françoise Laborde les a appelées au secours. La future déontologue du CSA avait un problème de lave-linge. Comme des milliers de femmes, la journaliste avait acheté une machine toute neuve qui ne fonctionnait pas correctement. Elle aurait pu faire comme tout le monde, appeler le service après-vente et tenter de se débrouiller. Elle a eu une meilleure idée. Image7 conseille PPR, le groupe propriétaire de l'enseigne qui lui a vendu l'appareil défectueux. Et là, la vie est devenue simple comme un coup de fil. Une collaboratrice de l'agence s'est empressée d'intervenir pour que l'appareil soit changé de toute urgence, à domicile et sans le moindre frais, bien entendu.

Nommée au CSA, ce temple de la déontologie à la française, Françoise Laborde continue à jouer les princesses. Image7, encore, a pour client depuis 1997 l'Agence tunisienne de communication extérieure (ATCE), l'organisme chargé de vendre l'image du pays auprès des foules étrangères du temps du dictateur, Ben Ali. En février 2010, Françoise Laborde décide d'aller passer des vacances au soleil en Tunisie. Grâce à Image7, elle bénéficie gratuitement d'une voiture avec chauffeur pour se déplacer. Selon des documents internes de l'ATCE, la responsable du CSA est une récidiviste. Fin 2004 déjà, elle est allée passer le réveillon en famille à Zarzis, une station balnéaire située au sud du pays. Un petit coup de fil à Image7 et le voyage s'est transformé en séjour VIP : accueil personnalisé à l'aéroport et surclassement à l'hôtel.

Françoise Laborde n'est pas la seule, loin de là, à avoir profité des faveurs de Ben Ali. À Image7, qui gère aussi la communication du Sénégal, havre comme on sait de démocratie et de justice sociale, quand le téléphone sonne, c'est parfois parce que des journalistes veulent prévenir qu'ils partent en vacances au soleil. Il n'est même pas besoin d'ajouter qu'ils sollicitent une gentillesse. Les collaboratrices de la maison ont compris depuis longtemps. Souvent très diplômées, elles croyaient faire du conseil stratégique de haut niveau : elles se découvrent concierges de palace pour sous-oligarques.

20

Des médias si gentils

Ce 12 octobre 2011, la crise financière bat son plein. Les marchés attaquent les banques européennes depuis le mois d'août. La France est dans le collimateur de l'agence Moody's qui menace de lui retirer son triple A, le sésame qui permet à un État d'emprunter à bon compte. Le prestigieux journal économique allemand *Handelsblatt* (partenaire du *Wall Street Journal*) publie une interview de Baudouin Prot, le directeur général de la BNP. Une interview qui peut surprendre :
– Avez-vous besoin de renforcer vos fonds propres ?
Baudouin Prot : ...
– Envisagez-vous de nouvelles cessions ?
Baudouin Prot : ...
– Quel est le montant de votre exposition sur la Grèce ?
Baudouin Prot : ...
– Et sur l'Italie ?
Baudouin Prot : ...
Sur une double page, ne subsistent que les questions. Les réponses du banquier, elles, ont été laissées en blanc. Explication : le journaliste allemand a accepté que son interlocuteur relise ses citations. Mais à la lecture du texte, Antoine Sire, le directeur de la

communication de la BNP, s'est opposé à sa publication. Motif : l'instabilité de la situation financière. L'entretien aurait, selon lui, ajouté de l'huile sur le feu. En France, que se serait-il passé ? L'article n'aurait pas été publié et personne n'en aurait jamais entendu parler. Le journaliste se serait exécuté et n'aurait jamais osé tourner en ridicule la banque de cette façon. Les communicants sont tellement habitués à cette docilité qu'ils ont oublié une chose : cette fois-ci, c'est à un Allemand qu'ils avaient affaire. Et outre-Rhin, on considère un banquier comme un grand garçon qui sait ce qu'il dit quand il reçoit un journaliste. Pas comme un incapable dont on doit surveiller – et éventuellement censurer – chaque parole. On n'imagine pas non plus qu'un média puisse accéder aux caprices d'un puissant qui revient sur sa parole. La règle est la même aux États-Unis, en Grande-Bretagne ou aux Pays-Bas. Mais pas en France !

Les « miles » et la carte de presse

Il existe, en effet, une exception française peu reluisante. Les professionnels chargés de la communication de Lakshmi Mittal partout dans le monde l'on découverte lorsqu'en 2006, le milliardaire indien a jeté son dévolu sur le groupe Arcelor. Ils se réunissent à Londres pour organiser, à l'intention des journalistes économiques, une visite des usines du groupe installées sur le continent américain. Objectif : montrer que Mittal investit des sommes considérables dans ses usines ultra-modernes sans toucher aux effectifs. Venus de Grande-Bretagne, d'Allemagne, du Japon et de France, les communicants se mettent donc d'accord sur le langage à tenir et les lieux à montrer. Puis vient le moment de parler logistique : les hôtels et les restaurants qu'il faut réserver...

Très vite, le consultant français qui travaille pour Image7, l'agence en charge du dossier Mittal pour la France, manifeste un certain embarras. Il comprend que « ses » journalistes, les Français, seront les seuls à ne pas payer un centime, tandis que toutes les autres agences refactureront les vols en avion et les hôtels aux reporters qui, sinon, refuseront de participer à ce « voyage de presse ».

Dans la plupart des pays occidentaux, il n'est pas envisageable pour un reporter d'accepter une invitation à l'autre bout du monde de la part de ceux sur lesquels il est censé écrire. En France, rien de tel, bien au contraire, que l'air du grand large pour un journaliste...

Les grands groupes multiplient donc les escapades qui permettent de se montrer sous leur meilleur jour et de se créer des obligés. Le ClubMed présente ses résultats financiers ? Un avion décolle à l'autre bout du monde dans l'un de ses nouveaux villages. Air France inaugure une nouvelle ligne vers le soleil ? Des sièges, en classe affaires, sont réservés pour la presse économique. Stéphane Richard veut faire oublier que France Télécom (c'était avant son arrivée) ne s'est pas tenu à distance des proches de Ben Ali[1] ? Il emmène une poignée de chefs de service et d'éditorialistes des grands journaux pour leur montrer qu'il a su tisser des liens avec les nouveaux maîtres de la Tunisie.

---

1. 51 % de la filiale de France Télécom appartenait au gendre et à la fille de l'ex-dictateur.

Et les entreprises publiques ? C'est la même chose. La croisière des accrédités s'amuse aux frais du contribuable. La SNCF fait les choses en grand : chaque année, lors du « séminaire de presse » qu'elle organise dans un hôtel de luxe, elle tient à inviter les conjoints qui ont droit à un programme « festif »... Quant à la Française des Jeux, elle est toujours partante pour emmener une dizaine de journalistes qui n'ont rien à voir avec le sport mais qui disposent d'une influence quelconque à l'autre bout du monde, en Afrique du Sud, en Nouvelle-Zélande, pour assister à la finale d'un grand événement sportif. Surtout quand le patron tente de convaincre son actionnaire, l'État, qu'il mérite d'être renouvelé à son poste.

Pour ceux qui ont un emploi du temps serré, Disneyland a tout prévu. Les 2 et 3 avril 2011, d'éminents membres de cabinet comme Franck Louvrier, chargé de la communication de Nicolas Sarkozy à l'Élysée, des patrons comme Alain Afflelou, des journalistes comme Jean-Michel Aphatie, de RTL et Canal+, ont ainsi été invités à passer le week-end en compagnie de nombreux « people » pour inaugurer un « Festival des moments magiques Disney ». Jean-Michel Aphatie ne déteste pas expliquer qu'il ne dîne jamais avec les politiques, afin d'éviter les situations de connivence. Il préfère à l'évidence faire des tours de manège gratuits avec le chargé de communication du président de la République.

Le conte de fées

Ces dernières années, une nouvelle étape a été franchie. Anne Méaux, Stéphane Fouks et Michel Calzaroni qui, à eux trois, « gèrent » l'image de la quasi-totalité des patrons du Cac 40[1], ne se contentent plus de promener les journalistes. Ils leur indiquent aussi la ligne éditoriale à suivre. Plus question de s'embarrasser de stratégies industrielles ou de performances boursières, ce qu'ils veulent, c'est que leurs amis des médias racontent de belles histoires. Leur client n'est plus cet oligarque qui s'enivre de stock-options et d'actions gratuites, ou ce manager intraitable qui licencie à tour de bras pour doper sa rentabilité. C'est un gars sympathique et humain, qui a ses passions et ses faiblesses. Lars Olofsson, le patron de Carrefour (7 millions d'euros de revenus en 2009), devient ce fanatique du swing dans lequel se reconnaîtront tous les passionnés de golf. Il joue à Joyenval, un club privé de l'ouest parisien mais peut aussi, sur un coup de tête, un dimanche, effectuer un aller-retour en Écosse. Michel-Édouard Leclerc ne passe pas sa vie à tordre le bras à ses fournisseurs. Il est un ami véritable de Tintin et de Spirou. Il ne faut pas passer à côté de la bibliothèque de bandes dessinées de ce collectionneur chevronné, un personnage plus complexe qu'il n'en a l'air. La preuve : un portrait de Che Guevara trône dans son bureau...

L'exercice prend parfois un tour surréaliste. Lorsque Denis Hennequin, l'ancien patron de McDonald's, prend la tête d'Accor, début 2011, *Libération*[2] lui consacre sa dernière page pour brosser son portrait. Le lecteur du quotidien de gauche apprend ainsi que le

---

1. En mars 2011, selon l'étude VcomV, Michel Calzaroni gère la communication de 8 patrons du Cac 40, Anne Méaux de 7, Stéphane Fouks de 4, l'agence de publicité TBWA de 3, Publicis d'un seul.
2. *Libération*, 12 janvier 2011.

nouveau patron du groupe hôtelier aime les Harley-Davidson, qu'il est « nudiste question cravate », qu'il a « un petit air à la Kevin Spacey d'*American Beauty* », que c'est un « rusé goupil », qu'il « déjeune à la cantine », qu'il connaît toutes les bonnes adresses à Londres pour trouver de vieux disques, qu'il a monté un groupe de rock avec ses enfants, qu'il fait du vélo, qu'il est monté une fois en haut de l'Etna sur sa bicyclette mais que c'était vraiment difficile, ou encore que sa femme est « dessinatrice de livres pour enfants ». Bref, Hennequin est un chouette type. D'ailleurs, s'il n'y a pas une seule ligne, dans ce long article, pour évoquer le climat social dans l'ancienne maison du patron rocker sur lequel les syndicalistes de McDo ont pourtant tant de choses à dire, c'est sans doute par manque de place.

Mais attention, le « people » plaît beaucoup à condition de ne rien transgresser. Le déshabillage est autorisé à condition qu'il soit librement consenti par le principal intéressé. Sinon, Anne Méaux, Michel Calzaroni et Stéphane Fouks peuvent se fâcher très fort. Ce dernier vend et survend du Denis Hennequin en famille, mais ne supporte pas qu'on s'attaque, sans son autorisation, à la vie privée d'un de ses clients. Jean Quatremer, le correspondant de *Libération* à Bruxelles, en a fait l'expérience à plusieurs reprises, il y a quelques années.

En juillet 2007, alors que Dominique Strauss-Kahn vient d'être nommé à la tête du FMI, il commet un crime de lèse-majesté. Dans son blog[1], il ose écrire ces quelques phrases qui, après l'affaire de la suite 2806 et celle du réseau de prostitution du Carlton, semblent bien aimables : « Le seul vrai problème de Strauss-Kahn

---

1. « Les coulisses de Bruxelles », http://bruxelles.blogs.liberation.fr

est son rapport aux femmes. Trop pressant, il frôle souvent le harcèlement. Un travers connu des médias, mais dont personne ne parle (on est en France). » Cet article n'a jamais été publié dans la version papier de *Libération*. Pourquoi ? Parce que la direction du journal a estimé que la façon dont DSK se comportait avec les femmes relevait de sa vie privée. Aux yeux de la plupart de ses confrères de *Libération* aussi, Jean Quatremer avait dépassé les bornes. Certains, dans la rédaction, ont même demandé sa tête.

Mais il y a une suite ! Au printemps 2008, grâce à l'article qu'il a publié sur son blog, Jean Quatremer est contacté par un cadre du FMI. Celui-ci lui raconte une histoire intéressante. Une de ses collègues, Piroska Nagy, fait l'objet d'une enquête interne sur la mutation dont elle a été l'objet, d'une part, et les relations privilégiées qu'elle aurait entretenues avec le directeur général, Dominique Strauss-Kahn, d'autre part. Pour échapper à la pression, Piroska Nagy est prête à parler, mais il faut se rendre à Washington. Échaudé par l'épisode précédent, Jean Quatremer en parle aussitôt, de visu, à son directeur. C'est un scoop formidable, et il est même prêt, pour que personne n'imagine qu'il poursuit une vendetta personnelle, à laisser un de ses confrères réaliser l'interview. Une manière chevaleresque de se conduire assez rare dans la profession.

Réponse du patron : il s'agit, après tout, de sexe entre adultes consentants et il n'y a pas de quoi traverser l'Atlantique. Jean Quatremer est si estomaqué qu'il raconte sa mésaventure à quelques amis, lesquels, à l'époque, ont du mal à le croire.

Six mois passent. À Washington, la source du journaliste s'impatiente et ne comprend pas l'attitude de *Libération* : pour un journal français, une telle révélation lui semble un cadeau du ciel. Mais puisque les Français n'en veulent pas... Le *Wall Street Journal* fait moins son difficile. L'affaire DSK-Piroska Nagy est en une du quotidien économique américain quelques jours plus tard. Elle est reprise en boucle dans les médias du monde entier.

Fin de l'histoire ? Pas tout à fait. À l'issue de l'enquête interne au FMI qui exonère son directeur général, Piroska Nagy souhaite rendre publique une lettre de clarification. Elle estime que DSK a un problème pouvant le rendre « peu adapté » à la direction d'une institution où des femmes travaillent sous ses ordres. Cette lettre, la source de Washington la propose en exclusivité à Jean Quatremer. Bien que découragé, celui-ci soumet ce nouveau scoop à sa hiérarchie... La missive sera publiée dans *L'Express*. Depuis l'affaire de la suite 2806 et du réseau du Carlton, l'attitude de la rédaction de *Libération* a changé vis-à-vis de Jean Quatremer. Nicolas Demorand, qui a pris le tête du journal en mars 2011, a publiquement pris sa défense à plusieurs reprises.

Tout s'achète...

Bernard Tapie[1] n'a jamais été au cœur de la nomenklatura. Il s'est contenté d'en fasciner une grande partie et d'en rouler une autre dans la farine, ce qui n'est déjà pas si mal. Sur les journalistes, il a un avis très tranché : « Ce sont des cons faciles à manipuler. » Il en tire une conclusion simple : « Pourquoi acheter un journal alors

1. Revue *Médias*, décembre 2008.

qu'on peut si facilement acheter un journaliste ? » Et s'empresse d'ajouter que cela, en plus, ne coûte pas cher : « Pour être bien avec eux, il suffit de les inviter à manger, de leur offrir un cadeau, et ça marche ! »

Les communicants modernes ont moins de brio. Ils savent surtout jouer sur la corde sensible : le spectre du chômage.

Jean de Belot, un ancien rédacteur en chef du *Figaro*, a passé quelque temps chez Euro RSCG avant de créer sa propre agence (il conseille notamment la Société générale). Valérie Lecasble, l'ex-patronne d'iTélé et de BFM, s'occupe de lobbying chez TBWA. Yves Messarovitch, l'ancien directeur de *L'Expansion*, est passé par Image7 avant de rejoindre François Pérol à la BPCE... les exemples sont nombreux. D'ailleurs, tout le monde a le droit de changer de vie.

Parfois, c'est tout de même beaucoup plus compliqué. Anne Salomon a longtemps écrit pour les pages économiques du *Figaro*. En 2008, cette « rédactrice en chef adjointe des enquêtes » choisit de quitter la presse pour rejoindre Anne Méaux et son entreprise de lobbying et de communication Image7.

Se demande-t-elle pourquoi elle a reçu cette proposition ? Espérons-le, car c'est transparent. Quelques mois auparavant, elle a sorti un scoop qui a fait la une du quotidien[1]. La note préliminaire de l'AMF sur « l'affaire EADS », qu'elle s'était procurée, pointait du doigt le comportement du groupe Lagardère mais aussi de 16 dirigeants du groupe EADS, à commencer par Noël Forgeard, le patron d'Airbus, lors des retards de l'A380. Un document tout à fait accablant puisqu'il

---

1. *Le Figaro*, 3 octobre 2007.

accusait les protagonistes de délit d'initiés et d'avoir vendu leurs actions avant que les retards de l'A380 ne soient rendus publics. L'information a été reprise à l'AFP et a marqué le début d'une affaire[1] impliquant certains hauts fonctionnaires de Bercy...

À l'époque, les dirigeants d'EADS sont furieux contre la journaliste du *Figaro*. Pendant plusieurs semaines, ils tentent par tous les moyens de savoir qui a bien pu l'informer... Certains des protagonistes mettent à contribution Anne Méaux, qu'ils ont choisie pour gérer cette crise de grande ampleur. La patronne d'Image7 adopte une tactique originale : elle propose un job à l'ennemie. Une fois ralliée, Anne Salomon pourrait s'occuper de dossiers qui n'ont rien à voir avec EADS. Ce serait... décent. Mais non. Anne Méaux la charge de présenter aux journalistes qui suivent l'affaire EADS Diane Pasturel, l'avocate chargée de la défense de Jean-Paul Gut, un des mis en cause qu'Anne Méaux abreuve de conseils.

L'ancienne du *Figaro* doit donc raconter à ses ex-confrères l'inverse de ce qu'elle écrivait dans ses articles. Lorsqu'un des auteurs lui demande, en septembre 2009, si elle n'est pas embarrassée d'être ainsi passée du « côté obscur de la force », elle répond que sa nouvelle patronne ne lui a jamais demandé de révéler le nom de sa source, celle qui lui avait fourni le scoop. Encore heureux !

---

1. En 2009, le comité des sanctions de l'AMF ne suivra pas les enquêteurs et ne retiendra finalement pas le délit d'initiés. En revanche, plusieurs des protagonistes (dont le groupe Lagardère et Noël Forgeard) ont été mis en examen, dans le volet judiciaire de l'affaire, en janvier 2011.

PAF *à vendre*

Les journalistes, selon Bernard Tapie, se laissent donc acheter contre un déjeuner. Le service public de télévision, lui, se laisse appâter par une tranche de programme gratuite. Patron de l'agence de communication Tilder, Matthias Leridon n'est pas allé très loin pour satisfaire son goût pour les médias. Au printemps 2011, celui qui conseille Guillaume Pepy (SNCF), Frédéric Lemoine (Wendel) ou Xavier Huillard (Vinci) se contente de pousser la porte de La Chaîne parlementaire (LCP, qui dépend de l'Assemblée nationale) avec un beau projet. Il offre à la chaîne une émission de débat clé en main organisée en partenariat avec l'institut Montaigne, le *think-tank* libéral créé par Claude Bébéar (fondateur d'Axa). Gérard Leclerc, le patron de LCP, le reçoit à bras ouverts et signe sans hésiter le contrat que lui propose Leridon. Une heure dix de télé prête à diffuser sans bourse délier, voilà qui ne se refuse pas. Et qu'importe si Leridon a poussé l'ironie jusqu'à enregistrer ses émissions au palais Brongniart, là où se tenait, autrefois, la fameuse corbeille de la Bourse de Paris... Le faire-part de naissance[1] annonce que Leridon en personne, entouré de deux journalistes, est le rédacteur en chef de l'émission. Intitulée « Face aux idées », elle repose sur un concept simple : « Une personnalité majeure du débat public sera le grand invité [...] en respectant toujours un principe d'alternance entre les différentes forces politiques représentées. » L'alternance, voilà qui a du bon, sur-

---

1. Mail de Tilder du 20 avril 2011.

tout quand on a de nombreux clients oligarques à satisfaire.

Servier, rédacteur en chef

Le mardi 5 avril 2011, au Sénat, la mission d'information sénatoriale sur « l'affaire du Mediator » entend Virginie Bagouet, une journaliste du magazine professionnel *Impact Médecine*[1]. Devant le récit de la jeune femme[2], les sénateurs ouvrent des yeux grands comme des soucoupes.

– Le financement du journal ?

– Le nombre de pages du journal dépend directement de la publicité et les sujets susceptibles d'attirer la publicité de l'industrie pharmaceutique sont donc privilégiés. Du coup, les effets secondaires des médicaments ne sont quasiment pas abordés dans nos colonnes.

– Les articles concernant Servier ?

– Ils sont envoyés pour relecture et modifiés par les équipes de Servier. Un exemple ? Fin août 2010, j'ai été chargée de suivre un congrès de cardiologie à Stockholm. Une étude a notamment présenté les bénéfices du Procoralan, un médicament Servier pour les cas d'insuffisance cardiaque. J'ai rédigé un article que j'ai envoyé directement par mail à ma rédaction en chef, qui l'a envoyé aux laboratoires Servier pour « validation scientifique ». Problème : une erreur a été introduite par les « relecteurs ». L'article a pourtant été publié tel quel sur le site Internet. Lorsque je suis revenue à Paris

---

1. Après l'affaire du Mediator, elle a quitté *Impact Médecine.*
2. On peut visionner son audition sur le site Internet du Sénat (*http://videos.senat.fr/video/videos/2011/video8415.html*).

et que j'ai fait part de mon mécontentement à ma rédaction en chef, il m'a été répondu que chez Servier, ils étaient contents. Un autre exemple ? Fin novembre 2010, j'ai été chargée d'un dossier de rhumatologie à l'occasion du congrès de la Société française de rhumatologie. J'ai assisté à une conférence organisée par les laboratoires Servier. J'en ai rédigé un compte rendu. Mon article a été modifié après relecture : la version originale ne constituait plus que la moitié de l'ensemble. Et l'autre moitié était rédigée dans un style marketing.

– L'affaire du Mediator ? Le livre d'Irène Frachon, ce médecin qui a révélé le scandale ?

– Nous n'avons pas eu le droit de parler de ce livre. Puis, quand les pouvoirs publics ont commandé un rapport à l'Igas, qui a été rendu public, j'ai couvert la conférence de presse. Au retour de celle-ci, j'ai été très claire : j'ai dit à ma direction qu'il fallait aborder la question de la responsabilité de Servier et raconter l'histoire de ce médicament passé entre les mailles du filet pendant des dizaines d'années. Mon article a été modifié au dernier moment. La plupart des parties de mon récit ont été supprimées pour conserver, au final, l'énumération des mesures annoncées par Xavier Bertrand. Les parties les plus gênantes sur la stratégie de Servier ont été supprimées.

Au cours de ses auditions, François Autain, le président de la mission d'information sénatoriale sur le Mediator, en a déjà beaucoup entendu. Il a mis au jour les innombrables liens incestueux que Servier entretenait avec certains de ses collègues parlementaires, avec les autorités sanitaires, les hauts fonctionnaires et les ministres et leurs cabinets. Mais en écoutant la journaliste d'*Impact Médecine*, quelque chose le chagrine. Il interrompt le témoignage de Virginie Bagouet pour lui demander un peu naïvement si la charte de déclaration des devoirs et des droits des journalistes est toujours en vigueur. Et surtout son article 9, qui énonce qu'il ne faut « jamais confondre le métier de journaliste avec celui du publicitaire ou du propagandiste ; n'accepter aucune consigne, directe ou indirecte, des annonceurs ». Il devrait demander son avis à Bernard Tapie.

QUATRIÈME PARTIE

L'ÉTAT, C'EST POUR NOUS

21

Népotisme d'État

Au début, Brigitte Taittinger ne s'est pas méfiée. Lorsque, au printemps 2011, Yves de Chaisemartin lui a proposé de devenir membre du conseil d'administration du groupe Altran, elle a immédiatement dit oui. Celle qui a fait des parfums Annick Goutal, qu'elle dirige depuis 1991, une époustouflante success-story, descend d'une famille illustre et n'a donc aucun besoin d'une distinction de plus. En revanche, elle milite depuis longtemps pour que les femmes prennent une place plus importante dans les affaires. Administratrice de HSBC France depuis quelques années, elle sait qu'en infiltrant les conseils d'administration et en montrant de quoi elles sont capables, les femmes peuvent gagner du terrain. Voilà pourquoi elle a accepté d'emblée.

Le 6 juin 2011, elle adresse pourtant une lettre recommandée avec accusé de réception à Yves de Chaisemartin : « Le contexte professionnel dans lequel j'évolue m'oblige à me concentrer fortement sur l'entreprise dont j'ai la responsabilité dans les mois à venir. Or, Altran est pour moi un nouveau métier et il aurait fallu une grande disponibilité que je n'aurai pas pour être à même de remplir professionnellement mes devoirs. »

Finalement, c'est donc non. Et le manque de disponibilité, une élégante excuse diplomatique.

À la ville, Brigitte Taittinger est l'épouse de Jean-Pierre Jouyet, président de l'AMF, l'Autorité des marchés financiers. Autrement dit, le gendarme de la Bourse.

Or Altran est une société cotée. Et à la veille de son conseil d'administration, Yves de Chaisemartin est sous la mitraille. Un fonds d'investissement, Appax, qui possède 19 % des actions et 31 % des droits de vote, tente d'avoir sa tête. Motif : le cours de l'action est inférieur à ce que les investisseurs attendaient. Chaisemartin vient d'entamer une guerre. Violente. Il a assigné Appax pour « fraude aux droits de vote ».

Le dossier ne peut pas laisser indifférents l'AMF ni son président. Intègre, Brigitte Taittinger a compris qu'elle mettrait son mari en fâcheuse posture en siégeant chez Altran. Elle préfère éviter d'être instrumentalisée dans une guerre entre le dirigeant et les actionnaires d'une entreprise[1].

Tout le monde n'a pas cette délicatesse. Recruter l'épouse, le fils ou la fille d'un ministre ou d'une personnalité influente est devenu une préoccupation stratégique de beaucoup d'entreprises. Rendre service, tisser des liens privés peut se révéler plus qu'utile pour obtenir de la puissance publique protection et faveurs. Faut-il rappeler la cruauté des enregistrements du majordome de Liliane Bettencourt, où l'on entendait

---

1. Interrogé sur BFM Radio sur le conflit qui opposait Appax et Chaisemartin, le 9 juin 2011, Jean-Pierre Jouyet a d'ailleurs, un peu plus tard, pris position : « Des fonds qui ont entre 20 % et 30 % du capital [ne peuvent pas] se comporter comme s'ils étaient propriétaires de la société. Lorsque vous souhaitez contrôler ou imposer un conseil d'administration, vous en payez le prix ! »

Patrice de Maistre expliquer à sa riche patronne qu'Éric Woerth, le ministre du Budget, lui avait demandé d'embaucher sa femme[1] ?

Les dames de la banque

Éphémère ministre des Finances d'Alain Juppé, Alain Madelin a quitté la politique pour revenir à son métier d'origine : avocat. Il gère aussi des fonds d'investissement qui lui permettent de très bien gagner sa vie. En 2007, juste après la présidentielle, il va à la Banque privée 1818 ouvrir un compte personnel. Filiale de la Banque populaire et des Caisses d'épargne, cet établissement se veut à la pointe de la gestion financière haut de gamme. C'est en tout cas ce que claironnent ses luxueuses plaquettes : « Votre banquier privé est votre contact privilégié. Placé au centre de la relation de confiance que nous engageons avec vous, il vous accompagne dans la construction de votre stratégie patrimoniale. » Quand il a franchi le seuil de 1818, Alain Madelin ne se doutait pas qu'il allait bien s'amuser et en apprendre sur les mœurs de la nouvelle nomenklatura. « L'un des patrons me reçoit très courtoisement. Nous papotons un moment puis il me dit : "Attendez, je vais appeler quelqu'un." Et qui vois-je arriver ? Florence Woerth. Son mari était ministre du Budget depuis peu. J'ai appris par la suite que mon interlocuteur procédait souvent ainsi pour les gros clients ou pour ceux qui portent un nom connu. Lorsque j'ai appris qu'elle partait travailler pour Liliane Bettencourt, l'un des diri-

---

1. Florence Woerth a aussi été nommée administratrice du groupe Hermès lorsque son mari était au Budget.

geants de 1818 m'a expliqué que c'était plus facile pour elle de travailler pour un seul gros client[1]. »

Ce petit numéro de connivence joué par la femme du ministre, visiblement habituée à ce rôle, n'a pas impressionné Alain Madelin. À l'été 2010, alors que tous les ténors de la droite tentent de sauver le soldat Woerth, il tire à boulets rouges sur le couple qui fait bien involontairement l'actualité : « À l'évidence, c'est une situation de conflit d'intérêts incompatible avec la fonction. La meilleure preuve, c'est que dès que le coup de projecteur est porté sur Mme Woerth, elle est obligée de démissionner[2]. »

Pendant quatre ans, la Banque 1818 a mis en avant Florence Woerth. Elle a aussi recruté une autre femme de ministre, Valérie Hortefeux... Celle-ci, contrairement à Florence Woerth, ne peut même pas se prévaloir de la compétence acquise dans une grande école comme HEC. Elle est juste diplômée de l'Efap, l'École française des attachés de presse où elle a rencontré son mari qui y était professeur. Elle a fait, chez 1818, une carrière fulgurante et se présente aujourd'hui dans les dîners en ville comme... « banquière ».

La maison familiale

Une autre institution sait aussi laisser sa chance aux familles. L'ACFCI, l'Assemblée des chambres françaises de commerce et d'industrie, est un peu le « Soviet suprême » des institutions consulaires qui regroupent, depuis l'Empire, patrons, commerçants et artisans dans

---

1. Entretien le 9 décembre 2010.
2. Alain Madelin sur BFM Radio, le 22 juin 2010.

chaque grande ville de France. Elles gèrent des aéroports, des infrastructures locales et possèdent des écoles de commerce. L'une de leurs occupations favorites consiste à faire du lobbying auprès des pouvoirs publics.

Président de l'ACFCI jusqu'au printemps 2011, Jean-François Bernardin avait choisi comme directeur de cabinet François Guéant. L'ancien responsable des « jeunes actifs » de l'UMP n'est pas seulement le fils de Claude. Il rêve à son tour d'embrasser la carrière politique et se verrait bien député du Morbihan. Hasard des trajectoires : avant de rejoindre l'ACFCI, alors que le jeune Guéant était au cabinet d'Alain Marleix, secrétaire d'État aux Collectivités locales, le fils de celui-ci, Olivier Marleix, est, lui, entré au cabinet de Claude Guéant au ministère de l'Intérieur. Jean-François Bernardin n'a pas fait son choix au hasard. À l'époque, il était au cœur d'une bataille interne où ses opposants ne lésinaient pas sur les coups bas pour le déstabiliser. Il devait aussi batailler pour préserver la légitimité des chambres de commerce après que Bercy eut supprimé la fameuse taxe professionnelle. Et François Guéant a, on s'en doute, trouvé à quelles portes frapper à l'Élysée.

« À l'ACFCI, on est très "famille de" confie en souriant un ancien de la maison, qui dresse la liste de ceux qui y ont fait un séjour plus ou moins long ces dernières années : Catherine Séguin, la fille de Philippe, s'y est recasée après avoir été dans plusieurs cabinets ministériels du gouvernement Juppé. Françoise Vilain, la sœur de Jean-Pierre Raffarin, a été la conseillère du président (depuis 2002, elle est au Conseil économique et social). Éclectique dans ses choix, la maison a aussi recruté Claire Hamon, la sœur de Benoît, le porte-parole très à gauche du PS et de Martine Aubry, qui pourfend petits et grands privilèges de la société française.

Pensions alimentaires

Tout cela n'est pas très glorieux, mais pas si grave, dira-t-on. Le népotisme est un sport pratiqué partout en France, même au plus haut niveau, voilà tout. Acheter, avec des mines innocentes, le proche d'un puissant n'est pourtant jamais anodin. Élisabeth Guigou en a fait, début 2011, la désagréable expérience. Son mari était à la tête d'une fondation vouée à favoriser le dialogue entre les deux rives de la Méditerranée. Noble intention. Ancien patron de la Datar, Jean-Louis Guigou comptait parmi ses bailleurs de fonds l'un des proches de Ben Ali. Au moment de la révolution de Jasmin, cette proximité, qui n'avait jamais semblé gêner personne, pas même l'ancienne ministre de la Justice, est devenue très scabreuse. Et bien commode pour la droite : car ce généreux financier tunisien, Aziz Miled, est justement l'homme d'affaires qui promenait en avion Michèle Alliot-Marie et sa famille. Voilà qui explique mieux le silence assourdissant du PS quand la ministre des Affaires étrangères s'est défendue de façon grotesque avant d'être contrainte à la démission.

Et le docteur Servier ? Il a toujours pu compter sur de nombreux relais dans l'appareil politique et administratif, à commencer par la très dévouée sénatrice Marie-Thérèse Hermange, qui a accepté de réécrire un rapport parlementaire pour atténuer la responsabilité de Servier dans l'affaire du Mediator. Le vieux patron a toujours aimé les élus, leur entourage, leur femme, si cela pouvait lui être utile pour vendre son médicament vénéneux. L'ex-garde des Sceaux, Henri Nallet, y a collaboré, l'ancien député RPR de l'Isère Michel Hannoun y travaille encore. Et Nicolas Sarkozy a été l'un des avocats du laboratoire dans les années quatre-vingt.

Mais personne ne peut égaler Philippe Douste-Blazy. L'ancien ministre de la Santé n'a semble-t-il pas vu d'inconvénient à ce que son épouse rejoigne le laboratoire Servier en 2001...

Lorsque Irène Frachon, ce médecin qui a mis des années à faire éclater le scandale du Mediator, va interroger l'ancien ministre de la Santé, changement de ton : celui-ci se montre brusquement très distant. « Je n'ai jamais travaillé chez Servier. J'ai suivi un séminaire... très peu de temps. Je peux vous assurer que, lorsque j'étais ministre de la Santé, je n'ai jamais été approché d'une manière ou d'une autre par le laboratoire. Ce sont d'ailleurs les membres du cabinet qui sont en contact avec les labos, pas les ministres[1]. »

L'enquête menée par l'Inspection générale des affaires sociales (Igas) a établi que le retrait du Mediator aurait dû être réalisé dès 1999. Philippe Douste-Blazy a été ministre de la Santé du 31 mars 2004 au 31 mai 2005. Il est ensuite passé au Quai d'Orsay, où il a laissé un souvenir impérissable (il confondait notamment Taïwan et la Thaïlande). Il avait recruté son attachée de presse... chez Servier, qui, selon une enquête de Laurent Léger parue dans *Charlie Hebdo,* au cours des quinze années précédentes, avait « subventionné » plusieurs opérations

---

1. Irène Frachon, *Mediator 150 mg, combien de morts ?*, Éditions Dialogues, 2009.

organisées par Douste-Blazy quand il était maire de Lourdes[1]. Incapable, l'ancien ministre ? Pas tant que cela. Du moins du point de vue de ses intérêts. Il n'est d'ailleurs pas le seul.

Un espoir pour la jeunesse...

Qui a dit que la situation des jeunes sur le marché de l'emploi était de plus en plus précaire ? Des jeunes gens prometteurs s'en sortent très bien. Ils trouvent des postes intéressants – dans les cabinets ministériels, par exemple. Sophie Bourgi fut ainsi un temps l'attachée de presse de Christian Blanc au Grand Paris après avoir travaillé pour plusieurs collectivités locales dirigées par l'UMP. Elle est aussi la fille de Robert Bourgi, donateur du Premier Cercle – spécialiste en réseaux françafricains et experts en valises.

Avant de rejoindre le cabinet de Nathalie Kosciusco-Morizet, Aurore Longuet, la fille de Gérard, a travaillé pendant deux ans pour Hervé Novelli, un vieil ami de son père (ils se sont connus au groupuscule d'extrême droite Occident) lorsque celui-ci était secrétaire d'État aux PME. Novelli avait aussi confié à Brigitte Longuet, avocate, un rapport (non rémunéré) sur les professions libérales à celle qui faisait alors campagne pour être élue au barreau de Paris[2] Une autre fille de Gérard et Brigitte Longuet, elle, a travaillé un temps pour le compte du ministère de la Culture. Ah ! ces familles où l'on a le service public chevillé au corps !

---

1. *Charlie Hebdo*, 19 janvier 2011.
2. *Le Point* avait révélé cette information le 24 septembre 2009.

Comme un certain Jean Sarkozy, Alexandra de La Brosse est précoce. À peine sortie de l'école, la voilà embauchée au service de presse de l'Élysée. Elle est aussi la fille de François de La Brosse, l'ancien « Monsieur Internet » de la campagne de Nicolas Sarkozy en 2007 qui a, depuis, monté plusieurs entreprises avec l'un des frères du Président et que l'on peut toujours joindre au palais présidentiel. Et alors ? On n'a pas le droit d'avoir un père ?

La fille de Jean-Louis Borloo, salariée de Véolia, est très susceptible. Elle n'apprécie pas beaucoup que certains de ses collègues suggèrent un lien entre son beau parcours d'expatriée en Asie et l'amitié qui lie son père à Henri Proglio, l'ancien patron du groupe, qui a été nommé à la tête d'EDF avec le soutien du ministre de l'Environnement et de l'Énergie, un certain Borloo Jean-Louis.

Jusque dans l'hémicycle

Janelly Fourtou, député européen UDF puis MoDem depuis 1999, est aujourd'hui la cible des internautes militants. Elle a déposé une série d'amendements à Strasbourg qui ont force de loi en France. Est-ce un hasard s'ils concernent principalement les nouvelles technologies et le droit d'auteur sur le Net ? Car cette femme active est aussi l'épouse de Jean-René Fourtou, alors patron de Vivendi, une entreprise directement concernée par les dispositions adoptées par le Parlement de Strasbourg.

Patrick Balkany, lui, est coutumier du mélange des genres. Il se passionne pour la législation des jeux en ligne ? Et alors, où est le mal ? D'ailleurs c'est un domaine qu'il connaît un peu puisque son fils fait carrière dans une entreprise du secteur. Patrick Balkany souhaitait notamment que les opérateurs de poker immatriculés ailleurs qu'en France puissent être autorisés. PokerStars, l'entreprise qui emploie son fils, n'est justement pas enregistrée en France mais à Malte.

Parfois, les interventions sont touchantes : au Sénat, Philippe Marini, pourtant grand ami du BTP, fait ainsi souvent sourire ses confrères lorsqu'il se pose en défenseur des fouilles préventives, notamment en matière de chantiers de travaux publics. Coïncidence (heureuse) : sa fille est archéologue. Elle a su convaincre son sénateur de père de se poser en protecteur de cette noble activité face aux majors de la construction qui voulaient, grâce à une loi, faire passer leurs bulldozers sans avoir à sonder les sous-sols de leurs chantiers... Du lobbying pour la bonne cause !

« Ma mère dit que je suis formidable »

Au Parlement, il y a aussi la famille Dassault. Serge, le père, siège au Sénat. Olivier, l'un des fils, à l'Assemblée nationale. Une famille modèle, qui aime à poser dans les magazines de papier glacé.

Serge et Nicole Dassault sont assis sur un canapé en velours, les enfants Olivier, Laurent, Thierry, Marie-Hélène debout derrière leurs parents. Une belle famille unie pour une belle photo couleur. Devant l'objectif, les Dassault savent se tenir.

En matière de succession aussi, tout est luxe, calme et volupté grâce au concours du notaire de la nomenklatura, Bernard Monassier. Serge a transmis ses actions à ses enfants il y a une quinzaine d'années. Il n'a gardé que les droits de vote et une petite partie des dividendes (ce qui représente tout de même plusieurs dizaines de millions d'euros chaque année). Il a mis en place une sorte de conseil de famille pour le jour où... dans lequel tout est prévu : ce sera obligatoirement un Dassault qui prendra la suite. Un pacte prévoit aussi que si l'un des membres de la famille décide de sortir du capital de l'entreprise, celui-ci ne pourra vendre qu'à des Dassault. Des provisions ont même été effectuées pour parer à cette éventualité.

Seulement Olivier Dassault a 60 ans. Il n'en peut plus d'attendre. Et voilà ce qui se passe dans sa tête : « Je suis le seul dans la famille de la 3e et 4e génération à avoir un diplôme d'ingénieur, à être pilote et docteur en informatique. De plus, je suis le seul pilote au monde qualifié sur l'ensemble de la gamme Falcon [...]. Je suis donc plus compétent dans beaucoup de domaines, sans oublier le fait que je suis un élu du peuple en tant que député [...]. Ma mère dit toujours que je suis formidable, le plus intelligent et très créatif. C'est vrai que j'ai cette autre corde à mon arc avec la création artistique à travers la photographie et la musique. Pour mon père, tout cela est secondaire. Quand il vient à l'une de mes expositions, il est plus impressionné par la présence des ministres que par ce qu'il y a sur les murs, ce qui ne l'a pas empêché de commander une de mes grandes photos pour la salle de réunion de nos bureaux du Rond-Point. [...] Quand le président de la République lui pose la question, mon père répond : c'est Olivier qui me succédera. Mais comme il ne veut pas être embêté par mes frères, en famille il dit qu'il veut une direction collégiale. Il voudrait que tout le monde s'entende bien dans le meilleur des mondes. »

Ces propos très personnels ne proviennent pas du journal intime du fils aîné de Serge Dassault. Ce sont les extraits d'une interview accordée au *Courrier picard*. Le député UMP de l'Oise se voit, dit-il, comme le prince Charles « qui attend toujours et ne régnera peut-être jamais ». En 2009, il a choisi le quotidien régional ainsi que le journal catholique *La Croix* pour confier ses états d'âme.

La riposte ne se fait pas attendre : « À la suite des propos de mon fils Olivier, je déclare que ma succession n'est pas ouverte », prévient Serge Dassault dans un communiqué à l'AFP. Quant à Laurent, le cadet, âgé de 58 ans, qui dirige le vignoble Château-Dassault, il fulmine : « Il n'y a pas un héritier. Le plus important, c'est la continuité de la lignée, et notre mission, c'est de transmettre. Il n'y a pas de guerre de succession et il n'y en aura pas car, après la disparition de mon père, nous serons assez intelligents pour faire en sorte que la quatrième génération reçoive les fruits de la première[1]. »

Quelques semaines plus tard, c'est la journaliste Odile Benyahia-Kouider qui confesse la famille dans *Le Nouvel Observateur*[2].

Olivier : – J'ai toujours été le plus beau et le plus intelligent... alors mes frères sont jaloux.

Laurent : – Dans la famille, on a surnommé Olivier Iznogoud parce qu'il est obsédé par l'idée de devenir calife à la place du calife. Mais en a-t-il seulement les capacités ?

---

1. *Stratégies*, n° 1574, septembre 2009.
2. *Le Nouvel Observateur*, 23 juillet 2009.

Serge : – Mes fils se font beaucoup mousser mais en réalité ils ne font pas grand-chose. Ils ont peut-être eu trop de facilités. Dans le groupe, personne ne les connaît.

Ambiance, ambiance... Serge aura 90 ans en 2015. Et lorsqu'il a instauré une limite d'âge pour la direction du groupe – 75 ans –, il a pris soin qu'elle ne s'applique pas à lui. Mais à son successeur. Pendant ce temps la vente des Rafale, ces avions commandés à prix d'or par l'armée française, patine : en fait aucun pays, en dix ans, n'en a acheté un seul exemplaire !

La promotion des indésirables

Parfois, il s'agit moins de donner un coup de main à un soldat blessé que de faire de la place à un membre de l'oligarchie dominante. Sur proposition de Christine Lagarde, ministre de l'Économie, le fils de Jean et de Xavière Tiberi, Dominique, a ainsi été nommé, en janvier 2011, en Conseil des ministres, au poste de contrôleur général économique et financier, d'ordinaire réservé à des énarques. Certes, les diplômes et qualifications de Dominique Tiberi avaient été jugés insuffisants par une commission indépendante chargée des nominations. Mais le système ne s'arrête pas à ce genre de détails. Il fallait régler un problème. Jean Tiberi donnait du fil à retordre à François Fillon, qui envisage de se présenter dans la capitale. Il était nécessaire d'avoir un geste amical envers cette petite famille qui a tant souffert.

Et Laurent Dominati, fils d'un autre élu parisien qui a eu quelques démêlés avec la justice ? Nommé ambassadeur au Honduras en 2007. Puis, à partir de 2010, au

Conseil de l'Europe à Strasbourg. La vénérable institution regroupe 47 pays du continent. En avril 2011, Laurent Dominati faisait un discours devant cette assemblée sur « l'avenir de la Cour européenne des Droits de l'homme ». Inspiré, il terminait celui-ci en citant un poète turc, Ahmed Hachim : « Les cigognes contemplent ces mystères et semblent méditer. » S'il faut s'en remettre aux cigognes...

22

Ils ont l'accès au Président !

C'est un listing intrigant. Il contient près de 400 noms et n'a a priori aucune cohérence. Sans aucun souci de classement ordonné, on y trouve le patronyme de quelques princes des affaires comme Ernest-Antoine Seillière, héritier des maîtres de forges d'antan, ex-président du Medef et actuel patron du groupe Wendel, ce qui lui vaut de détenir la 35ᵉ fortune de France[1]. Y figure aussi l'autodidacte Pierre Bellon, fondateur du groupe de restauration Sodexo, 24ᵉ homme le plus riche de France, Aldo Cardoso, l'ancien patron du cabinet Arthur Andersen, Maurice Tchenio, le créateur du fonds d'investissement Apax, Guillaume Dard, le patron de Montpensier Finance, ou Jules Coulon, un ancien patron de Moulinex.

Parmi les noms connus : Alain Dominique Perrin, médiatique patron du bijoutier Cartier qui s'est diversifié dans l'hôtellerie de luxe et le vignoble ; Maurice Bidermann, l'ancien patron du groupe de textile du même nom qui fut un des héros involontaires de l'affaire Elf et anima les soirées du quartier VIP de la

---

1. Selon le classement 2011 des 500 plus grosses fortunes de France réalisé par l'hebdomadaire *Challenges*.

prison de la Santé ; Arnaud de Ménibus qui, dans les années quatre-vingt, est devenu riche avec la Cogedim (immobilier) et s'est reconverti dans l'immobilier de luxe à Marrakech ; un héritier de la maison Chaumet, la grande bijouterie de la place Vendôme. C'est donc une sorte d'auberge espagnole.

Au milieu de ces stars des affaires, beaucoup de patrons de PME comme Jean-Philippe Hubin, élu UMP dans le 7e arrondissement de Paris et repreneur d'entreprises industrielles en difficulté. Philippe Grodner, héritier de la marque de lingerie Simone Pérèle, ou Alfio Innocenti, des Délices de Bagatelle (un salon de thé à la mode de Neuilly). Ou encore Pascal Serguier, l'ex-dirigeant d'un petit groupe de casinos de province (Cap-d'Agde, Mégève, Font-Romeu et Collioure).

Qui d'autre ? Quelques lobbyistes, des chasseurs de têtes, une dizaine d'avocats et une brochette de cadres de haut vol, comme Philippe Saimpert, membre du comité exécutif du groupe GDF Suez, ou Pascal Cagni, le directeur général d'Apple pour l'Europe, le Moyen-Orient, l'Inde et l'Afrique. Et puis le prête-nom du milliardaire russe Sergueï Pougatchev (propriétaire en France de *France-Soir* et du traiteur Hédiard).

Le point commun entre ces 500 personnes : elles versent toutes plusieurs milliers d'euros chaque année au parti de Nicolas Sarkozy (au minimum 3 500 euros, au maximum – c'est le plafond légal – 7 500). Leur motivation ? Appartenir à une gentille communauté appelée Le Premier Cercle.

« *Ils me voient, ils paient. À l'américaine !* »

Ce listing confidentiel est enfermé à double tour dans le coffre du trésorier de l'UMP, rue La Boétie, à Paris. L'exemplaire que nous avons pu nous procurer date de mai 2007, juste après l'élection présidentielle. Par sa seule existence, cet étonnant carré VIP célèbre les noces de l'argent et de la politique. Jusqu'à l'été 2010 et l'affaire Woerth-Bettencourt, personne ne s'était intéressé à ce cénacle créé en 2004 par Sarkozy lui-même. En prenant modèle sur ce qui se fait depuis longtemps aux États-Unis, le ministre de l'Intérieur avait fait un pari : introduire la collecte de fonds pour les campagnes politiques en France. Avec ce concept qu'il a souvent répété à ses équipes : « Ils me voient, ils paient. À l'américaine ! » Les résultats ne se sont pas fait attendre : en année « creuse », sans élection, les contributions de ces militants fortunés apportent 15 % à 20 % des ressources du parti majoritaire. Lors de la présidentielle de 2007, ces donateurs VIP se sont surpassés : ensemble, ils ont déboursé 9 millions d'euros !

Cotiser au Premier Cercle de l'UMP, c'est s'offrir un droit d'accès au président de la République, à ses ministres et à ses principaux collaborateurs. Des réunions sont organisées dans de grands hôtels parisiens, comme le Bristol, situé à deux pas de l'Élysée, ou dans certains clubs privés comme le Cercle interallié, lui aussi voisin du Château. Tout est fait pour que les bienfaiteurs se sentent en « famille ». Le 6 mai 2007, soir de liesse, une centaine d'entre eux – les plus généreux ? – avaient reçu une invitation personnelle pour venir entendre leur vedette et boire une coupe de champagne salle Gaveau.

291

« Ça leur fait plaisir et ce n'est pas cher »

Les cyniques y ont vu un excellent moyen de faire des affaires ou du lobbying au plus haut niveau. Les mondains ont rosi de bonheur à l'idée de se retrouver entre gens de bonne compagnie. Tous ont été flattés d'être admis quelques heures au sein de cette oligarchie coupée des réalités qui nous dirige tout en nous faisant la morale. Le Premier Cercle est, de ce point de vue, une dénomination formidable.

Pas question, pour la plupart, de raconter dans le détail leurs motivations. Ceux qui acceptent de se confier s'en tiennent au conte de fées. Fondateur et P-DG d'EdifiXio, après avoir longtemps dirigé Deloitte Consulting, Michel Bolze assure qu'il ne s'agit pas d'« une machine à cash », mais plutôt d'un « cercle de réflexion politico-économique pour parler avec les responsables politiques de la législation du travail, des entraves à la vie économique et les sensibiliser aux meilleurs moyens d'améliorer la compétitivité du pays[1] ». Jean-François Damour, le patron créateur de la chaîne de restaurants La Criée, est lui aussi sur ses gardes : « Nos réunions sont décontractées, amicales. On ne vient pas là pour se montrer mais pour réfléchir avec des acteurs de l'action publique. Ceux qui veulent faire croire que c'est un lieu où l'on échange des services contre des enveloppes ne sont que des imbéciles[2]. »

De bien belles déclarations… qui diffèrent cependant de celles de Patrice de Maistre sur les fameux « enregistrements Bettencourt ». Ce gestionnaire de fortune,

---

1. Entretien le 7 juillet 2010.
2. Entretien le 7 juillet 2010.

lui-même membre du Premier Cercle, faisait signer de gros chèques à sa patronne en lui expliquant que ses contributions à l'UMP étaient nécessaires dans la guerre qui l'opposait à sa fille pour obtenir le soutien des politiques. Donner, expliquait-il avec une certaine crudité, « ça leur fait plaisir et ce n'est pas cher »...

Au cœur du cercle, il y a d'abord le lobby de la finance. Ils sont inconnus mais influents : Jean-Philippe Hottinguer, P-DG de la banque du même nom, Carole Bettane, de Goldman Sachs, François Lombard, le riche patron de Turenne Capital, ancien de la Banque mondiale et de la Caisse des dépôts, Laurent Isal, spécialiste de l'expatriation fiscale, Jean-Louis Pacquement (HSBC), Olivier Perquel (Natixis), Pierre-Arnaud Ladoux (Merrill Lynch Londres), Frédéric Legmann (Lazard). Et aussi Pierre-Henri Flamand, un ancien trader-vedette de Goldman Sachs qui a créé son propre hedge-fund.

Jean Gore a fondé le groupe financier qui porte son nom. Il est aussi un pilier de l'Afic, l'Association française des investisseurs en capital. L'Afic est un des lobbies les plus puissants du monde de la finance puisqu'il défend les intérêts des fonds d'investissement. À peine était-il installé à l'Élysée que Nicolas Sarkozy recevait les principaux responsables de cette association. Eddie Misrahi, par ailleurs dirigeant du fonds d'investissement Apax, a été président de l'Afic en 2007 et 2008. Après cette rencontre au sommet, il avait du mal à cacher sa joie : « L'élection de Nicolas Sarkozy libère un vaste champ d'opportunités qui résonne à la fois comme une chance et un défi. C'est une chance parce que le Président Sarkozy est culturellement proche des entrepreneurs, économiquement décidé à entreprendre des réformes profondes, et politiquement maître de son destin[1]. » Chirac avait les cafetiers comme premier supporters, Nicolas Sarkozy les fonds d'investissement. Chacun son style.

Les entreprises amies

Quand il ne se retrouve pas au Bristol avec le Président, le Premier Cercle se côtoie dans les conseils d'administration. Celui de Hermès, par exemple. Outre Jérôme Guerrand, on compte trois autres membres de la famille propriétaire de la célèbre marque de luxe parmi les donateurs (Hubert, Xavier et Julie Guerrand-Hermès). Ce sont eux qui, en 2010, ont soufflé le nom de Florence Woerth pour siéger au conseil d'administration aux côtés d'Ernest-Antoine Seillière et de Robert Peugeot, eux aussi membres du cénacle. Florence Woerth était alors l'épouse du ministre du Budget, de surcroît principal animateur du... Premier Cercle.

Peu de gens connaissent Imerys. Avec 3,3 milliards d'euros de chiffre d'affaires annuel, cette entreprise créée au XIXe siècle est pourtant le numéro un mondial des matériaux industriels. De quoi faire le bonheur de ses deux propriétaires : le Belge Albert Frère et le Canadien Paul Desmarais. Deux financiers proches de Nicolas Sarkozy aussi, des invités à la fameuse soirée du 6 mai 2007 au Fouquet's.

Le P-DG d'Imerys s'appelle Gilles Michel. C'est lui que Nicolas Sarkozy a choisi en 2009 pour diriger le FSI, le Fonds stratégique d'investissement. Un poste éminemment politique, puisqu'il consiste à distribuer

---

1. Bulletin de l'Afic, « Flash information », n° 29, juin 2007.

20 milliards d'euros de dotation aux entreprises françaises de pointe. Coup de chance, le FSI possède 2 % d'Imerys. En septembre 2010, lorsqu'il a pris les rênes de l'entreprise, il la connaissait donc déjà très bien.

Quant à son conseil d'administration, c'est une annexe du cercle présidentiel. Aldo Cardoso a connu Éric Woerth chez Arthur Andersen. Robert Peugeot s'en est rapproché plus récemment, notamment à la suite du vol de plusieurs lingots d'or à son domicile[1].

Autre administrateur d'Imerys, Aimery Langlois-Meurinne dirige le holding financier d'Albert Frère et de Paul Desmarais. Il est aussi un donateur de ce cercle magique, tout comme son frère Christian (292e fortune française selon *Challenges*). Ils sont l'un et l'autre des amis de toujours de l'omniprésent Patrice de Maistre.

Autour de la table du conseil, ce petit monde retrouve Éric de Sérigny, un ancien de chez Rothschild, champion toutes catégories du mélange des genres.

Mélanges détonants

Ce 6 septembre 2010, les splendides jardins du ministère du Travail, rue de Grenelle, sont baignés de soleil. Assis sur un fauteuil en teck, sous un grand parasol en toile écrue, le jeune – très jeune, il a 33 ans – directeur de cabinet du ministre fume cigarette sur cigarette en sirotant une canette de Coca light. Cet inspecteur des Finances qui n'a jamais négligé d'entretenir sa forme (il pratique la boxe thaïe à très haut niveau depuis une quinzaine d'années) semble, ce jour-là, exténué. Tout

---

1. *Le Journal du Dimanche*, 27 juin 2010.

l'été, il a préparé la réforme des retraites. Mais il a d'abord et surtout affronté un désastre : la descente aux enfers de son ministre.

« C'est une chasse à l'homme », « une campagne indigne d'une démocratie », « une lapidation »... Proto aime les grands mots. Contre toute évidence, il persiste et signe : son ministre Éric Woerth pouvait cumuler sa charge gouvernementale avec celle de trésorier de l'UMP. Non, il n'y a pas eu d'intervention de sa part lorsqu'il était en charge du Budget quelques mois plus tôt pour arranger les affaires fiscales de Liliane Bettencourt qui disposait d'un compte en Suisse. Non, Woerth n'a pas favorisé l'embauche de sa femme, Florence, chez la première fortune de France, par ailleurs donatrice à l'UMP. Oui, par politesse, il a reçu à deux reprises Patrice de Maistre, le gestionnaire de la fortune de la milliardaire, par ailleurs patron de sa femme, lui aussi donateur à l'UMP, lorsqu'il était le ministre du Budget. Mais, non, il n'y a jamais eu de passe-droits. Jamais. Proto paraît excédé. Il faut dire que jusqu'à l'affaire, tout lui avait souri. Il connaît beaucoup de gens importants. Et il passe même ses vacances avec Antoine Arnault, fils du patron de LVMH. Voilà l'argent et l'intérêt général réconciliés !

Il cherche peut-être aussi à éluder le sujet du jour : les différentes casquettes d'Éric de Sérigny, banquier, pilier du Cercle et membre du cabinet Woerth. Dégoûté par la politique depuis l'indépendance de l'Algérie où son père fut le rédacteur en chef du très anti-indépendantiste *L'Écho d'Alger*, Éric de Sérigny n'est pourtant pas un intime d'Éric Woerth : ils ne se connaissent que depuis 2006. C'est en revanche un ami... de Nicolas Sarkozy. « Je l'ai rencontré il y a plus de vingt ans alors que nos enfants fréquentaient la même école à Neuilly, explique ce financier. Depuis, je n'ai jamais été déçu par son énergie, son entrain, sa vision[1]. » En effet. Lors de la « traversée du désert » du futur Président, Sérigny l'a introduit auprès de son richissime beau-père de l'époque, Paul Desmarais. Et, à partir de 2006, il a mis son réseau de grands patrons et de financiers de haut vol à contribution pour aider son candidat.

Alors, que fait-il, depuis 2007, au cabinet d'Éric Woerth ? Proto est embarrassé. Il ne faut pas voir le mal partout ! La mission de Sérigny est des plus limitées : présenter à Woerth des hommes d'affaires, des cadres très supérieurs et des dirigeants d'entreprise. Pourquoi ? Pour que « le ministre puisse avoir des retours de la société civile sur ses réformes ». D'ailleurs, Sérigny était bénévole et ne bénéficiait d'aucun avantage.

Fort bien, mais pourquoi appartenir au cabinet du ministre ? Proto fait la moue. En fait, il fallait qu'il puisse présenter une carte de visite bleu-blanc-rouge estampillée « Bercy »... pour inspirer confiance aux riches bienfaiteurs. Une confidence stupéfiante : pour mieux récolter de l'argent pour l'UMP, son trésorier, par ailleurs ministre du Budget, hébergeait un rabatteur dans son cabinet !

C'est que, courant 2007, l'UMP a été victime d'une escroquerie. Un petit malin a tout simplement épluché le *Who's Who* et sollicité certaines personnes qui y figurent pour qu'ils financent le programme du candidat Sarkozy en faisant des chèques au nom de sa petite société. L'UMP a découvert le pot aux roses et discrètement porté plainte[2]. Ce mélange des genres, ce serait

---

1. Entretien le 2 septembre 2010.
2. À l'heure où nous bouclons ce livre, l'enquête policière est toujours en cours.

donc une manière, pour tous ces gens honnêtes, de se préserver des escrocs...

Pour plus de sûreté, Vincent Talvas, ancien directeur administratif de l'UMP, exerçait, lui, les fonctions (rétribuées, cette fois) de chef de cabinet puis de conseiller spécial au ministère des Affaires sociales, tout en animant les activités du Premier Cercle[1]. L'un des ministères aux missions des plus régaliennes – le prélèvement de l'impôt et l'élaboration de la législation fiscale – aurait-il servi à faciliter le financement d'un parti politique ? Cela semble invraisemblable. Que de vilains mots, se récrie d'ailleurs Sébastien Proto : c'était justement pour agir « en toute transparence ».

Depuis l'« affaire », quelques donateurs ont déserté. Par déception envers Sarkozy. Et par peur de voir leur nom associé au scandale. Pour rassurer tous les autres, en janvier 2011, le Président en personne est venu les saluer dans les salons de l'hôtel Méridien de la porte Maillot : « J'ai besoin de vous. Votre aide m'est indispensable », leur a-t-il dit. Pour chauffer la salle, il n'a pas hésité à dénoncer le « scandale de l'ISF ».

François Mitterrand répétait souvent cette règle élémentaire de la politique : « faire gros ».

---

1. Il est, depuis janvier 2011, directeur des affaires publiques de SFR.

23

Des lois faites sur mesure

Depuis l'élection de Nicolas Sarkozy à l'Élysée, ils ont le sourire. Qui ? Ceux qui ont cru en lui. Qui l'ont conseillé, aidé, financé parfois. Ils sont nombreux. Des banquiers, des hauts fonctionnaires, des patrons de grands empires industriels. Mais aussi les professionnels de l'immobilier, par exemple, qui ont été clairvoyants très tôt. Parmi les plus connus : Alain Duffoux, le président du Syndicat national des professionnels de l'immobilier, Michel Ohayon, 82e fortune française, ou encore Jacques Mallard, qui a été patron de Bréguet pendant vingt ans et se trouve aujourd'hui à la tête d'Optim. La loi Tepa[1] – alias le « paquet fiscal » –, votée à l'été 2007, semble avoir été écrite pour eux : déductibilité des emprunts immobiliers, reconduction des dispositifs de défiscalisation Scellier[2] et sécurisation d'une ribambelle de niches fiscales favorables.

Dans les rangs du Premier Cercle, on a retrouvé le sourire pendant quelques années. Parmi les *happy few*, Noëlle Meyer détient la 84e fortune française. Cette héritière des Galeries Lafayette a été l'héroïne involon-

---

1. Loi en faveur du travail, de l'emploi et du pouvoir d'achat.
2. Loi Scellier, qui fait suite à la loi Robien.

taire du débat télévisé opposant, en 2007, Ségolène
Royal et Nicolas Sarkozy entre les deux tours. Alors
qu'ils évoquaient en des termes très différents le bouclier fiscal, les deux candidats se sont mis à parler d'elle
sans la nommer. La socialiste a voulu frapper les esprits
en racontant qu'une richissime « veuve » venait de toucher 7 millions d'euros de l'État au titre de ce dispositif
créé par Villepin. Sarkozy a alors répondu qu'il ne la
connaissait pas mais qu'avec lui, curieux lapsus, « ce
serait pire », car il allait encore le renforcer. Le candidat
ne connaissait donc pas l'une de ses bienfaitrices les
plus fortunées ? Étrange...

D'autant qu'aux Galeries Lafayette, on semble bien
aimer Nicolas Sarkozy. Philippe Houzé, le propriétaire-
manager, et Jean-Michel Hallez, son second[1], n'ont
jamais eu envie de rendre publique leur appartenance
à la caste des gros contributeurs de sa campagne. En
revanche, ils n'ont pas eu à regretter leur geste. Les
patrons du plus grand magasin du monde[2] bataillaient
depuis des années pour pouvoir ouvrir le dimanche. En
2008, ils ont obtenu satisfaction. Enfin, presque... Députés et sénateurs ont voté un texte cousu main, qui
contournait les récriminations des syndicats en limitant
l'ouverture dominicale aux seules « zones touristiques ».
Mais, pas de chance, la définition de celles-ci relève de
la Ville. Le combat continue désormais avec Bertrand
Delanoë.

L'une des réformes – car il y en a eu ! – menées à
bien est peu connue. L'école ? L'hôpital ? Non : la libé-
ralisation des jeux en ligne. On dirait presque que les
amis du Fouquet's étaient réunis pour évoquer ce dos-

---

1. Ironie de l'histoire, le premier licenciera l'autre en 2011.
2 Avec 1 milliard d'euros de chiffre d'affaires annuel.

sier. Ils étaient tous là, ils ont tous eu leur loi (en 2010). Bernard Laporte, propriétaire de plusieurs casinos, a investi dans le site Web OPL, l'Officiel des paris en ligne. Stéphane Courbit s'est, lui aussi, lancé dans l'aventure en créant le site BetClic (numéro trois en Europe) avec les conseils... d'Alain Minc, le plus célèbre des visiteurs du soir de l'Élysée.

Même pari (gagnant) pour Dominique Desseigne (ami du Président et propriétaire du célèbre Fouquet's), qui a créé un site de poker en ligne avec la Française des Jeux. Martin Bouygues et Bernard Arnault ont, eux aussi, mis quelques billes dans ce nouveau secteur. Et le site PokerStars n'est pas allé bien loin pour recruter ses dirigeants. La société a choisi Alexandre Balkany, le fils de Patrick, l'un des députés les plus prompts à défendre à la tribune les intérêts de ce jeune secteur et par ailleurs intime, lui aussi, du Président.

Une discrète victoire

L'un des changements les plus appréciés a touché les enfants de l'élite. Pas toute l'élite : celle qui voyage. Leur champion ? Un certain Guy Wildenstein qui n'a pas très bonne presse. Connu pour ses frasques, aux prises avec la justice française, ce milliardaire affiche de nobles engagements. Héritier du célèbre marchand de tableaux Daniel Wildenstein, propriétaire d'un ranch au Kenya, de nombreux chevaux de course, rabatteur du Premier Cercle aux États-Unis, il préside aussi l'Association des anciens du lycée français de New York. Et c'est à ce titre qu'il a fait adopter la PEC après l'élection de son ami Nicolas. La PEC ? C'est la « prise en charge » des frais de scolarité des enfants d'expatriés inscrits dans un lycée français à l'étranger. Coût de l'opération pour le contribuable : plus de 200 millions d'euros. Parmi les bénéficiaires : « des ressortissants français déclarant plusieurs centaines de milliers d'euros de revenu par an sont éligibles à la PEC[1] », selon un rapport parlementaire. La majorité de ces ressortissants très aisés habite New York.

Guy Wildenstein a donc réussi le tour de force de créer la seule bourse d'études qui ne soit pas plafonnée en fonction des ressources des familles. Il a fait mieux encore : la PEC « est modulée » en fonction des pays. Elle représente 2 000 euros par an et par lycéen en Gambie et... 19 000 euros au lycée français de New York. Le Quai d'Orsay comme Bercy étaient opposés à une telle mesure ? Et alors ?

Pour pouvoir mettre encore plus la main à la pâte, Guy Wildenstein se voyait déjà député des Français de l'étranger. Mais le temps s'est couvert pour lui en France. Au cours de l'été 2011, il a été mis en examen dans une affaire de captation d'héritage sur laquelle la justice n'a pas mis beaucoup d'entrain à se pencher. Il a choisi de se faire tout petit « pour ne pas gêner son ami[2] » et proteste de son innocence.

---

1. Trois députés – deux UMP : Jean-François Mancel et André Schneider et un PS : Hervé Féron – de la commission des Finances ont rendu un rapport sur le sujet au printemps 2011. Ils se sont alarmés du coût d'un tel dispositif.

2. Entretien avec Thierry Mariani, délégué aux Français de l'étranger, décembre 2010, devenu, depuis, ministre des Transports.

Un ami utile

Pour se soucier des riches il y a aussi une poignée d'élus désintéressés. Au plus fort de la crise de 2008, lors de la discussion du budget 2009, au moment où des milliers de Français perdaient leur emploi, l'un d'eux, Philippe Marini, alors rapporteur général du Budget au Sénat, a ainsi proposé l'octroi d'une réduction d'impôts aux Français qui avaient eu le malheur de perdre une partie de leur patrimoine en Bourse. Une blague ? Pas du tout. Ces dernières années, il a aussi proposé à ses collègues d'alléger – elle est pourtant déjà très douce – la taxation des stock-options, celle des parachutes en or des grands patrons. Ou encore la suppression de l'ISF.

L'entrain du sénateur Marini laisse perplexe lorsqu'on se penche sur ses innombrables activités à l'extérieur du Sénat. Dans une enquête[1], *Les Échos* ont recensé la liste de ces jobs d'appoint. Il est au conseil de surveillance de Guyenne et Gascogne, un groupe de distribution qui exploite des supermarchés Carrefour. Marini est aussi administrateur de Gimar, une petite banque d'affaires dont le fondateur, Christian Giacomotto, a su cultiver des liens étroits aussi bien à droite qu'à gauche et travaille principalement pour des entreprises publiques (Areva, la Caisse des dépôts, France Télécom...). Il est encore administrateur de la Cofip, une holding qui possède d'innombrables participations, notamment dans Quinette Gallay, le leader européen des sièges de salles de spectacles, qui a remplacé... les

---

1. Guillaume Delacroix, *Les Échos*, 25 mars 2009.

577 fauteuils de l'Assemblée nationale il y a quelques années. Une collection de jobs qui, apparemment, n'a jamais gêné ses collègues.

Fin 2010 pourtant, lorsque Marini a souhaité occuper une fonction de plus, celle de président du conseil de surveillance de la société foncière Inea, spécialisée dans l'acquisition et la location de bureaux (250 000 m² en France), le Conseil constitutionnel s'en est ému. Son arrêt se passe de commentaire : « Ces fonctions ne sont pas compatibles avec l'exercice [...] du mandat de sénateur. » Et pour cause... quelques mois plus tôt, Marini avait justement proposé et fait adopter une série d'amendements fiscaux favorables et taillés sur mesure pour les « sociétés foncières ». Une fâcheuse coïncidence.

L'ancien ministre de Dominique de Villepin et député UMP de Vannes François Goulard résume assez bien la situation : « Inspecteur des Finances et rapporteur du Budget, un poste clé au Sénat, l'homme connaît parfaitement le logiciel parlementaire et celui des énarques de Bercy. Du coup, il fait un peu ce qu'il veut. Il faut dire qu'au sein des commissions des Finances des deux Chambres, il n'y a pas beaucoup de contre-pouvoirs. Les parlementaires qui y siègent rêvent tous de devenir un jour ministre du Budget et font donc très attention à ne pas froisser Bercy. »

François Bayrou, dans ses élans d'indignation tardive dont il a le secret, ne dit pas autre chose : « J'étais jeune député, jeune ministre, jeune chef de parti. Tout allait bien, sauf à partir du moment où j'ai vu la part de tromperie que recelait le pouvoir, à partir du moment où j'ai dû découvrir, à mon corps défendant, que toutes les décisions cruciales se prenaient de manière opaque, dans des cercles mystérieux, et que les benêts de citoyens n'en étaient jamais avertis. Tout d'un coup m'ont frappé les puissants intérêts jamais avoués, qui présidaient par exemple aux privatisations, aux nominations qui transféraient des amis du pouvoir politique au sommet du pouvoir économique, à la grande banque, à la grande industrie. J'ai découvert la puissance de ces réseaux, dont on ne soupçonnait l'existence que par indiscrétions, même quand on était ministre. [...] Que des politiques de tout premier plan en viennent à se ranger pour "réussir" dans l'écurie de telle puissance industrielle ou financière, qu'ils se rengorgent en se disant sans honte "proches de..." tel ou tel grand patron, tel ou tel financier, c'était une injure à ma jeunesse naïve d'autrefois[1]. »

La France n'a pas, loin s'en faut, le monopole du clientélisme. Washington est même considéré par certains universitaires comme la capitale mondiale de la corruption, à cause du nombre de lobbyistes qui y opèrent et du flux d'argent que draine chaque campagne électorale pour le Congrès. Mais il y a une vraie différence : le mélange des genres, au moins, s'effectue en toute transparence. Fin août 2011, le quotidien national *USA Today* publiait une enquête sur les projets de loi défendus par les nouveaux élus à la Chambre des représentants. On y découvrait que le républicain Stephen Fincher, un producteur de coton du Tennessee, défendait une proposition de loi favorable aux OGM alors que le semencier Land O'Lakes, particulièrement intéressé par cet enjeu, a financé généreusement sa campagne. Ou encore que Karen Bass, représentante démocrate de Californie, fait tout pour favoriser les

---

1. François Bayrou, *2012, état d'urgence*, Plon, 2011.

assistants dentaires, alors que leur syndicat professionnel a financé la campagne de cette ancienne collègue
à hauteur de 10 000 dollars. Le républicain David
McKinley, lui, défend bec et ongles les intérêts de
l'industrie minière qui lui a versé plus de 176 000 dollars en 2011[1]. La liste est longue et variée. Elle provoque
régulièrement l'indignation des commentateurs parce
qu'elle est accessible. Un détail qui compte. Rien de tel
en France, où les intérêts particuliers avancent masqués.

Fossoyeur malgré lui

Pour illustrer son dossier de presse imprimé en
juin 2011 sur 78 pages de beau papier glacé, le secrétaire d'État a bien fait les choses. Un graphiste a dessiné trois petits personnages sympathiques. Un peu de
bleu, une touche de vert et une pointe d'orange ont
été ajoutés. Deux mots ont été mis en avant : « informer » et « protéger ». À l'intérieur, Frédéric Lefebvre
s'exprime. Qui est-ce ? Un homme qui a de lourdes responsabilités puisqu'il est secrétaire d'État chargé du
Commerce, des Professions libérales et de la Consommation. Dans son texte, il vante la philosophie du projet de loi qu'il s'apprête à déposer devant le Parlement.
Il s'agit de « protéger le consommateur » et de
« défendre le citoyen ». Rien de moins. Au fil des
pages, on découvre les vingt-cinq mesures concrètes de
la future « loi Lefebvre » : la vente de lentilles de
contact par Internet va être encadrée, la facturation
abusive dans les maisons de retraite, réprimée, et les

---

1. *USA Today*, 31 août 2011.

propriétaires de logements qui ne rendraient pas la caution de leurs locataires, rudoyés.

Ce n'est pourtant pas la nuit du 4 Août mais le dénouement d'un piteux renoncement. Car ces mesures, au demeurant utiles pour certaines d'entre elles, doivent aussi faire oublier l'enterrement d'un projet de loi autrement plus sensible.

C'est Jacques Chirac qui avait lancé le débat. En janvier 2005, il avait annoncé une loi sur les *class actions* sous des applaudissements unanimes. Depuis des années, plusieurs associations se battent en effet pour que les consommateurs français puissent, comme aux États-Unis par exemple, se regrouper afin de défendre collectivement en justice leurs intérêts face aux grandes entreprises.

D'ordinaire d'une grande prudence dans ses prises de position, le Conseil de la concurrence, en la personne de son président Bruno Lasserre, avait manifesté son enthousiasme : « Cela renforce la dissuasion. Mais aussi, cela démontrera le lien entre la politique de concurrence et la défense des consommateurs. »

Accueil favorable du milieu politique, de Strauss-Kahn à Madelin. Un jeune député UMP aux dents longues avait été chargé par Chirac de défendre le dossier : Luc Chatel. Par sa remarquable inertie, celui-ci a, depuis, conquis sa place dans le club des étouffeurs.

Car rien ne s'est passé pendant deux ans. Puis Nicolas Sarkozy a été élu. Il a promis à son tour. Puis, plus rien.

Derrière cette unanimité de façade, notre oligarchie ne veut pas ouvrir une brèche dans sa toute-puissance. Ne rien lâcher aux consommateurs, voilà sa philosophie de base. Sa vérité, c'est un jeune essayiste libéral, éditorialiste à ses heures, qui la délivre. Au moins Mathieu Laine ne cache-t-il pas son hostilité à cette loi fantôme sur les *class actions*, qui représente selon lui un terrible danger. Pourquoi ? Parce qu'elle va « ternir encore davantage l'image que notre pays renvoie au monde économique et inciter les entrepreneurs français à délocaliser »... Une procédure de ce type existe depuis longtemps dans des pays aussi hostiles à la libre entreprise que les États-Unis ou la Grande-Bretagne ! Mais pour Mathieu Laine, « en ambitionnant de voir naître une *class action* à la française, nos dirigeants entretiennent le mythe du conflit et perpétuent cette vision archaïque des relations humaines selon laquelle le monde est divisé en classes dominantes et dominées ».

Une classe dominante ? En France ? En 2012 ? Quelle drôle d'idée !

24

Qui veut perdre des millions ?

François de La Brosse est un publicitaire comblé. C'est aussi un pionnier de l'Internet en France. Ses clients ? Vodafone, Tag Heuer, le Crazy Horse, France Télécom, Ferrari, et d'innombrables autres grandes marques. Mais ce « fils de pub », cavalier émérite à ses heures, est aussi un bon ami de la famille Sarkozy. Proche de Cécilia, il s'est progressivement lié à Nicolas. Début 2007, c'est lui qui a pris en charge, bénévolement assure-t-il, la conception du site Internet sarkozy.fr, ainsi que celle de NSTV, la chaîne de télévision consacrée au candidat, diffusée sur le Net. Il a aussi délivré une série de conseils plus ou moins avisés sur l'art et la manière de séduire les internautes.

François de La Brosse a eu ensuite une idée : il s'est associé. À qui ? Au frère cadet du Président, François. Médecin, celui-ci a travaillé pour l'industrie pharmaceutique et dirige aujourd'hui un département du groupe de communication Publicis. Les deux hommes ont créé ensemble une webtélé consacrée à la consommation (coupons de promotion et bonnes affaires), ainsi qu'un site sur le thème « vieillir jeune », dont le financement est assuré par plusieurs partenaires industriels (Sanofi-Aventis, Lancôme, HSBC, Nestlé...). C'est bien, de garder l'esprit d'entreprise, même quand on fréquente les sommets de l'État.

Le guichet doré

En 2009-2010, crise financière oblige, les affaires de François de La Brosse, comme celles de beaucoup de chefs d'entreprise, ont connu un petit passage à vide. Les banques rechignaient à prêter de l'argent à son groupe ZNZ et à lui avancer des lignes de découvert. Or celui-ci avait un formidable projet dans ses cartons. Une chaîne de webtélé consacrée aux sports « d'en bas », ceux qui n'ont pas les honneurs des grands médias. Un joli projet. Sauf qu'en période de crise, les investisseurs se font tirer l'oreille. Qu'importe ! À la différence de beaucoup de patrons de PME, le publicitaire n'a pas cherché bien loin pour trouver une bouffée d'air frais. Il s'est tourné vers le coffre-fort de la République, désormais habitué aux sollicitations les plus extravagantes : la Caisse des dépôts. François de la Brosse a réussi à convaincre ses dirigeants de souscrire à son émission d'obligations[1]. Alors que son mandat place cette institution sous la protection du Parlement pour éviter que le pouvoir exécutif ne s'en serve à tort et à travers, la Caisse des dépôts s'est transformée avec le temps, et malgré la résistance d'une partie de sa hié-

---

1. Sollicité par les auteurs le 22 novembre 2011, François de la Brosse n'a pas voulu nous dévoiler le montant de l'investissement de la caisse des Dépôts dans monsport.tv. « Cela représente moins d'un million d'euros », dit-il. Ironie de l'histoire, pour le joindre, les collaborateurs de son groupe, ZNZ, nous ont conseillé de le joindre par l'intermédiaire de son secrétariat à l'Élysée. Ce que nous avons fait.

rarchie, en guichet doré pour les amis. Car lorsqu'ils ont accès à l'argent public, les incapables se déchaînent !

Parfois, il suffit d'un simple trait de crayon pour tout arranger... Comme pour la fusion Transdev-Véolia réalisée en mars 2011. Officiellement, le mariage de ces deux groupes de transports publics a pour ambition de donner naissance à un géant, fort de 120 000 salariés, de 8 milliards d'euros de chiffre d'affaires, de 60 000 véhicules, de 27 réseaux de tramways... Transdev est détenu à 70 % par la CDC et réalise 2,5 milliards d'euros de chiffre d'affaires. La branche transport de Véolia est beaucoup plus grosse, mais elle traîne derrière elle un énorme paquet de dettes.

Pendant deux ans, les élus locaux et les syndicats tentent de faire barrage à cette fusion. Ils dénoncent le mariage d'une firme privée avec une entreprise beaucoup plus proche de l'État, s'inquiètent de la course à la rentabilité, redoutent l'abandon des missions de service public, car les bus Transdev desservent beaucoup de petites communes... Ils ne ménagent pas leur peine pour traquer le moindre dysfonctionnement. Et ils ratent l'essentiel. Un geste énorme que la Caisse des dépôts, donc la collectivité nationale, fait, en cachette, au groupe Véolia.

Début 2011, la fusion est annoncée. Pour compenser les différences de taille entre les deux entreprises, la Caisse doit verser à Véolia 300 millions d'euros de compensation afin que le mariage soit « équitable ». Petit à petit, des garanties sur le maintien de l'emploi et des jonctions entre des villes particulièrement enclavées ont été données. Tout le monde est content. Et personne ne voit rien.

Publié conjointement le 3 mars 2011 par la Caisse des dépôts et par Véolia, le communiqué officiel annonce la fusion des deux entreprises par ces mots : « Suite à la réalisation des opérations prévues par les accords signés en mai 2010, Véolia Transdev est détenu à parité par Véolia Environnement et la Caisse des dépôts. » À parité, donc à 50-50... C'est ce qui est dit à la presse, au marché et au monde entier.

En réalité, quelques semaines auparavant, Antoine Frérot, le P-DG de Véolia, a tenté – et réussi – un tour de force. Alors que tout était finalisé et que la CDC ne pouvait plus reculer, le patron de Véolia est arrivé avec une surprise, une petite bombe. Il ne signerait pas le deal. Sauf... si la Caisse des dépôts acceptait de prendre à sa charge, dans son bilan, la moitié des dettes de Véolia Transport qui s'élevaient à... 1,8 milliard d'euros. Pour rendre l'opération présentable, il a été demandé à Anne-Marie Idrac, ancienne ministre des Transports et ancienne présidente de la SNCF de changer de casquette. Jusqu'alors administratrice au titre de Véolia, elle est devenue membre du conseil à titre indépendant. Voilà comment Véolia a pu ainsi, tout à fait légalement, passer un coup d'éponge comptable sur un petit milliard de dette dans ses comptes. En échange de ce fardeau, les négociateurs de la Caisse des dépôts ont juste obtenu que le patron du nouvel ensemble soit un des leurs, l'énarque Jérôme Gallot, démangé depuis quelques années par le goût du large...

Il arrive que les héros de la Caisse des dépôts soient fatigués de satisfaire les caprices du pouvoir. Serge Dassault, le sénateur de l'Essonne, s'est ainsi beaucoup agité pour démarcher des investisseurs et sauver Altis, une entreprise de puces électroniques en grande difficulté installée dans son département. Un temps, il a poussé Germain Djouhri, le fils du fameux intermédiaire, à prendre le dossier en main. En juillet 2010, cette PME a finalement trouvé son « sauveur » en la personne de Yazid Sabeg, proche du chef de l'État et haut-commissaire à la Diversité. Le FSI est alors sollicité de tous côtés. Ses équipes multiplient rapports et notes internes, recommandant de ne surtout pas investir. Cela a fini par payer. La CDC n'a pas signé un chèque en blanc. Elle a pris son temps et n'est finalement entrée au capital d'Altis que lorsque ses équipes ont trouvé un partenaire crédible, le fonds souverain du Qatar, pour partager le risque autour d'un vrai projet industriel.

Les révoltés de Bercy

Antoine Frérot a sans doute beaucoup appris, au contact de son prédécesseur. Quand il était patron de Véolia, Henri Proglio était un expert pour faire plier les fonctionnaires de Bercy. Dans un bureau de la direction du Trésor, en 2006, quelques énarques s'étonnent d'un incroyable privilège accordé à Dalkia, filiale de Véolia[1] spécialisée dans les services énergétiques. Dalkia revend de l'électricité à EDF par le biais de la cogénération[2]. Parce que l'État voulait encourager ce dispositif, il lui a accordé des tarifs de revente extrêmement favorables. Quand ils examinent les comptes de l'entreprise, de jeunes énarques de Bercy découvrent qu'elle est devenue rentable. Très rentable même, grâce au rachat à prix d'or de son électricité.

---

1. Qui en détient 66 %.
2. Il s'agit d'un procédé qui permet de récupérer la chaleur dégagée lors de la production d'électricité.

Son chiffre d'affaires pour 2005 s'élève à 5,4 milliards d'euros ; il a augmenté de 10 % par rapport à l'année précédente. Son excédent brut d'exploitation est en hausse de 23,3 % et représente 531 millions d'euros. Ce n'est pas sa bonne gestion ou ses gains de productivité qui expliquent ces performances, mais la manne payée par EDF.

Au ministère des Finances où l'on cherche – déjà – désespérément à combler les déficits publics, le petit groupe de technocrates qui a découvert cette anomalie commence à préparer le terrain pour revoir à la baisse les avantages dont bénéficie Dalkia. Henri Proglio a vite vent de l'affaire. Et s'indigne : la société peut perdre un milliard d'euros par la faute de fonctionnaires irresponsables ! Les bénéfices de Véolia vont en pâtir, puisque Dalkia est une de ses filiales les plus rentables.

Le P-DG fait le tour des ministères, menace Matignon, alerte l'Élysée. Pourquoi pas ? Il défend, après tout, les intérêts du groupe qu'il dirige. Ce qui est beaucoup plus choquant, c'est l'argument qu'il emploie : si l'État ne cède pas, il augmentera les prix du chauffage dans les HLM. Il en a les moyens, puisque Dalkia est un grand prestataire des sociétés de HLM. Le P-DG de Véolia prend des milliers de Français modestes en otage.

Dans leur bureau, les énarques, qui ont vu venir le coup, pensent avoir bétonné leurs positions. Ils ont envoyé une note détaillant leur projet – et soulignant le gain pour l'État : près de un milliard d'euros – à leur ministre, et à l'Élysée.

Ils ne mettent pas très longtemps à comprendre que M. Proglio n'est pas seulement un patron chouchouté par Chirac. Il utilise aussi de nombreux réseaux. Dans les dîners et les cocktails, on leur demande : « C'est vous qui êtes partis en guerre contre Véolia ? » Puis, les relais francs-maçons se mettent en branle. Christian Poncelet, président du Sénat, convie l'un des énarques soucieux des deniers de l'État au palais du Luxembourg. Le ministre de l'Industrie et celui de l'Économie, François Loos et Thierry Breton, sont également activés. Ils prennent sans vergogne la défense de Proglio contre leur propre administration. « On ne peut pas lui résister, il vaut mieux céder tout de suite », explique François Loos à ses troupes. Thierry Breton, lui, se montre plus patelin. « Vous avez raison, leur dit-il, c'est scandaleux. À votre place, j'aurais écrit la même note... Faites-moi confiance... Nous avons étudié le dossier de façon très attentive. » À ce moment du discours du ministre, certains imaginent que c'est gagné. Non ! Armé de sa suffisance, Thierry Breton conclut : « Mais vous allez céder et lui écrire une lettre... » Ce qui fut fait.

Qui veut faire perdre des millions... à l'État ?

Depuis quelques années, à droite comme à gauche, les discours politiques ressemblent à un disque rayé. C'est la disette budgétaire. La dette publique est insoutenable. Il n'y a plus d'argent dans les caisses. Et chacun se renvoie la balle. Les uns (à gauche) dénoncent les baisses d'impôts. Les autres (à droite) le trop-plein de fonctionnaires... Des débats paresseux qui ne mangent pas de pain et qui tournent en boucle. Sans que jamais personne soulève le couvercle des cadeaux qui ont été faits à certaines entreprises bien vues mais plus ou moins bien dirigées.

La CGM (Compagnie générale maritime), entreprise publique, a ainsi été cédée pour 10 millions de francs à l'armateur libanais Jacques Saadé (la moitié de l'évaluation faite à l'époque par Bercy). C'était en 1996. Jacques Chirac venait d'être élu président de la République. Jacques Saadé était un ami intime de Rafic Hariri, le Premier ministre du Liban assassiné, en 2005, à Beyrouth. Jacques Chirac, dont les revenus mensuels s'élèvent à plus de 30 000 euros par mois, loge depuis 2007 dans un appartement parisien. Le propriétaire ? La sympathique famille Hariri, bien sûr. Et si on le menace d'augmenter le prix de son chauffage, l'ancien Président s'en moque pas mal : ce n'est pas lui qui le paie !

La Société française de production (SFP) a-t-elle été cédée au juste prix à Vincent Bolloré ? L'homme d'affaires a, en tout cas – et peut-être sur ses seuls talents –, fait une belle culbute.

La Société nationale maritime Corse Méditerranée (SNCM), la compagnie marseillaise reliant la Corse au continent, n'aurait-elle pas dû être cédée un peu plus cher à Walter Butler, un copain de promotion de Dominique de Villepin à l'ENA par... Dominique de Villepin en 2005 ? Butler a en tout cas fait une très belle opération en quelques années.

Et Dominique Strauss-Kahn ? Pourquoi a-t-il fait un tel cadeau à Jean-Luc Lagadère, en 1999, quand il lui a abandonné Aerospatiale pour que l'industriel devienne le chef de file français au sein d'EADS[1] ?

Et Laurent Fabius, était-il obligé, quand il était à

---

1. Aerospatiale était valorisé 15 à 20 milliards d'euros, les activités industrielles de Lagardère à 2 milliards. Mais Lagardère a obtenu 30 % des actions du nouvel ensemble.

Bercy, de solder les licences téléphoniques au secteur privé ? Celles-ci devaient rapporter 4,85 milliards d'euros à l'État, qui pensait affecter ces sommes au fonds de garantie des retraites. En septembre 2001, en quelques coups de fil, Jean-Marie Messier, au nom des industriels du secteur, a obtenu une prolongation de la durée des licences de quinze à vingt ans. Et surtout un énorme rabais : le prix de la licence a été divisé par huit. Par huit ! Il ne rapportera que 619 millions d'euros, comme le démontre l'enquête du journaliste Olivier Toscer[1]. Et il y a mieux encore, si c'est possible, que les licences téléphoniques : l'immobilier de l'État... En 2003, Bercy a bradé les bâtiments de l'Imprimerie nationale (30 000 m²) situés dans le 15ᵉ arrondissement de Paris à un fonds d'investissement américain, Carlyle, pour 85 millions d'euros. Puis il a racheté l'ensemble 325 millions d'euros en 2007, soit quatre ans plus tard, pour y installer une annexe du Quai d'Orsay. Plus-value réalisée par les Américains une fois déduits les travaux · 225 millions d'euros.

Autres scandales, ces fameux PPP, partenariats public-privé, encouragés par Nicolas Sarkozy (il a fait voter une loi en ce sens) et qui permettent à l'État de se doter de bâtiments, de prisons, d'hôpitaux sans avoir à débourser l'investissement initial mais en payant chaque année un loyer à l'opérateur privé en charge de la construction. Un système de leasing en somme, sur lequel la Cour des comptes ne décolère pas. Ainsi de la construction de l'immeuble qui regroupe le « pôle renseignement » (la fameuse DCRI, entre autres, y est logée) à Levallois-Perret. Surcoût pour l'État : 121 mil-

---

1. Olivier Toscer, *Argent public, fortunes privées*, Denoël, 2002.

lions d'euros. Même chose pour les archives diplomatiques du Quai d'Orsay installées à La Courneuve, qui coûtent 50 millions d'euros de plus que ce que l'État aurait dû débourser s'il avait pris en charge lui-même les travaux. Qu'importe... « Prenez, prenez, tout cela ne me coûte rien, c'est l'argent de l'État[1] », écrivait le marquis de Sade...

Mais les pouvoirs publics peuvent aussi perdre des dizaines de millions d'euros... à l'insu de leur plein gré. L'histoire de la privatisation des autoroutes est édifiante : pour boucler leurs fins de mois budgétaires, Laurent Fabius puis Thierry Breton ont choisi de « concéder », c'est comme cela que l'on dit dans le jargon administratif, les autoroutes françaises aux marchés financiers et aux maîtres du BTP.

Or, justement, la Cour des comptes a reproché à l'État de ne pas avoir vendu suffisamment cher ces concessions à Eiffage, Vinci et autres mastodontes : dans un rapport de 2008, les estimations des magistrats de la rue Cambon évoquent un manque à gagner d'au moins 10 milliards d'euros. Passons aussi sur les chicaneries permanentes des grandes sociétés qui cherchent par tous les moyens (et souvent avec succès) à prolonger leurs concessions au-delà de ce qui a été convenu. Passons encore sur le principe lui-même : pour obtenir une avance immédiate de trésorerie, l'État a renoncé à des recettes récurrentes qui, sur la durée, auraient rapporté bien plus. On pourrait enfin s'interroger sur la moralité de ce système qui, finalement, rappelle étrangement les fermiers généraux de l'Ancien Régime.

---

1. Sade, *Juliette ou les Prospérités du vice*, 1799.

Car ce qui est en réalité encore plus stupéfiant, c'est l'histoire secrète de ces privatisations sous les gouvernements Jospin puis Villepin. Les sociétés privées ont joué – et gagné – à un drôle de jeu : « Qui veut gagner des millions » ? Des millions ? Non : beaucoup plus en vérité.

Le mouvement commence dès 2001, sous la gauche. Laurent Fabius décide de privatiser 49 % des ASF, les Autoroutes du Sud de la France. Ses services ont fait tourner leurs ordinateurs. L'opération doit rapporter 1,8 milliard d'euros à l'État. Antoine Zacharias, le P-DG de Vinci, fait un calcul. Cette décision à courte vue de l'État représente une aubaine pour lui et pour son entreprise. Le BTP est une activité cyclique : en période creuse, il fera tourner ses bulldozers et ses équipes sur ses autoroutes, qui rapporteront un chiffre d'affaires et des bénéfices sécurisés, crise ou pas crise. Pour ne pas partager cette rente, Antoine Zacharias veut rafler au moins 15 % du capital des ASF. En deçà, sa gourmandise ne sera pas rassasiée. Il fait donc une proposition à Matthieu Pigasse, le directeur adjoint du cabinet de Fabius, pour obtenir ce qu'il convoite. Le prix de vente a été fixé à 24 euros l'action pour le grand public, et à 25 euros pour les investisseurs institutionnels ? Zacharias offre 27,5 euros, soit 10 % de plus, s'il obtient ses 15 %. Cela représente plusieurs dizaines de millions d'euros de gains supplémentaires pour l'État. Et que fait Pigasse ? Il refuse. Il ne veut pas accorder à Vinci plus de 0,8 % du capital. Avec cette idée en tête : l'État, qui conserve une grosse partie du capital, ne veut pas d'un partenaire trop influent. Il préfère diviser pour mieux régner.

Zacharias ne se laisse pas impressionner. Le jour même, il passe une série de coups de fil. À Bernard

Arnault. À son concurrent Roverato, P-DG d'Eiffage. À plusieurs banques. Il leur fait cette offre : « Portez-vous candidat, achetez des petits paquets d'actions à 25 euros. Je vous les rachète en bloc, le lendemain, 10 % plus cher. » 10 % de plus-value en vingt-quatre heures... Les correspondants de Zacharias n'ont pas hésité un instant. Dans les jours qui suivent la privatisation, Zacharias se retrouve donc à la tête de 17 % du capital des ASF. Budget global de l'opération : 17 milliards d'euros. Cela ne lui a pas coûté plus cher, mais il a enrichi quelques amis, au lieu de renflouer les caisses de l'État.

L'histoire n'est pas finie. Nous sommes maintenant en 2004. Le cours de l'action ASF a doublé. Et Zacharias a continué à grappiller de petits paquets d'actions. Il est maintenant propriétaire de 23 % d'ASF. Et il veut entrer au conseil d'administration. Ce n'est pas un caprice. Mais un calcul pour pouvoir intégrer les comptes d'ASF dans le bilan de Vinci. Puisque les services de Bercy et de l'Équipement font barrage, Zacharias, qui ne renonce pas facilement, veut les court-circuiter.

Il profite d'un voyage présidentiel qui doit lancer l'année de la France en Chine, en octobre 2004, pour s'inviter dans la délégation. Après tout, son groupe, le numéro un européen, réalise plusieurs projets dans l'empire du Milieu. À plusieurs reprises pendant le voyage, Zacharias tente de parler à Jacques Chirac. En vain. Alors, à Shanghai, il tente le gros coup. Il se débrouille pour se retrouver en tête à tête avec Chirac, Bernadette et le traducteur, au dernier étage de l'hôtel où résidait le Président. Zacharias coince Chirac et lui dit : « Vous faites toujours de grands discours, mais là, j'ai besoin de résultats. » Il lui donne une feuille résumant ses arguments. Et obtient gain de cause. Pour cet exploit, il demandera à son conseil d'administration une « toute petite prime » : 8 millions d'euros ! Pourquoi se priver...

Voilà, à sa façon, un homme très capable. Pour les serviteurs de l'État, c'est moins évident !

L'État est nu

Cette privatisation progressive de l'État, Gérard Worms l'a vécue aux premières loges. Jeune haut fonctionnaire, cet X-Mines est entré dans le privé après un passage à Matignon comme conseiller de Jacques Chaban-Delmas pour l'Industrie et la Recherche. « Au cabinet Chaban, raconte cet homme d'expérience qui, après Hachette, Rhône-Poulenc et Suez, a entamé une nouvelle vie à la banque Rothschild[1], je n'avais qu'un seul rêve. Diriger un jour la Datar[2]. Aujourd'hui, tout le monde a oublié ce qu'était cette administration et personne ne connaît "monsieur Datar". Mais à l'époque... Mes modèles s'appelaient Olivier Guichard et Jérôme Monod, qui ont piloté cette administration, dont le responsable avait plus de poids que certains ministres. » On sent une pointe de nostalgie chez ce banquier d'affaires. Eh oui, aménager le pays, aujourd'hui, n'a guère plus de sens que défendre l'intérêt général !

Les jeunes énarques pétris d'ambition l'ont bien compris. Les anciens conseillers d'Éric Woerth ont

---

1. Entretien le 25 mai 2011.
2. Délégation interministérielle à l'aménagement du territoire et à l'attractivité régionale.

dû chercher un point de chute en catastrophe après que leur ministre, carbonisé, eut été sacrifié sur l'autel de la popularité. Vincent Talvas, ancien directeur administratif et financier de l'UMP, homme de confiance du ministre pour ce qui touchait au Premier Cercle, a rejoint SFR. C'est en effet un spécialiste en matière de... réseaux. Le jeune inspecteur des Finances Sébastien Proto ? Il multiplie les va-et-vient. Après l'explosion en vol de son ministre, fin 2010, il a rejoint la banque Rothschild... pendant six mois. Puis est revenu chez Valérie Pécresse, au Budget. Pour ne pas froisser la banque d'affaires, c'est Nicolas Sarkozy en personne qui a téléphoné à David de Rothschild, pour le prier de bien vouloir se plier aux intérêts supérieurs de la nation. C'est une question d'habitude. Sarkozy lui avait déjà passé le même coup de fil en 2007, pour faire revenir auprès de lui François Pérol.

Le plus saisissant est sans doute la reconversion de Cédric de Lestrange. Cet énarque s'occupait de la politique immobilière de l'État au cabinet du ministre du Budget. Il est devenu directeur adjoint à la direction immobilier d'entreprise de Bouygues Immobilier. Et personne n'a levé un sourcil !

L'État ne s'offusque plus de la désertion de ses troupes. Au contraire ! En pleine crise financière, pour tenter de comprendre la complexité des marchés financiers, Christine Lagarde confie une mission à Pierre Fleuriot, un inspecteur des Finances qui, après douze ans à la Commission des opérations de Bourse (COB) rebaptisée AMF, est devenu le patron de Crédit suisse France. L'ancienne ministre de l'Économie et des Finances a aussi demandé à un autre inspecteur des Finances, Bruno Deletré, un rapport sur « la supervision des activités financières en France ». Une drôle d'idée : Bruno Deletré a été chassé de la banque Dexia juste avant la crise financière. Il est, d'une certaine façon, un expert dans ce domaine : Dexia – la banque spécialisée dans le financement des collectivités locales – est attaquée par des dizaines de communes et de départements qui ont souscrit par dizaines de millions d'euros les fameux emprunts toxiques et qui ont été ruinés.

Et quand l'État parvient à garder en son sein ses collaborateurs, ce n'est de toute façon pas beaucoup mieux. Ceux-ci ne jouent guère leur rôle. Lorsque Carlos Ghosn a ainsi annoncé, en 2010, qu'il allait délocaliser la production de la Clio IV en Turquie aux membres de son conseil d'administration, les deux représentants de l'État (qui possède 15 % du capital de l'entreprise), sans doute plus préoccupés par l'effet d'une telle annonce sur le cours de Bourse de Renault que par ses dégâts sociaux, n'ont pas bronché. Ce sont les syndicats qui ont tiré la sonnette d'alarme.

Le club des adorateurs de l'entreprise

L'Assemblée nationale et le Sénat ont toujours compté dans leurs rangs des parlementaires proches des milieux d'affaires. Anciens chefs d'entreprise eux-mêmes, héritiers de dynasties industrielle ou adeptes du libéralisme, les députés Jean-Michel Fourgous, Olivier Dassault, Dominique Tian se revendiquent comme les porte-voix des patrons. Au point même de voter des amendements préparés et écrits directement par le Medef ou l'UIMM. Ces textes entendent supprimer les 35 heures, instaurer des allégements de charges sociales ou même, comme en 2003, défiscaliser les repas d'affaires !

Symbole de cet affaissement de l'État, certaines entreprises ont leur propres élus qui proposent des lois taillées sur mesure. Le sénateur UMP Philippe Marini n'est pas le seul à multiplier les casquettes. Son collègue Philippe Dominati siège au conseil d'administration de Theolia (énergie éolienne) et à celui de Téléperformance (centre d'appels). Deux mandats qui lui rapportent 230 000 euros par an selon le site Mediapart[1]. C'est évidemment un hasard, mais Philippe Dominati est membre de la commission des Affaires économiques du Sénat, celle qui est justement chargée des textes sur les énergies renouvelables et qui fixe le prix de revente de l'électricité éolienne. En 2009, selon Mediapart, Philippe Dominati a reçu 80 000 euros de Theolia pour une mission de lobbying auprès de l'AMF, l'Autorité des marchés financiers. Dominati a par ailleurs défendu plusieurs amendements favorables à l'éolien. Il appartient aussi au Conseil supérieur de l'énergie, une instance chargée de livrer un avis au gouvernement sur l'ensemble des textes qui encadrent le secteur.

Pour Téléperformance, lié à Dominati depuis plus de vingt ans, le sénateur n'a pas non plus compté ses efforts. En 2004, alors que le gouvernement envisage de faire passer un arrêté qui contraint les centres d'appels (l'activité de Téléperformance) à signaler l'emplacement des téléopérateurs (ceux-ci sont souvent au Maroc, en Algérie ou en Tunisie), Philippe

---

1. Mediapart, 2 décembre 2010.

Dominati[1] harcèle Patrick Devedjian, le ministre de l'Industrie, pour que le fameux arrêté ne soit jamais publié au *Journal officiel*. Il gagne. En 2010, il récidive auprès de Laurent Wauquiez qui veut faire passer la mesure. Avec succès : celle-ci ne verra jamais le jour...

Aymeri de Montesquiou, lui, est sénateur du Gers. C'est aussi le meilleur ami du Kazakhstan. Il y a effectué plus de 80 voyages depuis le début des années quatre-vingt-dix. Et son expertise n'a pas échappé à Nicolas Sarkozy, qui a fait de lui son « représentant spécial pour l'Asie centrale ». Dévoré par une passion pour les populations locales, le sénateur a vite été repéré par les entreprises d'énergie ou de défense françaises. Elles sponsorisent bien volontiers les déplacements de l'élu, qui emmène fréquemment des délégations de Total, GDF Suez, EDF, Schneider Electric, Véolia... à Astana (Kazakhstan) ou à Bichkek (Kirghizstan), à la découverte du charme particulier de l'Asie centrale. Bien entendu, le sénateur Montesquiou n'agit que pour la grandeur du drapeau national. Dès qu'il le peut, il en appelle d'ailleurs au Général comme lors de ce discours du 1er avril 2010 où il pose une question au gouvernement avec ce préambule :

---

1. Sollicité par les auteurs, Philippe Dominati (entretien le 9 novembre 2011) nous a expliqué que sa mission de lobbying ne concernait pas une intervention auprès de l'AMF. Mais à chercher des capitaux pour aider le groupe à traverser une mauvaise passe. Quant aux cumuls de ses mandats électoraux avec son activité professionnelle, il n'y voit aucun problème : « Les mandats sont, par définition, à durée déterminée. Je sais ce qu'est un conflit d'intérêts et je fais très attention. En revanche, je ne vois pas pourquoi je devrais faire une croix sur ma vie professionnelle. Sinon, il faudrait aussi demander à un médecin élu au Parlement de ne plus exercer la médecine car il vote le budget de la Sécurité sociale. »

« Le général de Gaulle, en son temps, s'était efforcé d'assurer l'indépendance énergétique de la France. Soyons créatifs, imaginons de nouvelles technologies, de nouveaux procédés pour rester fidèles à cette volonté d'indépendance. Cette créativité renforcera notre position dans une économie mondialisée. » Avant de revendiquer plus de moyens pour l'industrie du raffinage ! Voilà une aimable façon de ne pas décevoir ses collègues, ces malveillants qui ont surnommé Montesquiou « le sénateur Total ».

Ah, l'énergie ! C'est un sujet de passion pour certains parlementaires. Jean-Claude Lenoir, l'ancien député UMP de l'Orne, devenu sénateur du département aux élections de septembre 2011, est un amoureux de la filière nucléaire en général et d'EDF – son ancien employeur – en particulier. Au point que ses collègues l'appellent en souriant (ou parfois en se pinçant le nez) « le député EDF ». Lenoir assume. Sur sa notice biographique officielle, à la rubrique « profession », il indique « cadre EDF ». En effet : avant d'être élu à l'Assemblée en 1993, il a longtemps été chargé, pour le compte de l'entreprise publique, du lobbying... auprès des parlementaires.

Déformation professionnelle sans doute, une fois député, il est resté fidèle à la cause. Vice-président du groupe d'étude sur l'énergie, Jean-Claude Lenoir est sur tous les fronts. En 2004, il était le rapporteur du projet de loi gouvernemental sur l'électricité et le gaz. En 2007, après avoir fait voter par l'Assemblée l'une de ses propositions de loi créant un « médiateur de l'énergie » censé régler les conflits entre usagers et distributeurs, il s'est porté volontaire pour occuper le poste... Il a dû renoncer à cette belle idée face aux protestations d'une partie de ses collègues et des organisations de consommateurs. Il présidait déjà, à l'époque, le Conseil supérieur de l'électricité et du gaz ! En 2005, *Le Canard enchaîné*[1] avait révélé que l'entreprise publique avait gracieusement mis à sa disposition une Peugeot 607 (elle n'était pas électrique mais roulait à l'essence sans plomb).

L'amicale nucléaire du Palais-Bourbon est d'ailleurs transpolitique. En 2007, Christian Bataille, député socialiste du Nord, s'était opposé à Ségolène Royal qui réclamait la fermeture de l'antique centrale de Fessenheim. Vincent Nouzille et Hélène Constanty[2] se sont intéressés à cet élu, auteur d'une « loi Bataille » sur le retraitement des déchets nucléaires. Avec Claude Birraux, un UMP, il forme un sympathique duo qui anime l'Office parlementaire d'évaluation des choix scientifiques et technologiques. L'Opecst se distingue surtout par ses convictions pro-nucléaires bien ancrées. Les colloques se succèdent à un rythme effréné, parrainés par Areva et EDF !

Depuis quelques années, l'Assemblée nationale et le Sénat tentent de mettre fin à ces dérives. Mais sans y parvenir. L'embarras des sénateurs est d'ailleurs palpable à la lecture d'un récent rapport[3] sur le sujet. Verbatim : « Originaire des pays anglo-saxons et profondément liée à la "théorie des apparences", la notion de conflit d'intérêts s'acclimate en fait difficilement au contexte juridique et philosophique français [...]. Pour

---

1. *Le Canard enchaîné*, 27 avril 2005.
2. Vincent Nouzille et Hélène Constanty, *Députés sous influences*, Fayard, 2006.
3. « Prévenir effectivement les conflits d'intérêts pour les parlementaires », rapport d'information de la commission des Lois du Sénat, déposé le 12 mai 2011.

le juriste, elle met à mal la conception française de la norme, incarnée par l'article 5 de la Déclaration des droits de l'homme et du citoyen et selon laquelle "tout ce qui n'est pas défendu par la Loi ne peut être empêché". »

Histoire de faire quelque chose, les bureaux des deux Assemblées ont tenté d'encadrer la pratique du lobbying. Au début de l'année 2011, le président de l'Assemblée nationale a pris une forte décision : il a nommé un « déontologue ». Son rôle ? « Formuler conseils et recommandations aux députés. » Quant aux représentants des groupes de pression et des entreprises qui circulent dans les couloirs, ils doivent se faire officiellement enregistrer et la liste des voyages et cadeaux offerts aux parlementaires doit être rendue publique. Le résultat est édifiant.

Consulter la liste officielle des lobbyistes accrédités début 2011 à l'Assemblée et au Sénat ne prend pas trop de temps. On n'y trouve qu'une centaine de personnes : les représentants de laboratoires pharmaceutiques ; un « monsieur EDF » ; une « madame FFSA (l'organe professionnel des assureurs) » ; un interlocuteur envoyé par les ciments Lafarge... Même les moniteurs de ski et les sages-femmes se sont fait connaître. Et parmi eux, on trouve de bons connaisseurs de la chose politique. Vincent Talvas, ancien du cabinet Woerth, représente les intérêts de SFR à l'Assemblée. Ancien proche de Mitterrand (il a été membre de plusieurs cabinets ministériels) et ancien conseiller d'État, Maurice Benassayag défend les intérêts d'Alstom. Quant à Frédéric Ebling, ex-collaborateur ministériel de Jean-Louis Borloo, André Santini et Patrick Devedjian, il est désormais « monsieur Carrefour ».

La liste des voyages offerts aux représentants de la nation est bien plus courte encore. En un an, seule la SNCF s'est montrée bonne élève et a rempli le fameux formulaire déclaratif. Elle a invité un sénateur à Shanghai pour un congrès sur les transports. Et deux élus à Washington pour un voyage d'étude. Les autres ont sûrement renoncé à câliner les parlementaires... La vertu est sauve. En apparence.

25

La « krycha » à la française

Il y a quelques années, la célèbre entreprise Ikea a décidé de s'installer en Russie. Mais les Suédois – qui ont pourtant l'habitude de vendre leur mobilier chic et pas cher aux quatre coins du monde et dans des pays qui ne fonctionnent pas vraiment comme chez eux – n'ont pas voulu écouter les conseils unanimes. Ils ont refusé d'avoir recours à une « krycha ». Une quoi ? Krycha, en russe, veut dire « toit ». Pour faire comprendre à l'innocent visiteur qu'il doit se protéger, non pas des intempéries, mais des mauvais coups du sort, on fait même un signe avec les deux mains, pour figurer un toit. Avec, c'est bien. Sans, c'est du malheur garanti.

Les Suédois d'Ikea n'ont écouté que leur sens de l'éthique. Ils ont acheté plusieurs terrains, engagé des travaux pour construire leurs premiers magasins. Et puis... tout s'est arrêté. Pas d'électricité. Pas de permis d'exploitation. Des bulldozers en panne. Des inspections-surprise de pompiers qui exigeaient que tout soit détruit et reconstruit selon de nouveaux plans...

À Samara, c'est le vent qui a tout bloqué. Les inspecteurs de l'environnement ont refusé de délivrer un permis d'exploitation pour cause de risques d'ouragans (ce qui a bien fait rire dans la région où l'on souffre de beaucoup de choses mais pas de la colère du ciel). À Moscou, c'est l'électricité qui n'est jamais arrivée jusqu'à la grande surface. Les Suédois ont donc acheté des générateurs ultra-puissants pour qu'il y ait de la lumière dans leur magasin Puis, le jour de l'inauguration, les autorités de la ville ont retiré in extremis leur autorisation d'ouverture au public : elles ont découvert qu'il y avait un gazoduc qui passait non loin du parking. À Novossibirsk, la route promise jusqu'à l'entrée du magasin n'a jamais été construite... Et puis, finalement, au bout de cinq années de petits et de gros tracas, les choses se sont arrangées. D'un coup. L'histoire ne dit pas si le milliardaire et fondateur de l'enseigne, Ingvar Kamprad, qui pestait à longueur de journée contre les misères qu'il subissait en Russie, a finalement accepté d'avaler son chapeau comme le lui conseillaient tous ses confrères. Mais un beau jour, il a pu ouvrir des magasins un peu partout dans le pays, sans qu'on l'on vienne jamais plus lui parler d'ouragans qui n'existent pas.

La « krycha », c'est l'un des premiers mots que les chefs d'entreprise français apprennent quand ils arrivent à Moscou.

Tout est dans le non-dit bien sûr. Car une bonne « krycha » a le bras long. Elle permet d'obtenir le certificat qui va bien au sein de l'administration, la connexion au téléphone, des visas pour ses collaborateurs. On s'offre aussi un accès privilégié au *Who's Who* de la nouvelle Russie – qui fait quoi ? Avec qui ? Le patron expatrié peut décrocher facilement un rendez-vous, nouer des alliances, se développer dans les régions, éviter la mesquinerie de l'administration fiscale, ou un incendie inexplicable dans ses entrepôts...

Le service se paye. Mais il ouvre tant de portes... et évite tant de désagréments.

En France, ce système existe aussi, de manière plus feutrée. C'est un outil indispensable pour qui veut progresser dans les allées du pouvoir. Autrefois, il y avait bien Ambroise Roux puis Claude Bébéar qui tenaient le rôle de « parrains » de la Place. Mais ils étaient d'abord les arbitres des élégances. Ils couvaient les jeunes pousses, ils les cultivaient. Et lorsqu'il fallait remettre à sa place un gêneur, un coup de fil à son banquier ou à quelques-uns de ses administrateurs suffisait à le faire rentrer dans le rang. On veillait à ce que les affaires se fassent entre gens de bonne compagnie. Les choses ont changé.

Les portiers de la République

Aujourd'hui, ceux qui offrent cette protection s'appellent Stéphane Fouks, Anne Méaux, Michel Calzaroni, Serge Michel, Raymond Soubie ou Alain Minc... Ils ont pignon sur rue. Et jouent, comme en Russie, le rôle de gilet pare-balles, de sherpa ou de simples portiers. Des services qu'ils facturent très cher.

Le gestionnaire du fonds d'investissement américain Pardus, Behdad Alizadeh, l'a vite compris quand il a pris des participations dans deux entreprises françaises. Pour se faire accepter dans le petit monde du capitalisme français, qui jugeait son intrusion malvenue, il a utilisé une batterie de banques d'affaires et d'avocats. Il s'est aussi placé sous l'aile protectrice de Stéphane Fouks, le patron de l'agence Euro RSCG : « Il fallait que nous poussions quelques portes dans l'administration. Fouks nous a emmenés chez Stéphane Richard, le directeur de cabinet de Christine Lagarde, qu'il connaissait bien[1]. On a vu souvent Stéphane à Bercy. Et on a obtenu ce qu'on voulait : la neutralité de l'État dans le conflit qui nous opposait aux autres actionnaires et à la direction des entreprises dans lesquelles nous avions investi[2]. »

Behdad Alizadeh a bien retenu la leçon : chez Atos, où il était l'administrateur en charge du comité des nominations, il a embauché l'ancien ministre de l'Économie, Thierry Breton, comme directeur général et fait entrer Nicolas Bazire, l'ami du Président, au conseil d'administration. C'est ce qui s'appelle apprendre vite.

Anne Méaux a joué le même rôle en 2006 lorsque Lakshmi Mittal a voulu croquer Arcelor. Elle a utilisé le réseau de grands patrons qu'elle conseillait – à commencer par François Pinault – pour introduire le milliardaire indien dans les cénacles les plus fermés de la République. Et faire taire ceux qui le décrivaient comme un requin. Embauchée au départ comme spécialiste de l'image, elle était en fait beaucoup plus que cela.

Mais les parrains, en France, sont parfois moins fiables qu'en Russie. Un exemple ? Ce qui s'est passé chez France Télécom, lors de « l'affaire des suicides ». À l'époque, Stéphane Fouks a pour client Didier Lombard, le président, qui multiplie les bourdes. Le gourou d'Euro RSCG décide alors de jouer sur plusieurs tableaux, et de travailler aussi pour son vieux complice, Stéphane Richard, encore lui, qui lui a donné quelques coups de main autrefois. Son problème ? Il n'est que

---

1. Les deux hommes appartiennent tous les deux au réseau de DSK ainsi qu'à celui d'Henri Proglio.
2. Entretien le 1er février 2011.

numéro deux de France Télécom justement. Fouks déjeune en ville à un rythme effréné. Et le voilà qui confie à certains journalistes que Lombard n'en a plus pour longtemps. « J'ai été assez surpris par cette confidence », glisse, encore interloqué, un journaliste. Le contexte juridique est, de surcroît, délicat : la commission de déontologie, qui surveille les va-et-vient des fonctionnaires du public vers le privé, avait demandé à Richard, ancien directeur de cabinet de la ministre de l'Économie – Christine Lagarde –, de ne pas prendre les commandes de l'opérateur avant quelques années et de se contenter de « suivre les dossiers internationaux ». Finalement, en quelques semaines, Lombard est écarté et Richard, son adjoint, nommé à sa place. Une belle manœuvre qui est passée comme une lettre à la poste.

La séparation des activités de Gaz de France et de Suez a aussi donné lieu à d'étranges démarches. Un jour, Stéphane Fouks propose à Jean-Louis Chaussade, le directeur général de Suez Environnement, de partager un déjeuner. Rendez-vous est pris au siège de l'entreprise. Une demi-heure avant, changement de programme : Fouks donne rendez-vous à Chaussade chez Laurent, un restaurant du quartier des Champs-Élysées. Là, il lui propose une stratégie assez osée qui revient à marginaliser son président, Gérard Mestrallet. C'est du moins ce que racontera ensuite son interlocuteur de retour au siège. Malentendu ? « Tout ceux qui sont au courant ont pensé qu'il était envoyé par son ami et client Henri Proglio, concurrent et ennemi intime de Mestrallet, remarque un cadre dirigeant de Suez. Mais personne n'en a la preuve. »

La « krycha » à la française

Un impôt librement consenti

Signe de son pouvoir (« de nuisance » disent ses concurrents), Stéphane Fouks, lorsque Dominique Strauss-Kahn était au zénith, se livrait à un démarchage commercial très actif auprès des princes du Cac 40. Il avait déjà en portefeuille Stéphane Richard chez France Télécom, Henri Proglio chez Véolia puis EDF, Antoine Frérot chez Véolia. Mais c'était le moment ou jamais d'agrandir son cheptel. Il envoyait alors des signaux insistants à plusieurs P-DG comme Xavier Huillard (Vinci), ou encore Franck Riboud (Danone). Le discours qu'il leur servait était toujours le même. Certains de ces patrons ont cru entendre, entre les lignes, qu'il serait une porte d'accès vers DSK. « La campagne va être très dure, c'est sûr, mais il est confiant. Il sait que ceux qui ne sont pas avec nous sont contre nous... », disait-il. Pas besoin d'être médium pour comprendre le sens – à peine – caché d'un tel message. Et Fouks est crédible : il a embauché toute la garde rapprochée de Dominique Strauss-Kahn : Ramzi Khiroun, bien sûr, mais aussi Nathalie Biderman, Laurent Habib, Anne Hommel, Gilles Finchelstein et quelques autres... La générosité à ce niveau fait penser à d'autres pays !

La plupart des patrons approchés ont choisi de ne pas insulter l'avenir : Stéphane Fouks ne les conseille pas personnellement, mais ils lui ont passé quelques missions très rémunératrices. L'un d'entre eux explique sobrement son calcul : « Je lui donne un budget ou deux et je sais qu'il ne me fera pas chier. » Voilà comment Fouks peut affirmer dans tout Paris que 14 groupes du Cac 40 figurent parmi ses clients, alors qu'il ne conseille personnellement que trois patrons.

Après l'affaire de la suite 2806 de New York, l'équation a changé. « Fouks s'est fait plus discret », sourit l'un de ses concurrents. Il a essayé de se glisser dans l'entourage de François Hollande mais sans succès. La vie est bien dure parfois. Il reste que cet ancien rocardien et ses proches ont l'esprit ouvert. L'oligarchie n'est ni de droite ni de gauche. Il a ainsi bien voulu conseiller le ministre de la Santé, Xavier Bertrand. Depuis 2009, il compte même l'un de ses anciens collaborateurs au gouvernement : Benoist Apparu, le secrétaire d'État au Logement, a passé trois ans auprès de lui. Il est vrai qu'il sait démarcher les politiques en les prenant par les sentiments. Lorsqu'il appartenait au gouvernement Villepin, François Goulard l'a vu à l'œuvre. « Le numéro deux d'Euro RSCG, Bernard Sananès, qui conseillait Matignon, avait un contrat avec Xavier Bertrand. Il lui faisait rencontrer des patrons du Cac 40 en lui susurrant que ça lui serait utile le jour où il serait lui-même à Matignon. Et l'autre y croyait ! Et pourquoi pas l'Élysée ?... Ils ont essayé avec tout le gouvernement ! J'en sais quelque chose. Moi aussi, ils me voyaient, disaient-ils, à Matignon ! Mais je n'ai pas voulu cotiser[1]. »

Xavier Bertrand a été moins regardant. Il s'est découvert des convergences avec certains clients de Fouks. Ministre de la Santé, il a signé, en février 2007, avec le président de l'enseigne McDo une charte sur les « engagements nutritionnels ». Devenu ministre du Travail dans le gouvernement Fillon, il a apporté sa caution

---

1. Entretien le 8 février 2011.

ministérielle à une sympathique initiative de la firme américaine : la délivrance d'un diplôme valorisant leur « expérience professionnelle » ! C'est trop mignon. Xavier et Stéphane s'apprécient depuis si longtemps. D'ailleurs, en 2008, le premier remettait la Légion d'honneur au second.

Pas de pitié

Le système a évolué si vite ces dernières années que même les vieux crocodiles ne peuvent plus traiter de haut ces intermédiaires influents. Patron de Fougerolle puis d'Eiffage, le numéro trois français du BTP, Jean-François Roverato, est un personnage bien connu des politiques auxquels il a parfois donné quelques coups de main.

Jusqu'en 2010, « Napoléon », comme le surnomment ses collaborateurs qui lui vouent une admiration sans borne (ils sont actionnaires d'une grosse partie du capital de l'entreprise), s'est fort logiquement passé de « krycha ». Ses relations presse, il les faisait lui-même en triant les journalistes ! Il y avait ceux à qui il aimait parler. Et les autres, qu'il ignorait.

Mais en 2010, il a brusquement découvert que la Place, comme on dit, voulait le débarquer. Surprise et fureur ! Les candidats ne manquaient pas. Parmi eux : Jérôme Pécresse, le mari de la ministre, Jean-François Carenco, un préfet qui a longtemps dirigé le cabinet de Jean-Louis Borloo, et une vingtaine d'autres prétendants dont Pierre Mongin, patron de la RATP, qui, lorsqu'il était au cabinet de Dominique de Villepin à

Matignon, a eu en charge la privatisation des autoroutes. Un dossier cher à Eiffage.

Roverato disposait certes déjà d'une modeste « krycha » en la personne d'Alain Minc, qui travaille depuis longtemps pour lui. Mais il lui a semblé nécessaire de faire appel à Anne Méaux et à deux de ses influentes collaboratrices, Catherine Gros, qui avait conseillé Jean-Marie Messier, et Sylvie Dumaine, ex-assistante parlementaire de Raymond Barre à Matignon.

Après quelques mois, le vieux guerrier a gagné sa dernière bataille : malgré la vive agitation de nombreux postulants, il a finalement imposé fin 2010 un numéro deux qu'il a lui-même choisi pour lui succéder… plus tard. Mais pour la première fois, il a eu besoin de sortir un bazooka !

Ils connaissent le Président

Qui sont-ils, ces anges gardiens chargés de veiller sur les destinées des P-DG dominants ? Des spécialistes en communication, mais aussi des personnages au profil plus inattendu.

Ancien conseiller social de Chirac et de Raymond Barre, Raymond Soubie a été patron de presse et a surtout créé Altedia, une société de conseil en gestion de crise et autres conflits sociaux qu'il a revendue pour la modique somme de 115 millions d'euros à Adecco il y a quelques années. En 2007, il a rejoint Nicolas Sarkozy à l'Élysée avec le titre de conseiller spécial. En fait, c'est lui qui a piloté la réforme des retraites, le service minimum en cas de grève dans les transports et plusieurs autres gros dossiers « sociaux », sa spécialité de toujours. Mais quand il a eu envie de prendre le large et qu'il a quitté – définitivement jure-t-il – le monde politique, début 2011, il a recréé avec ses proches une nouvelle entreprise, Alixio. Premiers contrats décrochés ? Le ministère de l'Éducation, qui n'a sûrement rien de mieux à faire de ses budgets que de rémunérer un proche du président de la République. Puis EDF[1], ce qui ressemble à une bonne manière – ou même un peu plus – puisque Soubie avait favorisé une décision de l'Élysée confiant une mission sur « la formation en alternance » à l'incontournable Proglio.

Quand on le taquine sur son rôle de parrain, Raymond Soubie s'énerve : « Je défie quiconque de trouver un conflit d'intérêts ou quoi que ce soit qui ne soit pas clair. Je suis passé devant la commission de déontologie et ce sont mes anciens collaborateurs qui animent Alixio au quotidien. Je ne fais pas de "commercial" et les patrons d'entreprise publique savent que ce n'est pas parce qu'ils passent un contrat avec moi que je vais servir de messager ou arranger les choses[2]... » On est bien obligé de le croire sur parole.

Quelques inspecteurs des Finances jouent aussi ce rôle plus ou moins officiel de protecteurs au sein du monde des affaires. Certains, comme Jean-Marc Forneri, ancien du cabinet Balladur (1993-1995), ou Philippe Villin, l'ex-patron du *Figaro*, ont créé de petites « boutiques » qui ressemblent à des mini-banques d'affaires où les réseaux comptent plus que les techniques financières. Mais le plus célèbre dans ce drôle de métier, c'est, bien sûr... Alain Minc. Lui ne prétend

---

1. Selon *L'Express* du 4 août 2011.
2. Entretien le 8 avril 2011.

pas jouer au banquier d'affaires. Il a d'ailleurs fait perdre des wagons d'argent à certains de ses employeurs.

Depuis quelques années, il ne vend plus, officiellement, que de la matière grise. À qui ? Bolloré. Bouygues. Pinault. Stéphane Courbit. Et quelques autres. Celui qui fut autrefois le très influent président de la Société des lecteurs du *Monde* gère aussi la carrière de ses poulains (Jacques Veyrat, Bruno Patino, Alexandre Bompard...) avec plus ou moins de bonheur. Valeur ajoutée des services de Minc (il est rémunéré de 50 000 à 400 000 euros par an) ? « Celle-ci n'est pas évidente, confie un grand patron. Au minimum, c'est divertissant de passer une heure avec lui. Au mieux, il peut vous apporter un peu d'air frais. Mais de toute façon, ne pas l'avoir contre soi, c'est déjà s'assurer un peu de tranquillité. » Car Minc a longtemps su faire tomber des têtes. Ces dernières années, il aurait obtenu celles de Philippe Bourguignon au ClubMed, de Serge Weinberg chez PPR et de Jean-Marc Espalioux chez Accor.

Tout inspecteur des Finances qu'il soit, Alain Minc n'aime rien tant que les médias. Il adore laisser croire qu'il est derrière chaque décision importante. Son ami Serge Michel, lui, est en revanche un homme fort discret. Que sait-on de lui ? Chaque année depuis trente ans, les rédacteurs du *Who's Who* s'arrachent les cheveux. Ils lui demandent des éléments de sa biographie. Et chaque fois, c'est le même refus poli. Le réseau de cet homme est pourtant étonnant. Surnommé « le Président » par ses collaborateurs, il est le patron de petites entreprises de conseil.

Propriétaire du restaurant Ledoyen, sur les Champs-Élysées, que Jean-Marie Messier lui a vendu lorsque Vivendi était au bord de la faillite, Serge Michel, 84 ans, a fait de ce trois-étoiles l'un des lieux de pouvoir les plus courus du Cac 40[1].

Mais la cuisine dans laquelle excelle cet ancien de Saint-Gobain puis de la Générale des eaux[2], c'est celle des affaires. Ces dernières années, c'est lui qui a organisé le transfert de Michel Roussin, qui souhaitait quitter Vincent Bolloré (où il était monsieur Afrique) pour rejoindre Henri Proglio chez Véolia. Habile, il a su calmer Bolloré, fou furieux, pour qu'il n'en veuille pas à Proglio. Il a aussi été le juge de paix entre deux hommes qui se détestent depuis des années : Antoine Zacharias et Xavier Huillard, l'ancien et le nouveau patron de Vinci qui se battaient sur la place publique en juillet 2006 (le premier a été chassé par le second de la présidence de Vinci). En 2007 et 2008, c'est Roverato, le vieux crocodile d'Eiffage, qui l'a appelé à la rescousse. Serge Michel est allé trouver la redoutable et richissime femme d'affaires Esther Koplowicz (du géant espagnol FCC) pour qu'elle neutralise Sacyr, un autre groupe espagnol qui voulait croquer Eiffage. Et c'est encore vers lui que les maîtres du BTP se tournent pour régler leurs petits conflits de famille.

Personne n'ose se fâcher avec cette éminence grise. Ses innombrables casquettes laissent pourtant perplexe. Il est administrateur d'Eiffage et de Véolia, mais aussi prestataire de services. En 2009, ses sociétés ont facturé 552 000 euros à Véolia, et 1,8 million d'euros à Eiffage. Quelle générosité !

---

1. Parmi les actionnaires du restaurant, on trouve aussi Jean-Louis Beffa (Saint-Gobain), Alain Minc, Henri Proglio (EDF), Alain Dinin (Nexity), Stéphane Richard (France Télécom).
2. Il est toujours administrateur de Véolia.

Certaines (mauvaises) langues voient pourtant dans l'influence du « Président Michel » une autre raison que son pedigree dans le BTP : sa supposée appartenance à la franc-maçonnerie. Celui-ci dément par une pirouette : « Franc-maçon, moi ? C'est une légende et elle vient de loin. Il y a quelques années, comme entrepreneur, j'ai supervisé la réfection des bâtiments de la GLF, la Grande Loge de France, à Paris. J'étais évidemment là lors de l'inauguration des locaux. Puis j'ai invité mes clients à dîner chez Ledoyen. Et tout le monde l'a su. Le Grand Maître m'a demandé si je voulais les rejoindre. Je n'ai pas donné suite[1]... »

Tout le monde le croit. À ceci près que la franc-maçonnerie est une « krycha » particulièrement efficace, dans le BTP, la banque mutualiste, mais aussi dans l'ensemble des entreprises publiques, sans oublier la Caisse des dépôts. La compétence ? Pourquoi pas ? Mais ce que les initiés facétieux appellent « l'assurance trois points », c'est encore mieux.

---

1. *Le Point* du 23 juillet 2010

26

Mangeoires à volonté

La politique est un métier magnifique, mais soumis à des variations saisonnières. Un jour on est ministre, avec logement de fonction, maître d'hôtel, gouvernante, voitures et chauffeur. Le lendemain, on n'est plus rien ou presque. On redevient, au mieux, « simple » député et on doit faire avec les moyens du bord. Cela reste très confortable, comparé au train de vie moyen des Français, mais insupportable quand on a goûté les fastes de la « République irréprochable ».

Martin Hirsch a découvert avec effarement l'art de gagner de l'argent tout en soignant son image avant même d'entrer dans le gouvernement de François Fillon, en 2007.

En 2006, Total fait appel à lui, ainsi qu'à Mario Bettati, professeur de droit international et inventeur, avec Bernard Kouchner, du « droit d'ingérence »[1]. Pour quoi faire ? Superviser l'accord intervenu entre le groupe pétrolier et l'association française Sherpa à propos de la plainte déposée par huit ouvriers birmans, qui accu-

---

1. Mario Bettati, en collaboration avec Bernard Kouchner, *Le Devoir d'ingérence*, Denoël, 1987, et *Le Droit d'ingérence*, Odile Jacob, 1996.

saient Total de séquestration arbitraire et de travail forcé sur le chantier du gazoduc de Yadana[1]. Martin Hirsch, qui est alors conseiller d'État et président d'Emmaüs France, accepte, à condition de ne pas être rémunéré. Quelque temps plus tard, il reçoit un coup de téléphone de la personne responsable du dossier chez Total, qui lui propose un « défraiement ».

Martin Hirsch ne comprend pas : ses frais sont naturellement payés, il n'y a donc pas matière à le « défrayer ». Sa stupéfaction monte d'un cran lorsqu'il apprend que la somme qui doit lui être allouée s'élève... à 150 000 euros par an, soit cent mois de salaire pour plus de la moitié des Français[2], et plus que ce qu'aucun travailleur birman ne pourra jamais gagner, même en plusieurs vies. Il refuse. Son interlocutrice insiste : pendant qu'il passe du temps sur ce dossier, il ne gagne pas d'argent ; il est donc naturel de compenser ce manque à gagner. La mission s'étalant sur deux ans, la « compensation » s'élève à... 300 000 euros.

Le refus de Martin Hirsch contrarie beaucoup Total. Dans l'avion qui les ramène de Birmanie, Me Jean Veil, l'avocat de la firme, revient à la charge : « Ce n'est pas sain de faire cela bénévolement », assure-t-il sans rire. Martin Hirsch croit trouver une solution : puisque Total vend du carburant, il est facile de transformer cet argent en bons d'essence pour les camions Emmaüs.

---

1. La transaction prévoit l'indemnisation des plaignants et la création d'un fonds de solidarité doté de 5,2 millions d'euros, pour participer localement à des actions humanitaires, prendre en charge les plaignants et « toute autre personne qui pourrait s'être trouvée dans une situation semblable à la leur », comme le dit en termes choisis le communiqué commun.

2. Le salaire médian s'élevait en 2006 à 1 470 euros par mois (Insee, « Les niveaux de vie en 2006 »).

C'est un poste de dépense important de l'association qui sera ainsi allégé.

Total n'a jamais voulu effectuer cette conversion, pourtant bien simple. Serait-ce le signe que derrière le défraiement se cachait une tentative de corruption déguisée ? À chacun d'en juger. Devenu haut-commissaire aux Solidarités actives et à la Jeunesse dans le gouvernement Fillon, Martin Hisrch, en 2009, parvient à ponctionner 50 millions d'euros au groupe qui vient d'annoncer des bénéfices records et va en reverser une partie pour financer le Fonds d'expérimentation issu de la loi sur le RSA (le reste étant affecté à d'autres dépenses sociales). À cette occasion, il participe à une émission en compagnie de Christophe de Margerie, le P-DG de Total. Celui-ci, hors antenne, lui dit : « Je vais raconter comment on s'est connus, cela va t'embarrasser... » Réponse : « Pas vraiment. Tu pourras juste dire comment tu ne m'as pas payé... »

Bernard Kouchner, l'ancien mentor de Martin Hirsch[1], s'était montré moins regardant vis-à-vis de Total. Pour effectuer un rapport à décharge qui sera utilisé par le groupe pétrolier lors du procès contre les ouvriers birmans, sa société, BK Conseil, n'a pas hésité à envoyer une facture de 25 000 euros.

L'ancien ministre de la Santé de Lionel Jospin n'a pas trouvé problématique non plus, pendant sa traversée du désert, au début des années 2000, de gagner de l'argent en faisant des expertises en matière de santé pour des régimes aussi peu recommandables que ceux d'Omar Bongo au Gabon ou de Denis Sassou Nguesso au Congo, ainsi que le révélait Pierre Péan dans un livre

---

1. Qui a été son directeur de cabinet au ministère de la Santé.

très sévère sur le mari de Christine Ockrent[1]. Par l'intermédiaire de deux sociétés dirigées par des proches, il a facturé de lucratives missions de conseil à Libreville et à Brazzaville. «Je n'ai jamais signé un seul contrat avec un État africain. Jamais, se défend Bernard Kouchner. J'ai été un des consultants d'une entreprise française dans un domaine que je connais : celui de la médecine et de la santé publique. Y a-t-il quelque chose de choquant qu'un ancien ministre de la Santé, qui a fait pendant des dizaines d'années des missions humanitaires pour Médecins sans Frontières – prix Nobel de la paix je le rappelle –, Médecins du Monde et bien d'autres, sans toucher un centime, rédige des rapports permettant à des pays africains d'améliorer leur système de santé[2] ? »

C'est bien trouvé. « Choquant », en effet, est le mot juste pour désigner cette activité. Deux rapports, d'un peu plus de cent pages au total, sur l'état des lieux du système de santé au Gabon et la mise en œuvre d'un système d'assurance maladie, sont facturés plus de 2 millions d'euros par les sociétés intermédiaires dirigées par deux amis de Bernard Kouchner. Deux millions d'euros pour quoi ? Pour rien. Des années après la rédaction de ces coûteux documents, il n'y a toujours pas de système de sécurité sociale au royaume de la famille Bongo. Journaliste à *Libération*, Thomas Hofnung publiait, en février 2009, une enquête sur le « rapport invisible » de l'ancien ministre de la Santé

---

1. Pierre Péan a révélé ces collaborations dans son livre *Le Monde selon K.*, Fayard, 2009.

2. Les propos de Bernard Kouchner sont extraits d'une interview en réponse au livre de Pierre Péan, parue dans *Le Nouvel Observateur* du 6 février 2009.

français[1] : après sa remise officielle au Président, il n'a plus jamais été évoqué.

Peu de temps après avoir remis ce rapport invisible, Bernard Kouchner devenait ministre des Affaires étrangères de la France. Postes officiels, missions de complaisance, associations (largement) subventionnées, les occasions de nourrir les incapables et cumulards – parfois les deux – se sont donc progressivement multipliées.

Bénévolat bien ordonné...

Quand elle est ministre de la Jeunesse et des Sports dans le gouvernement d'Édouard Balladur, Michèle Alliot-Marie regarde ainsi avec envie la Fondation agir contre l'exclusion (Face) qu'a créée Martine Aubry un an plus tôt et qui a réussi, grâce aux réseaux patronaux de sa fondatrice et de son délégué général, Éric Besson (le traître qui passera du PS à Nicolas Sarkozy en l'espace de deux mois !), à lever 45 millions de francs (6,9 millions d'euros) en dix jours. Peu de temps avant l'élection présidentielle de 1995, MAM crée donc la Fondation du bénévolat, destinée à offrir un statut à ceux qui donnent de leur temps, et qui est reconnue d'utilité publique le 5 mai, deux jours avant le second tour du scrutin. EDF met 2 millions de francs au pot, Renault 1 million, mais c'est le ministère dirigé par MAM qui se montre le plus généreux, en apportant 2,5 millions de francs. L'objet de la Fondation, tel que le définissent ses statuts, est assez vague : « Affirmer le

---

1. *Libération*, 24 février 2009.

bénévolat comme une activité libre, non rétribuée, utile, solidaire... » Voilà qui ne mange pas de pain !

Quelques années plus tard, la martiale ministre cède la présidence de cette structure. À qui ? À son père. Bernard Marie est un nonagénaire entreprenant qui en était jusqu'alors administrateur-directeur général. Un poste – non bénévole – qu'il laisse... à son gendre Jean-Pierre Olive.

Le projet phare de la Fondation consiste à fournir une assurance à chaque bénévole. Le mettre en place demande quand même plus de dix ans à cette fine équipe, ce qui fait beaucoup, surtout quand on a reçu autant d'argent. En 2006, tout est prêt. Enfin, presque. Il reste à créer une plateforme informatique.

Le ministère de la Jeunesse et des Sports est de nouveau mis à contribution. Il s'engage à verser 2 euros par bénévole répertorié. Montant prévisionnel de la subvention : 1 million d'euros. Bernard Marie se brouille avec son prestataire, la société EAR, qui, peu de temps après, est victime d'une étrange aspiration de sa base de données répertoriant les associations. Le dirigeant de cette société, Christian Beder, qui mène campagne contre l'attitude du président de la Fondation du bénévolat, est très troublé lorsqu'il apprend que l'intrusion provient... du ministère de la Défense. Il n'ose imaginer qu'il s'agit d'une forme de représailles, puisque la ministre n'est autre que Michèle Alliot-Marie. Quelque temps plus tard, le ministère reconnaît pourtant avoir extrait 600 000 fiches « dans le cadre d'une expérimentation ». Et le tribunal administratif, dans un jugement d'octobre 2009, estime que « le ministère de la Défense a commis une faute susceptible d'engager la responsabilité de l'État », mais refuse de reconnaître le préjudice et de l'indemniser.

Après avoir versé 560 000 euros de subventions en 2007, le ministère de la Jeunesse et des Sports décide d'arrêter les frais en 2008. La belle idée de la famille Alliot-Marie aura tout de même coûté près de 1 million d'euros au contribuable...

« S'attirer les bonnes grâces de mécènes était devenu une obsession chez Michèle Alliot-Marie, se souvient Jean-François Probst, qui fut son conseiller spécial pendant plusieurs années. Quand elle était au ministère de la Jeunesse et des Sports, elle voulait à toutes forces faire la connaissance de Jacques Friedmann, qui était alors président de l'UAP et, surtout l'ami intime de Chirac depuis le lycée. C'est sa secrétaire qui se charge de l'invitation. »

Le jour du petit déjeuner, Jean-François Probst rejoint la ministre et son hôte dans la salle à manger d'apparat. Il est très surpris de découvrir un monsieur qui n'est pas du tout le président de l'UAP, mais un inconnu mal habillé qui fait son compliment avec beaucoup d'insistance. « MAM, qui n'est pas très physionomiste, lui vante ses exploits au gouvernement et s'apprête à lui demander une contribution sans se rendre compte de la méprise, poursuit l'ancien conseiller spécial. Je vais à l'office et demande au maître d'hôtel qui est ce type. "C'est M. Friedmann", me répond-il. J'ai le sentiment d'évoluer dans une maison de fous. Je prétexte un coup de fil urgent et demande à MAM de me rejoindre à l'office. Je lui explique que ce n'est pas LE Friedmann qu'elle souhaite cajoler. Elle s'en va à la dérobée, je retourne dans la salle à manger : un impératif nous oblige à écourter la rencontre ! Notre visiteur continue à manger de bon cœur et accepte bien volontiers mes excuses : "Ce n'est pas tous les jours qu'un ministre invite un chômeur pour lui demander son avis !" Je le fais raccompagner dans une voiture avec chauffeur à son domicile, près de l'Étoile. La clé de l'énigme ? La secrétaire avait cherché dans l'annuaire un Jacques Friedmann qui habitait les beaux quartiers. Son correspondant avait décroché lui-même et accepté l'invitation avec enthousiasme. Nous nous sommes bien gardé de raconter cette histoire qui ne grandissait ni la ministre ni la fonction politique en général. »

Fins de mois dans le privé

En mai 2010, les dirigeants du Cetelem, la filiale de la BNP spécialisée dans le crédit à la consommation, sont contents. Ils cherchaient depuis longtemps un moyen de redorer leur blason, terni par la médiatisation des dossiers de surendettement dans lesquels ils jouent le rôle de pousse-au-crime. Ils trouvent injuste de traîner cette image détestable car dans le secteur, ils sont, assurent-ils, les plus corrects.

Ils cherchent donc une figure morale pour devenir « médiateur du crédit Cetelem » et déminer les conflits avec la clientèle. Ils ont mandaté un cabinet de chasseurs de têtes, car la fonction est rémunérée. Leur profil idéal ? Une femme, plutôt de gauche, qui soit bien vue par les associations. Catherine Lalumière, ancienne ministre de la Consommation du gouvernement Mauroy, est pressentie. Michèle Cotta est approchée aussi. Elle se dit très intéressée. Mais le Cetelem lui préfère Marie-Pierre de La Gontrie. « Elle est socialiste, elle siège à Paris, au conseil régional d'Île-de-France, et elle est avocate, résume un dirigeant de l'entreprise. Il était difficile de trouver mieux, parce que le PS tape dur sur le crédit à la consommation ! »

Combien la médiatrice est-elle payée ? Secret d'État ! Mais elle a posé une condition à son ralliement : que tous ses avis soient suivis par son employeur sans discuter. Dans son premier rapport, en 2010, elle assurait que c'était le cas. L'essentiel, après tout, est d'avoir sa conscience pour soi !

Cela semble être le cas de Jeannette Bougrab, ancienne présidente de la Halde nommée secrétaire d'État à la Jeunesse et à la Vie associative en novembre 2011. Cette protégée de plusieurs éminences de droite a été nommée au tour extérieur au Conseil d'État en 2007. Une fonction prestigieuse et exigeante qui oblige à n'avoir aucune sorte de lien avec une entreprise privée. Un conseiller d'État s'était ainsi vu refuser d'entrer au conseil de surveillance du *Monde,* poste absolument bénévole. Jeannette Bougrab, elle, disposait d'un bureau et d'une adresse électronique[1] dans le groupe de Stéphane Courbit, Lov, orienté vers les jeux d'argent sur Internet et la télévision. Elle a aidé sa filiale, Mangas Gaming, lors des débats préparatoires à la loi sur les jeux en ligne. Pour quelle rémunération ? C'est encore un secret d'État. Mais Jeannette Bougrab a la fibre entrepreneuriale. Si l'on en croit un document de l'Insee, daté du 9 juin 2011[2], la présidente de la Halde envisageait de constituer à elle seule un partenariat public-privé, puisqu'elle s'était fait immatriculer comme profession libérale sous l'intitulé « Conseil pour les affaires et autres conseils ».

---

1. jbougrab@lovgroup.fr
2. Révélé par le site de journalisme digital OWNI.

Pour accéder à ce qu'il faut bien appeler des mangeoires, des personnalités du sérail prennent ainsi le risque d'être suspectées de conflits d'intérêts.

Faire reculer l'indécence

Les grands corps de l'État comme les inspections générales servent depuis des années à accueillir les amis du régime. Le parrain du fils de Carla Bruni ? Nommé à l'inspection générale des Affaires sociales. Le conseiller spécial de Jean-Louis Borloo, Benoît Parayre ? Propulsé au tour extérieur à l'inspection générale de l'administration du développement durable en décembre 2010.

Numéro deux de la CGT pendant plus d'une décennie, Jean-Christophe Le Duigou n'a pas eu à se plaindre non plus de sa fin de carrière. En 2008, à 59 ans, celui qui, avant d'embrasser la carrière syndicale était cadre de l'administration fiscale, a été nommé conservateur des hypothèques du département de l'Essonne, un des jobs les mieux rémunérés de la République. Explication de cette « promotion » express : sa retraite est calculée sur ses derniers salaires... Et quand la CGT devra se défendre contre ceux qui trouvent la ficelle un peu grosse, voilà ce qu'elle répondra : tout cela « découle d'une procédure et de droits statutaires qui ont été validés en toute transparence en commission administrative paritaire avec l'accord unanime des représentants syndicaux et de l'administration[1] ».

Un ami à recaser ? Il n'y a qu'à créer quelque chose pour lui. C'est ce que fit Jean-Pierre (Raffarin) pour

---

1. Communiqué de la CGT du 11 janvier 2008.

son ami Luc (Ferry) qui venait de quitter le gouvernement en lui confiant l'improbable CAS, un conseil dit
« d'analyse de la société ». Mais il y a mieux. Le Conseil
économique, social et environnemental (CESE) est de
toute éternité un havre très accueillant pour les protégés du pouvoir. Le CESE, selon la Constitution, c'est la
troisième assemblée du pays, une prétendue chambre
consulaire « de la société civile ». Il coûte près de 40 millions d'euros par an, distribue à chacun de ses membres
3 000 euros nets par mois. Mais quels débats a-t-il lancés
ces dernières années ? A-t-il fait entendre sa voix, en
matière de retraites ou d'éducation ? Nullement.

Lionel Jospin, sous la cohabitation, y fait des nominations qui doivent plus à la tambouille politique qu'à
un quelconque souci de l'intérêt général. Le Vert Jean-
Luc Bennahmias a besoin d'un point de chute ? Bienvenue au palais d'Iéna ! Celui-ci va accueillir aussi, en
1999, l'ex-secrétaire d'État au Commerce extérieur,
Jacques Dondoux, que son ministre de tutelle, Dominique Strauss-Kahn, ne pouvait pas supporter. Pierre
Schapira, un ancien du cabinet Jospin à l'Éducation
nationale, chirurgien dentiste de profession, y a été
nommé pour la première fois en 1984 et n'en partira
qu'en 2004, après son élection au Parlement européen.

Jacques Chirac, en 2004, donnera le meilleur de lui-
même. Michel Roussin, son ancien directeur de cabinet
à la Ville de Paris, mis en examen mutique dans différents dossiers comme celui des « emplois fictifs », s'y
installe en compagnie de son ex-adjointe, une énarque
qui s'est fait rattraper une seconde fois par la justice
dans l'affaire de la caisse noire de l'UIMM : le syndicat
lui aurait versé des dizaines de milliers d'euros en
liquide quand elle était secrétaire générale de la Confé-
dération générale du patronat des petites et moyennes

entreprises (CGPME), entre 2001 et 2004 – l'année de son entrée au palais d'Iéna –, pour compenser le manque à gagner salarial qu'elle subissait. D'anciens ministres – Luc Ferry ou Jean-Jacques Aillagon – font partie de la même fournée, tout comme le préfet Philippe Massoni, grande source de l'Élysée sur l'actualité policière, du temps de Chirac.

Nicolas Sarkozy s'est montré plus décomplexé encore. Une petite place pour Raymond Soubie, une autre pour Pierre Charon – son conseiller « rire et chansons » – qui a fini par le lasser mais qui a été reconduit, au titre de ses « compétences » en matière d'environnement et de développement durable, ce qui ressemble à un gag pour tous ceux qui le connaissent. Une part de fromage aussi pour Jean-Marie Geveaux, ex-député du Mans, battu en 2007, pour le maire de Calvi, Ange Santini, dont la liste a perdu aux élections territoriales, mais aussi pour Hugues Martin, qui fut pendant deux ans la doublure d'Alain Juppé à la mairie de Bordeaux avant d'échouer aux sénatoriales en 2008. Une petite récompense aussi pour Hervé Marseille, le maire de Meudon qui a démissionné de l'Établissement public d'aménagement de la Défense (Epad) en 2009 afin de laisser sa place au « Prince Jean » (alias le fils Sarkozy). Une autre encore pour Yves Urieta, l'ancien maire socialiste de Pau qui s'est ligué avec l'UMP en 2008 pour barrer la route de l'Hôtel de Ville à François Bayrou. Belle manœuvre ! Une autre encore à Danièle Dussaussois, bien implantée conseillère générale UMP des Hauts-de-Seine, canton de Levallois Sud. Pour quelle raison ? En mars 2011, elle a laissé sa place à Isabelle Balkany, qui avait peur de se faire battre à Levallois Nord. Une opération contre-productive : Isabelle Balkany a finalement perdu.

Mangeoires à volonté

Cette République des hochets et des fonctions de complaisance a la vie dure. D'ailleurs, ni la droite ni la gauche actuelle n'ont jusqu'ici envisagé la moindre réforme de ce système digne d'Ubu Roi. À quand le changement annoncé ?

Conclusion

Nous sommes en 1788 !

En 1788, les caisses de la France sont vides. Depuis la mort de Louis XV, en 1774, les nobles, obsédés par l'argent, n'ont de cesse de s'enrichir tout en refusant les réformes fiscales qui raboteraient leurs privilèges. Turgot, nommé contrôleur général des Finances, réussit à assainir quelque peu la situation des finances publiques avant de se heurter à l'opposition de l'aristocratie. Celle-ci fait entendre sa voix depuis le Parlement, institution remise en place par Louis XVI pour son plus grand malheur. Les nantis qui y siègent veulent multiplier leurs avantages sans participer le moins du monde à l'effort national : les impôts, c'est pour les pauvres. Les tentatives du contrôleur général des Finances les exaspèrent. Marie-Antoinette elle-même est excédée : Turgot a osé s'en prendre aux prébendes de certains de ses favoris. Il tombe en 1776 et se retire sur ses terres pour se consacrer à l'écriture et à la réflexion.

Necker, qui l'a combattu, le remplace et assure que les déficits publics seront financés par l'emprunt, pas par l'impôt. Au bout de cinq ans, le banquier genevois est congédié à son tour pour avoir rendu public le fameux « compte rendu au Roi » qui énumère, dans un geste désespéré, les pensions reçues par les nobles, avec mentions des montants et des noms des bénéficiaires.

Son successeur, Calonne, commence par distribuer quelques faveurs aux oligarques de l'époque les plus influents avant de charger le bilan de Necker, en pointant ses mensonges et omissions sur l'état réel de la France. En 1787, à Versailles, il tente de faire passer une série de réformes très inspirées de celles qu'avait voulues Turgot. Las ! Les notables refusent une fois encore de prendre leur part de l'effort fiscal qu'il réclame. Deux mois plus tard, il doit partir et laisse la place à Loménie de Brienne. Il faut emprunter à nouveau. Le pouvoir royal s'est affaibli. Le Parlement réclame, en mai 1788, la convocation des états généraux. Objectif : en finir une bonne fois pour toutes avec le harcèlement fiscal.

Le roi accède à leur désir et annonce la tenue des états généraux en mai 1789. Loménie de Brienne est désavoué. Necker revient. Il démissionnera trois jours avant la prise de la Bastille...

Deux cent vingt-trois ans après, la France est la cible des marchés financiers. Les spéculateurs ont d'abord lancé leurs flèches, à l'été 2011, contre les banques (la Société générale et la BNP ont chacune perdu la moitié de leur valeur en Bourse en moins d'un an), avant de s'attaquer à la dette publique française (elle est détenue à 70 % par des investisseurs étrangers). Les agences de notation s'y sont mises à leur tour. Depuis la fin de l'automne 2011, elles surveillent la tenue des comptes publics, des comptes sociaux, des comptes des collectivités locales. Et, bien sûr, les débats politiques de la prochaine présidentielle. Un mot de trop, une parole malheureuse et la France perdra son fameux triple A

pour rejoindre la cohorte des États officiellement ruinés.

Au Trésor, à la Banque de France, à Bercy, à la
Banque centrale européenne, on connaît la vérité. Une
vérité que l'oligarchie a cachée au pays et sur laquelle
elle s'est elle-même voilé la face, tout à son obsession
d'accumulation des postes, des privilèges et des avantages. Depuis trente ans, pas un gouvernement n'a soumis au vote parlementaire un budget à l'équilibre.

En septembre 2003, face à la flambée des déficits,
Gerhard Schröder – un chancelier social démocrate ! –
expliquait aux Allemands qu'il fallait « solder vingt-cinq
ans de promesses intenables ». Il savait qu'il avait toutes
les chances de perdre les élections avec le menu de
réformes qu'il proposait. En France, exactement à la
même époque, Jacques Chirac, bravache, ricanait face
aux messagers de mauvais augure.

Sommes-nous en 1788 ? En 1785 ? Comme le Parlement d'Ancien Régime, comme les ministres des
Finances de Louis XVI, l'oligarchie au pouvoir, quelque
soit le Président élu, n'a cessé d'enjoliver la réalité pour
que la fête continue. La crise économique et financière
est gravissime ? Quand les dirigeants le disent enfin, les
Français ne les croient plus. Ils imaginent qu'ils exagè-
rent. Jusqu'au jour où, face au retour du réel, la fracture
entre les élites et le peuple apparaîtra comme une évidence.

S'il n'est pas trop tard pour éviter un divorce vio-
lent, le temps est compté. La drogue douce de la dette,
administrée à l'abri de l'euro, ne peut plus endormir
les esprits. Quand ils vont réclamer à tous les sacrifices
nécessaires, ceux qui nous dirigent vont devoir redécouvrir une valeur oubliée : l'exemplarité. Il y a du
travail.

L'oligarchie des incapables

Les incapables de l'Ancien Régime sont les oligarques d'aujourd'hui. Au bord du gouffre, ceux-ci doivent enfin, dans l'urgence, trouver le courage de changer en profondeur leur système de décision, de réviser leur rapport à l'agent et de renoncer à l'impunité. Est-ce trop leur demander ?

Remerciements

Toute notre gratitude et notre amitié vont en premier lieu à notre éditeur Alexandre Wickham pour son implication totale et ses encouragements permanents. Elles s'adressent aussi à Francis Esménard pour sa bienveillance amusée, et à Richard Ducousset pour son esprit toujours aux aguets. Un grand merci à Marie-Pierre Coste-Billon, pour sa rigueur et son indulgence, et à Brigitte de la Broise pour sa vigilance.

L'œil critique de Michel Richard a su répondre à nos attentes : se montrer impitoyable mais juste. Nos autres relecteurs, nécessairement anonymes, nous ont prodigué des conseils judicieux et avisés.

Nous tenons aussi à exprimer toute notre reconnaissance aux quelque deux cents personnes qui ont pris du temps, et parfois des risques, pour nous parler en toute franchise. Nous leur savons gré de la confiance qu'elles ont bien voulu nous accorder.

D'autres ont préféré nous éconduire, tel Jean-Marie Messier, trop occupé pour nous parler des incapables.

Table

III. L'IMPUNITÉ

IV. L'ÉTAT, C'EST POUR NOUS

DES MÊMES AUTEURS

OUVRAGES DE SOPHIE COIGNARD

Aux Éditions Albin Michel

L'Omertà française (en coll. avec Alexandre Wickham), 1999.

Le rapport Omertà 2002, 2003 et 2004.

La vendetta française, 2003.

Vous, les politiques (entretiens avec Francis Mer), 2005.

Le marchand de sable, 2007.

Une présidence de crise (entretiens avec Jean-Pierre Jouyet), 2009.

Un État dans l'État, 2009.

Le pacte immoral, 2011.

Chez d'autres éditeurs

La nomenklatura française (en coll. avec Alexandre Wickham), Belfond, 1986.

La république bananière (en coll. avec Jean-François Lacan), Belfond, 1989.

Le jour où la France a basculé, Robert Laffont, 1991.

Le nouveau dictionnaire des girouettes (en coll. avec Michel Richard), Robert Laffont, 1993.

Les bonnes fréquentations : Histoire secrète des réseaux (en coll. avec Marie-Thérèse Guichard), Grasset, 1997.

Mafia chic (en coll. avec Alexandre Wickham), Fayard, 2005.

Le monde est à nous (en coll. avec Alexandre Wickham), Fayard, 2007.

OUVRAGES DE ROMAIN GUBERT

L'arrogance française, Balland, 2003.

« Et surtout, n'en parlez à personne... ». Au cœur du système Madoff, (en coll. avec Emmanuel Saint-Martin), Albin Michel, 2009.

La guerre des temps modernes, Milan, 2004.

« La France doit-elle quitter l'Europe ? », Larousse, 2006.

Composition Nord Compo
Impression CPI Bussière en janvier 2012
à Saint-Amand-Montrond (Cher)
Éditions Albin Michel
22, rue Huyghens, 75014 Paris
www.albin-michel.fr
ISBN : 978-2-226-23860-3
N° d'édition : 19850/01. – N° d'impression : 114301/4.
Dépôt légal : janvier 2012.
Imprimé en France.